倭語類解研究

鄭光・裵聖祐・金裕正 著
金京淑 訳

臨川書店

倭語類解研究　目次

〈倭語類解研究〉の日本語版に寄せて ································· 1

第 1 章　緒論 ·· 5

第 2 章　現存する『倭語類解』の二種類 ···················· 9

第 3 章　『倭語類解』の編纂者 ································· 38

第 4 章　『倭語類解』の影響 ···································· 48

第 5 章　苗代川の『和語類解』と金沢庄三郎編の『日語類解』

　　　　 ··· 53

第 6 章　金沢庄三郎編の『日語類解』 ···················· 87

第 7 章　『和語類解』の語彙の文節構造研究 ············· 93

参考文献 ··· 125

影印　韓国国立中央図書館蔵『倭語類解』

〈倭語類解研究〉の日本語版に寄せて

　本書は、『諸本集成倭語類解（解説・国語索引・本文影印)』（ソウル：太学社、1988）の改訂版である、『四本対照倭語類解』（ソウル：J&C）をベースに、それにさらにいくつかの議論を加えて日本語に訳したものである。元来の『諸本集成倭語類解』の刊行の時は影印本の刊行に汲々としていて、解題や研究論文を粗略に扱っており、しかも本の体裁さえも整えることができなかった。表紙は金箔が貼られて一見すると立派に見えるけれども、表紙をめくって中を見ると、印刷の状態が非常に悪くて読みづらい箇所も多々あった。

　にもかかわらず、この本は広く行き渡ることとなり、大概の国語学者の書架にはこの本が一冊ずつ差し込まれていた。それを見る度に筆者はきちんとした本を早く刊行しなければならないという強迫観念に囚われてしまい、夜もよく眠れなかった。出版社に改訂版を出すことを数回にわたり提案したが、出版社にはその気がないらしく、なかなか応じてもらえなかった。そうしたある日、2002 年に拙著の『訳学書研究』を出版してくれた J&C 社から出版の話が持ち込まれたので、冗談のつもりでこの本の改訂版の刊行をお願いしたのである。

　その冗談みたいな話が実現したのが〈四本対照倭語類解〉であり、それにいくつかの議論を加え、日本語で翻訳したのが本書である。しかしこの〈四本対照〉は単なる改訂版ではなく、それまでに新たに執筆して諸学会誌に発表した『倭語類解』関係の原稿をまとめ、その中からこの本のテーマに合うものを選別して編纂したものである。元の〈諸本集成〉には韓国の国立中央図書館に所蔵されている『倭語類解』、日本の京都大学附属図書館に所蔵されている『和語類解』、それから金沢庄三郎博士の所蔵である『日語類解』を影印したものが収録されている。また、〈四本対照〉にはこの三つの資料に対する筆者の解題が添付されており、日本人研究者のために、国立中央図書館本の『倭語類解』に対する日本語の解題も付録として付けられている。

1

当初、この本の母本である元の〈諸本集成〉を刊行することになったのは、当時京都大学の教授として同大学文学部国語学国文学科、すなわち日本語学日本文学科の主任であった安田章先生の勧誘がきっかけであった。当時京都大学で修学していた筆者は、安田先生に日韓両国の学界にあまり知られていない韓国国立中央図書館所蔵の『倭語類解』を影印刊行すること、その際に苗代川の『和語類解』と金沢庄三郎編集の『日語類解』を一緒に影印することを提案された。そして先生はご自分の索引ノートを筆者に譲ってくださりながら、書名を「諸本集成倭語類解」にすることまで教えてくださった。

　先生のこのご提案は筆者にとっては非常に衝撃的なものであった。すでに京都大学により金沢本が影印出版されており、その日本語索引を付けた当事者である安田先生が、ライバル関係にあるとも言える韓国の国立中央図書館本を影印出版しようと提案したからである。流石に学問を愛して止まない人々にとっては、世俗的な自尊心や物質的な利己心などは全然問題にならないことをあらためて痛感しつつ、国境を越えた安田先生の深い学恩に感謝せずにはいられなかった。急いで国立中央図書館から『倭語類解』の影印出版の許可を受け、また京都大学附属図書館からも、その所蔵資料である『和語類解』の影印出版の許可を得た。その際にも安田先生の全幅的な支援があった。今思えば、『諸本集成倭語類解』の出版は、全く安田先生のご支援によるものであったことを改めて痛感する次第である。

　だがこのような経緯を経て刊行された〈諸本集成〉は、あまりにもがっかりするようなものであった。影印自体はそれほど使いにくいものではなかったが、解題や研究論文には誤字が多く、本としての体裁も全然整っていなかった。日本で支援してくれた方々に送るのが恥ずかしくなるほどの本であった。結局は安田先生にもこの本を送ることができなかったが、別の経路で購入された安田先生が、この本をご覧になって筆者に劣らない、残念な思いをされていたという話を後で耳にした。

　しかしことのほかこの本は流布されていき、筆者も恩師や同僚、後輩の書架でこの本を発見することがしばしばあった。またこの本を資料として使った研究論文も頻繁に発表されていった。その度にまさに汗顔の至りであった。これ

〈倭語類解研究〉の日本語版に寄せて

を修正して出版した〈四本対照〉がはじめて世に出た時に、ようやく安堵の息をつくことができたのである。本書はそれを日本語に訳して出版したもので、日本での出版が義務づけられた現在の進行中のプロジェクトの成果物でもある。この日本語版には韓国国立中央図書館所蔵の『倭語類解』のみを影印して収録した。残りの版本はいずれも日本で見られるからである。

　まず何よりも安田先生にこの書を捧げたい。今までの先生の学恩に少しでも報いることができたらと切実に思うが、しかしながら先生は既に幽明境を異にされてしまったのである。どうかあの世でもご覧になることを願いながら、この本を先生のご霊前に捧げる。

2016 年 1 月 10 日
仏岩斎にて
鄭光

第1章 緒論

　『倭語類解』は、朝鮮時代の司訳院による倭学の日本語教育において語彙辞典としての役割を果たした。早くから朝鮮時代の司訳院が講読教材や会話教材、発音辞典及び語彙辞典を用いて語学教育に臨んでいたことは、すでに筆者のいくつかの論考で明らかにしたところである。日本語においても『捷解新語』が講読、会話、語彙、文字などの教育のための教科書として編纂されたものの、やはりこれだけでは不十分だったようで、「倭語物名」という語彙集が別途に用いられ、司訳院の訳生たちの日本語教育に利用されていた。

　ところが中国語を学習する漢学、モンゴル語の蒙学、満州語の清学、これらの司訳院の三学が「物名」を「類解」に変え、『訳語類解』、『蒙語類解』、『同文類解』を編纂してからは、倭学の方でも『倭語類解』を編纂して類解類の語彙集として使用するようになった。この解題では、上記のような目的をもって司訳院により編纂された『倭語類解』を中心として、その編纂や刊行、さらにその異本について考察しようと思う。

　近年韓国語学の文献資料への関心が高まり、これらの資料に対する精密な書誌的な考察が行われつつあることは、韓国語学の望ましい発展のためにも非常に喜ばしいことである。もちろん主として韓国語学の歴史的な研究分野に限ってではあるが、業績は少なからず上がっており、とりわけ相当の資料が影印出版されたことは、研究者にとっては資料を探し求めて図書館や所蔵家を何度も訪ねる手間を省いてくれた点で、大いに歓迎すべきことである。

　時代的な変遷に伴う微妙な言語の変化が反映される国語史の資料は、厳密な考証と書誌学的検証の過程を経て、初めて国語史の研究に利用できる。その中でも朝鮮時代の外国語学習に利用された司訳院の訳学書の資料は、韓国語と該当する外国語の歴史的な研究において非常に重要な存在であるが、利用する前にその資料に対する書誌学的な研究が絶対に必要な、複雑な資料と言える。

　従ってこれらの資料に対する書誌学的な研究は、韓国語学者のみならず、該

当する外国語の学者、特に日本語の史的研究に携わる研究者たちによっても注意深く綿密に進められてきた。殊に日本語の学習書である倭学書に関しては、日本人の学者たちによってその研究のほとんどが独占されていると言っても過言ではあるまい。さらに倭学書の資料の影印も概ね日本人の研究者の手によって日本で刊行されており、特に京都大学文学部国語学国文学研究室では、司訳院から出版された倭学書のほとんどすべてを影印しただけではなく、影印された倭学書の日本語の索引と倭学書に使われた日本語についても非常に精密な考察を行った。そして我々の学会では今日に至るまで、日本人の研究に如何なる疑問も持たず、批判することもなくそのまま受け入れてきたのである。

　筆者はこのような現況に対して大きな不満を抱いてきた。今までの研究に瑕疵はないのか。彼らの研究を何の批判もなく受け入れても構わないものなのか。日本で影印出版された資料をそのまま利用する際に、何か問題は生じないのか。このような筆者の不安は事実となって現れた。日本人の研究の様々なところで誤謬が発見されたのである。実際に最も権威が高いとされる京都大学の『捷解新語』の影印本を例として取り上げてみよう。

　倭学書のうち、壬辰倭乱（1592〜1598、文禄・慶長の役）以降の日本語の講読教材として唯一用いられた『捷解新語』は上述の通り、京都大学文学部国文学研究室によって影印出版された。これは「三本対照捷解新語本文編」という表題が付けられているが、粛宗丙辰年（1676）に活字本で刊行された『捷解新語』（原刊本として知られている）と重刊本（重刊改修本と称されている）、それから文釈本を対照しつつ影印したもので、便利に利用できる。この本は1972年9月25日付けで、三百部の限定版として刊行された。

　しかしながらこの影印本の解題では、重刊本を改修本と誤認しているだけではなく、丙辰活字本以外にも安田章（1985）で明らかにした整版本の活字本や普及本の木版本（司訳院の訳生は実際にこれを教材として利用した）が存在していたことを看過している。またこの整版本を底本として、第一次改修をした活字本（戊辰改修本）が存在していたことを全く知らないなど、多数の問題を抱えているのである。今日の研究からすれば、きわめて不適切な編集による影印本として見なされても仕方がないだろう。また三本対照の影印の際、底本とし

た『捷解新語文釈』は奎章閣に所蔵されているものによる、と冒頭で明かしている（浜田敦の開題）が、しかし実際には1934年、ソウルで古典刊行会が上記の奎章閣本を影印したものを再影印したものである。つまり古典刊行会はこれを影印する際、巻末に附載されていた「伊呂波」の匡郭の上欄外にある、「伊呂波眞字半字並録」（一葉の表）と「伊呂波吐字」（二葉の表）の題字を、なぜか削除したのだが、京都大学の「三本対照本」も全く同じくこの部分が消されている。このようにこの影印本は、原本の一部が削除されたりもしているのである。

　こうした欠陥があるにもかかわらず、『捷解新語』に関わる数多くの研究論文にこの影印本が利用されており、甚だしくはソウルのある影印出版社ではこの「三本対照本」を無断でコピーして刊行したという話を聞いて、筆者は本当に恥ずかしく思わずにはいられなかった。実際に筆者が目にしたほとんどの倭学書は、この影印本を再刊したものであった。しかし『捷解新語』は、ソウル所在のいくつかの図書館にその原本やそれに準じる異本が伝わっているだけでなく、いわゆる原刊本だけを除けば、最近まで奎章閣で誰でも自由に閲覧できる一般図書として扱われていた。つまりそのいくつかの異本が貴重本として指定されるようになったのは、つい最近のことである。

　同様の問題点が『倭語類解』にも見られる。現在ソウルで見られる『倭語類解』の全ての影印本も、やはり上記の京都大学文学部国語学国文学研究室で影印されたものであるが、この本は元来、金沢庄三郎の旧蔵本であった。これは東京麻布所在の永平寺の別院に所蔵されていたが、その後駒澤大学図書館へ移蔵されたのである。この本を影印する際に京都大学国語学会長の遠藤嘉基氏がその序文において明かしたように、この金沢旧蔵本（以下「金沢本」）は、当時までは天下唯一の本として知られていた。そのため韓国語学の研究資料としてもこの金沢本のみが利用されてきており、今日に至るまでこの京都大学の影印本だけが世に知られていたのである。

　ところがソウルの国立図書館にもう一帙の『倭語類解』が所蔵されており、これは筆者の調べによれば、金沢本よりはるかに善本であった。この二つの本を見比べると、金沢本の方は同一の板本ではあるが、より後刷本で板木の脱画

や磨滅がひどく、版面の一部が欠けているため補写され補われている。にもかかわらず今日に至るまで韓国語学界では、『倭語類解』を資料として利用する時に金沢本、しかも京都大学の影印本に依存しており、さらには同大学の国語学国文学研究室の索引と解説までも許可なしで数回出版されたという。まさに慙愧に耐えない思いである。

　韓国国立中央図書館に所蔵された『倭語類解』は、必要であれば誰でもが見ることのできる一般図書として（筆者はこの本がなぜ貴重本として指定されていないのか理解に苦しむ）、この方面に関心を持っている人ならいつでも閲覧できるし、しかも貸し出しも可能である。

　本研究は以上のような韓国語学資料への認識に対する反省と、我々の手で倭学書の資料を紹介したいという趣旨から始められたものである。筆者のこのような作業は今まで多くの方々から敬遠されており、しかもこれは正統の韓国語学ではないという批判さえ目の前で浴びたこともある。

　しかし自国語の歴史的研究は、資料の発掘とそれの持つ価値を見つけ出すことから始まるという、古典的な視座を捨てるわけには行かず、またいまや他の分野で長足の発展を遂げた韓国語学は、倭学書の研究においても、日本人学者に依存する時代から抜け出す時期に来ていると思うのである。

第2章　現存する『倭語類解』の二種類

　すでに知られているように、現存する『倭語類解』は二部であって、韓国国立中央図書館所蔵本と日本駒澤大学図書館所蔵本がそれである。そのうち駒澤大学所蔵本は金沢庄三郎の旧蔵本で、日本の京都大学より影印本として刊行され、今まで広く世に知られている。これについては追って検討することにして、まずは1980年代後半に学界に知られるようになった、韓国国立中央図書館の所蔵本について考察しようと思う。

2.1　韓国国立中央図書館所蔵の『倭語類解』

　『倭語類解』については、司訳院の倭学書として Courant（1894～6）と金沢庄三郎（1911）によって紹介されて以来、多くの研究がなされており、それまで唯一本として知られていた金沢本[1]が、1958年京都大学文学部国語学国文学研究室より、本文の影印に日本語で書いた解題と日本語の索引を付して刊行された。それ以来『倭語類解』はこの金沢本だけが世に知られ、国語の歴史的研究に語彙集の資料として利用されてきたのである。

　ところが韓国国立中央図書館にもう一つの完帙本が伝わっており、この存在について韓国では国立中央図書館（1972）などによって、日本では安田章（1986）によってその資料的な価値が少しずつ紹介されている。国立中央図書館所蔵本は、後述するようにいくつかの理由から金沢本より善本と言えるが、にもかかわらず、学界では金沢本ばかりが利用されているのが現状である。

　国立中央図書館所蔵の『倭語類解』については、同図書館で編纂した『古書

---

1 「金沢本」とは金沢庄三郎金沢氏が所蔵していた『倭語類解』のことを指す。この金沢旧蔵本の『倭語類解』は、現在は東京駒澤大学附属図書館の濯足文庫に所蔵されている。本稿では基本的には「金沢本」あるいは「金沢旧蔵本」と称するが、ただし現存本の意味で使う時は「濯足本」と呼ぶことにする。

9

2.1 韓国国立中央図書館所蔵の『倭語類解』

目録3』（1972年刊）に、

> 倭語類解、上.下（朝鮮）韓廷修等編修、木版本
> 〔刊年未詳〕 2巻2冊、四周双辺、半廓 23.7 × 16.9cm、八行、字数不同、
> 注双行、内向二葉花紋魚尾
> 本の大きさ 34.1 × 21.5cm

という記載があって、その大まかな姿を推し量ることができる。

　上・下（乾・坤）二巻二冊からなる『倭語類解』は、上巻に目録1丁と本文56丁、下巻にもやはり目録1丁と本文54丁、それから口訣2丁があり、巻尾に讐整官、書写官、監印官の官職と氏名が記載されている。二冊とも巻首に国立中央図書館の蔵書印が押してあり、「登録西暦 1946.9.15. 古 00793, 国立図書館」という受書の日付と図書番号が記載されている。また上巻末尾の「倭語類解上終」という尾題のすぐ下に、「碧霞蔵」、「提壺」などの蔵書印が、その下に「橋辺本」という墨書があり、その前行には同一の筆致で「弘化年調之」と書かれている。

　下巻には蔵書印はないが、「橋辺本」と「弘化年調之」という墨書が最後の葉の下段に同じ字で書かれている。さらに、上巻の裏表紙にも「橋辺蔵」という墨書が見える。これらのことから、この本は「橋辺」と名乗る日本人が、朝鮮憲宗10～13年、即ち、弘化年（1844～1848）に購入し所蔵していたものを、敗戦後に国立中央図書館で購入したのではないかと思われる（受書の日付は1946年9月15日）。また随所に朱筆で日本語を校正しているが、それが日本語に限ってなされていることから、或いは日本人、中でも所蔵者の橋辺氏による修正であったのではないかと思われる。この『倭語類解』は Courant（1894～6）によって奎章閣の所蔵本として紹介されたが、この本が彼の見たものなのかどうかは不明で、現在奎章閣にはこのような書名を持った図書は所蔵されていない[2]。

　金沢本は、筆者が駒澤大学で実物を確認したところによれば、また京都大学所蔵のマイクロフィルムや同大学の影印本に掲載された浜田敦の書誌的研究を

第 2 章　現存する『倭語類解』の二種類

参考にしても、国立中央図書館本と同一の板本と判断される。つまり、浜田敦
(1958) の調査にあるように、この本は上・下 (乾・坤) 二巻二冊で、縦が約
31cm、横が 20.5cm と、国立中央図書館所蔵本 (以下「国図館本」) と若干の違
いはあるものの、字形や板式が同じで、誤刻部分までもが一致していて、同一
の板本と考えられる。表紙書名は「倭語類解乾・坤」と、上・下巻とも国図館
本と同じで、上巻には巻頭に目録 1 丁があり、続いて本文 56 丁、それから巻
末に巻頭の目録と同じものが 1 丁重複して編綴されている。

　下巻の巻頭にも同じく目録 1 丁があり、続いて 54 丁の本文がある。また、
「倭語類解下終」という巻尾書名があり、その次に続いて口訣 2 丁、伊呂波間
音 1 丁 (版心は皆「倭語類解下」となっている) がある。なお、巻尾に讐整官、
書写官、監印官の名前が記載されている (版心は「倭語類解」)。

　以上のような書誌的考察をまとめてみると、金沢本は国図館本と一致するが、
ただ上巻の第 25, 26 葉と下巻の第 41.42.48.54 葉、合わせて 6 丁が落丁し、
後日に筆写・補綴されている。また漢字で書かれた口訣は、それに対するハン
グル表記が国図館本では漢字の下に記されているが、金沢本では漢字の横に逐
字表音の形で書き記している。ただ、国図館本の最後に筆写され追加された
「為邑巨等 (ᄒᆞ옵거든)」は、金沢本と同様に漢字の横に書かれている。

　国図館本と金沢本の重要な相違点は、後者に「伊呂波間音」が追加されてい
ることである。国図館本には下 (坤) 巻の末尾に「倭語類解下終」という巻尾
書名の次に口訣だけが附載されており、版心書名と葉数の表示も「倭語類解下
一」、「同二」のみであったが、金沢本にはその他にも「伊呂波間音」が加えら
れ、版心の葉数も「倭語類解下三」となっている (この葉の下向花紋魚尾上段に
「伊呂波間音」という内題がある)。この部分の添加によって安田章 (1986) では、
金沢本を完全なものとして、そして国図館本を補助資料として見なしているの
である。

　この「伊呂波間音」とは日本語の濁音に対するハングル表記とその音価を示

2　筆者の推測では、M. Courant が見た司訳院の『倭語類解』を、橋辺氏が朝鮮憲宗 10～13 年
　(1844～1848) に購入し所蔵していたのだが、敗戦後に朝鮮総督府の他の図書と一緒にこの
　『倭語類解』も韓国国立中央図書館に所蔵されることとなったのではないかと思われる。

したもので、仮名の「が、ば、ざ、だ」行の濁音をそれぞれ「ㆁㄱ, ㅁㅂ, ㅿ, ㄴㄷ」で表記し、その音価を「°가 – 가아間, 빠 – 마바間, 따 – 다나間」のような方法で表している。これは最初から『倭語類解』に附載されていたものが国図館本で落丁したのか、それとも金沢本を後刷する際に追加されたのかは不明であるが、筆者の所見では後日追加されたものと思われる。その理由は以下の通りである。「伊呂波間音」が所載された『倭語類解』下3葉は完全に独立したもので、半葉だけが使われており、残りの部分は空白になっている。国図館本は口訣が終わる下巻2葉に続いて讐整官などの諸臣の職名が記載された最後の葉が編綴される。したがって、金沢本に「伊呂波間音」が最初からあったとすれば、下3葉の残りの半葉にこの「伊呂波間音」を印刻したはずである。

2.2　国図館本と金沢本

前の部分で国図館本と金沢本との書誌的違いについて考察した。しかしこのような書誌上の違い以外にも、二本は本文の中で互いに異なる点があるのだが、後日朱筆で修正したところを除いて、その差を摘記すれば次の通りである。ただしこの比較で用いた金沢本は、京都大学文学部国語学国文学研究室の影印本によっている（〔表1〕参照）。

［表1］国立中央図書館本と金沢旧蔵本の相違部分の比較表

	標題漢字	国立図書館本	金沢旧蔵本	出所	備考
上巻	星	호시（ほし）	□시	1a	影印時削除
	霜	시모（しも）	ᅀᅵ모	2b	ㅅ → ㅿ 校正
	民	민	면	14b	민 → 면 誤校正
	童	와라베（わらべ）	와라	14b	베脱字
	奴	야즈오（やつご）	이즈오	15b	야 → 이脱画
	暢	죠우	□□	21a	2字　　　脱字
	端正	다따시이（ただしい）	다따시이	23a	따→ 따 濁音表記誤校正
	敏	사도시（さとし）	시도시	23a	사 → 시脱画
	状	사간나루（さかんなる）	사간니루	23b	나 → 니脱画

第2章 現存する『倭語類解』の二種類

	奢	샤치	샤시	23b	치 → 시脱画
	唐突	다이기나 (たいきな)	다이기니	24a	나 → 니脱画
	辞	모노까다리 (ものがたり)	모노까다비	24b	ㄹ → ㅂ 誤校正
	稟	목시아예 (もうしあげ)	목우시아예	25a	筆写時 '우' 添加
	告	고홀고	고	25a	筆写時 '고홀' 省略
	提起	데이기	데기	25b	筆写時 '이' 省略
	嘲弄	죠롱	죠론	25b	筆写時롱 → 론 誤記
	嘲弄	아싸계루 (あざける)	아싸비루	25b	筆写時계 → 비 誤記
	詰	나싀루 (なじる)	나이루	26a	筆写時싀 → 이 校正
	殿	뗀	덴	31b	濁音表示 'ㄴ' 脱画
	鈍	똔	돈	40a	濁音表示 'ㄴ' 脱画
	牌	하이	차이	41a	하 → 차 誤校正
	牌	사예후따 (さげふだ)	사예후띠	41a	따 → 띠 濁音表示 校正と脱画
	掌甲	고데가계 (こてかけ)	고데기계	41a	가 → 기脱画
	羆	옌	연	51a	예 → 여 'ㅣ' 脱画
	六	여손륙	여슴륙	54b	손 → 슴 校正
下巻	鼠	네스미 (ねずみ)	네스미	23b	미 → 미 誤校正
	毛	터럭모	터러모	24a	럭 → 러脱画
	吠	호유루 (ほゆゐ)	호유르	24a	루 → ㅜ脱画
	触	소구 (そく)	스구	24a	소 → 스脱画または校正
	鰡魚	이세꼬이 (いせごい)	이세꼬	24b	꼬이→꼬, '이' 脱字
	鏡魚	예비가네 (えびかね)	에비기네	25a	예→에, 가→기脱画
	鼈	스본 (すつぼん)	스보	25b	본→보脱画
	倒虫	이시까니 (いしかに)	이시끼니	25b	까→끼脱画
	螺	사싸예	사사예	25b	△→ㅅ 校正
	蝸	따이료우 (だいりょう)	따이료우	26b	
		又云과유우 (くわぎゆう)	又云과위우		유우→ 위로 磨耗
	華夷	고뿌시노하나 (こぶしのはな)	고뿌시노하	29b	'나' 脱字
	杠鵑	즈즈싀 (つつじ)	杠鵑花즈즈싀노하나	29b	'花'と'노 하 나' 挿入
	鳳仙花	호우셴과 (ほうせんくわ)	호우셴괴	29b	과→괴脱画
	葦	아시 (あし)	이시	31a	아→이脱画
	虔	하바가리 (はばかり)	하바야리	35a	가→야 磨耗

13

2.2　国図館本と金沢本

處	곧쳐	곧쳐	41a	筆写時 쳐→쳐 校正
共	흥가지공	흥가지공	41b	筆写時흥→흥 誤記
設	호또꼬시 (ほどこし)	호또교시	41b	筆写時꼬→교誤記
	又云 모우구루 (もうくる)	又云모우구루		
夥	만을화	만을과	42a	筆写時화→과 校正
尋	다즈네 (たずね)	다즈비	42b	筆写時네→비 誤記
附属	후쇼구 (ふぞく)	후쇼□	47a	'구'字 磨耗
尋常	요노즈네 (よのつね)	요노즈네	47b	
	又云 우가또 (うかと)	又云 우□또		'가'脱字
万籟	요로스노고예 (よろずのごえ)	요로소노고예	47b	스→소校正
幾介	남보까 (なんぼか)	남보가	48a	筆写時 ㄱ脱落
檻窂	함정	한정	48a	筆写時 ㅁ→ㄴ 誤記
長門州	나까도 (ながと)	나끼도	51b	까→끼脱画

　以上、両本の違いをよく見ると、主に金沢旧蔵本の脱画や脱字などによるものであることが分かる。特に中声字の「아、야、어、여...」で多くの脱画が生じ、国図館本の「아」が金沢旧蔵本では「이」に、「야」が「아」または「이」に、「어」が「이」に、「여」が「어」になっている。即ち、「奴야즈꼬→이즈꼬」、「拇指오야우비→오아유비」、「敏사도시→시도시」、「壮사간나루→사간니루」の脱画を見せており、場合によっては文字が完全に脱落する脱字現象も現れている。たとえば、「暢죠우→□□、虔하바가리→하바□리、尋常又云우가또→우□또」などがその例である。

　このような脱画・脱字現象は、上巻の23葉、24葉、41葉、45葉と下巻の24葉、25葉、29葉、35葉に多く見られる。金沢旧蔵本においては、板木がなくなって筆写して補った部分が、国図館本と相当な違いを見せるであろうと予想したのだが、補写された部分における違いはわずか10箇所余りに過ぎず、補写する時に非常に精巧に書き写したように思われる。そのなかでも違いがある所を摘記すれば、次の通りである。

　稟　목시아계→목우시아계 (「우」添加)
　告　고홀고→고 (「고홀」削除)

第2章　現存する『倭語類解』の二種類

提起　데이기→데기（「이」削除）

誉　기릴예→길릴예（「기릴→길릴」に誤写）

嘲弄　죠롱、아ᄮ계루→죠론、아ᄮ비루（「ㅇ→ㄴ、계→비」に誤写）

詰　나ᄉᆡ루→나이루（「ᄉᆡ→이」に校正）

〔以上上巻 25・26 葉〕

処　곧쳐→곧쳐（「쳐→쳐」に校正）

共　흔가지공→항가지공（「흔→항」に誤写）

夥　만을화→만을과（「화→과」に校正）

行　군ᅄᅡ→군다리（「ᅄᅡ→다」に濁音表示を省略）

尋　다즈네→다즈미（「네→미」に誤写）

幾介　남보까→남보가（「까→가」に誤写）

檻穽　함정→한정（「ㅁ→ㄴ」に誤写）

〔以上、下巻 41・42・48 葉〕

　上の補写部分に見られる違い以外では、同じように補写されている 54 葉には何らの相異がない。これらの補写部分における違いを見てみると、そのほとんどはハングルの誤写によるものであり、特に「ㅇ」と「ㄴ」、「ㅁ」と「ㄴ」の区別がはっきりしていないことから、日本人が筆写して補ったように思われる。したがって金沢本は日本のある場所、たとえば対馬島などのような所で韓国語を学習する際に使用されたものと思われるが、残念ながら金沢庄三郎（1911）やその後の濯足庵蔵書六十一種（1933）でもこの本の購入経路については全く言及していないため、確かな事実関係は分からない。

　とにかく国図館本に比べると、金沢本には多くの脱画や脱字がある。そのために『倭語類解』が見せている曖昧な部分は、国図館本を参照することによって明確に把握できる。たとえば、京都大学国語学国文学研究室では金沢本を底本にして日本語の索引を作成しているが、そこにはこの金沢本の脱画のために生じたいくつかの誤謬がある。即ち金沢本の「鯔魚 이세꼬」に基づいて『日語類解』では「이세꼬（いせご）」と校正しており、京都大学国文学会の索引

15

2.2 国図館本と金沢本

では「いせこ」と仮名表記をしたが、これは正しくは「이세고이（いせごい）」であって、最後の「이（い）」が抜けたのである。鯔の異名である「いせごい」（伊勢鯉）は「いせご」とも言われるが、しかし金沢本の「이세꾜」は「이세꾜이」の脱字と見た方が妥当であろう[3]。

また「掌甲」は金沢本に「고데기계」と書き記され、『日語類解』からは除外されており、京都大学の索引には「こてきけ（掌甲）」と仮名で表記されているが、国図館本によれば「こてかけ」でなければならない。「鏡魚」も金沢本には「에비기네」とあり、『日語類解』からは削除されたが、京都大学の索引には「えびかね」と出ていて、国図館本の「에비가네」と同じものとなっている。これは『日語類解』によれば「yebigani（エビカニ）」で、鰕蟹、もしくは伊勢海老を指すものと思われる。

同じ現象が「倒虫」にも見られる。これも脱画によって金沢本には「이시기니」、『日語類解』では削除され、京都大学の索引には「いしかに（倒虫）」と訂正されたのだが、その根拠を国図館本から確認することができる。

以上、京都大学文学部国語学国文学研究室編の『倭語類解』の索引の中から、金沢本を底本にしたために生じた誤りを取り上げて整理すると、次の通りである。

［表2］『倭語類解』諸本の誤字対照

標題語番号	金沢本	京都大学索引	国図館本	筆者訂正
2419	이세꾜	いせご（鯔魚）	이세꾜이	いせごい（伊勢鯉）
2486	과워우	くわう（蝸）	과유유	くわぎう（蝸牛）
2762	시□이미루	しかいみる（駭）	시까이미루	しがいみる（志慨見る）[4]
422	와라	わら（童）	와라베	わらべ
709	다이기니	たいきに（唐突）	다이기나	たいきな
733	모노아다비	ものがたび（辞）	모노아다리	ものがたり
1239	고데기계	こてきけ（掌甲）	고데가계	こてかけ

---

3 「いせご「名」魚ほら鱸の異名」（『日本古語辞典』）及び「Ixeqoi（イセゴイ）鯔または鯔属の魚」（土井忠生、森田武、長南実；『邦訳日葡辞書』）俳諧、毛吹草六、大淀の浦や伊勢の鯉秋の波（徳文）参照。

4 中村正直訳『西国立志』8巻23頁の「次に録する事にても、その志慨（リヨウケン）を見るべし」という例を参照のこと。

第 2 章　現存する『倭語類解』の二種類

　このような誤謬は金沢本が後刷本であるため、板木の磨滅と脱字・脱画に
よって生じたものであって、国図館本によって正しく直すことができる。その
意味でも今後『倭語類解』を資料として利用する時は、国図館本、即ち韓国国
立中央図書館本を中心に置くべきであろう。

2.3　灌足本の『倭語類解』

　韓国語史研究の重要な資料として広く知られている金沢旧蔵本の『倭語類
解』は、現在は日本の駒澤大学図書館の灌足文庫に所蔵されている。この板本
がそこに所蔵されることとなった経緯や、その書誌学的な特徴については拙稿
（1997）で詳論したことがあり、また 1996 年度の国語学会の冬の研究会にて口
頭で発表したことがある（拙稿：1996b）。本稿はこのような二回にわたる発表
に続くものとして、まず、灌足本『倭語類解』の落丁とその補写に現れている
誤記を検討するとともに、この板本に見られる脱字・脱画のために、この資料
にある日本語に対して間違った解釈をしている例を取り上げてみたい。

　この灌足本『倭語類解』は、拙稿（1996b, 1997）で明らかにしたように、古
書を新たに編綴して製本したものである。その際に元の本から剥がれた何枚か
のページは、他の本を見つつ書き写して差し込んだものであるが、上巻の第
25・26 葉、下巻の第 41・42 葉、第 48 葉、第 54 葉、合わせて 6 葉が後代に補
写されたのである。この 6 葉の補写からは誤記が少なからず見えるが、その中
には意図的な誤記もあり、この本の性格を理解するに当たって、ある手がかり
を提供している。

　またこの灌足本は、日本の京都大学国文学会から影印出版されている。この
影印本を刊行する際、この板本の日本語に対するハングル表記を仮名文字にし
て転写し、それを五十音順にまとめて「国語（日本語）索引」という名で附載
している。しかしこの板本は古びた板木を後日に印刷した後刷本で、脱字や脱
画が多く、それが京都大学国語学国文学研究室で作成した日本語の索引に誤記
や誤読を来たしたと言える。本稿では韓国国立中央図書館所蔵の『倭語類解』
を通して、今まで広く利用されてきた京都大学の影印本の、こうした間違いを

17

検討し、それらを正していくことにしたい。

駒澤大学図書館濯足文庫所蔵の『倭語類解』（以下では「濯足本」と称する）は、元々は明治時代の韓国語学者である金沢庄三郎の旧蔵本であった。この資料は所蔵者の金沢庄三郎と小倉進平によって紹介されており、ほとんどの韓国語の歴史的研究において非常に重要な資料として引用されているものではあるが、韓国の学者の間ではこの原本が現在どこに所蔵されているかさえも知られていない[5]。

『倭語類解』はソウルの国立中央図書館にも一部が所蔵されていることが最近明らかになった。韓国国立中央図書館の所蔵本（「国図館本」）は、今から20年ほど前に学界に知られたもので、国立中央図書館（1972）と安田章（1986）、及び拙稿（1988）によって日本と韓国の学界に紹介されたが、その経緯については拙稿（1988）に詳細に言及されている。

2.4 濯足本の特徴

『倭語類解』は前述したように、金沢庄三郎の旧蔵本（以下、金沢本）は金沢庄三郎（1911）と小倉進平（1940）によってすでに知られており、この資料が京都大学の国文学会から影印本として刊行される際に、浜田敦（1958）の解説と漢字及び日本語の索引が付けられた。

この影印本の刊行の際に付けられた京都大学の国文学会会長遠藤嘉基の序に、「（前略）本書は、こんにち福井県の曹洞宗大本山永平寺の所蔵に属するが、も

---

5 元々この資料は、韓国語と日本語の研究者であった金沢庄三郎の所蔵図書で、彼がしばらく滞在していた永平寺別院に一時保管されていたが、現在は東京駒澤大学図書館の濯足文庫に所蔵されている。「濯足」とは、金沢庄三郎自らが付けた号として屈原の「漁父辞」に出てくる詩句から引用したもので、自ら乱世の時代に学問の道を歩む自分の姿を表現したのだという。駒澤大学ではこの雅号を取って「濯足文庫」という名の書架を別途に設置し、金沢庄三郎が寄贈した蔵書を濯足文庫本と名付け、そこに保管している。京都大学国文学会では1958年、金沢庄三郎が永平寺の麻布別院に滞在していた時に彼の許可を得、「京都大学文学部国語学国文学講座開設五十周年記念出版」としてこの本を影印・刊行したのである。なおこの影印本の解題（浜田敦、1958）において、この資料が「金沢博士旧蔵、曹洞宗大本山永平寺現場の刊本」と、永平寺に所蔵されているものとして紹介されたため、今もそこに所蔵されていると思い込んでいる人が多い。

第2章　現存する『倭語類解』の二種類

とは金沢庄三郎博士の蔵で、博士の筐底に長らく秘められていたものである。そして、それは現在知られている限り本書の唯一の原刊本なのである」[6]とあり、また同じ影印本に附載された浜田敦（1958）の『倭語類解』の解説にも、次のような言及がある。

　　（前略）ただし、何の故か、本書の刊本の現在まで残存するものは極めて稀であって、本複製本の原本となった金沢庄三郎博士旧蔵本以外に殆んどその存在が知られていないのである（中略）。現在幸にも、天下の孤本として伝えられた金沢博士旧蔵本は、一般に流布せしめるために刷られたものではなく、むしろ刊行当事者達、或はそれに特別な関係をもつ狭い範囲に、私に頒布せられたものの一部であろうとも考えられる。

　この解説によって学界では、『倭語類解』の金沢本が天下唯一の本として知られるようになった。のみならず上記の解説では、この本が朝鮮王朝の司訳院によって日本語の教材として開発され公式的に刊行されたものではなく、何人かの訳官たちによって個人的に印行されたものと見ているが、この主張を韓国の研究者たちは未だにそのまま信じ込んでいる[7]。

　筆者も韓国国立中央図書館の所蔵本と金沢本である濯足本の実物を直接見るまでは、大体このような主張をそのまま踏襲していた。しかし1996年の夏東京に滞在しながら、駒澤大学の図書館で貴重本として所蔵されている濯足本を直接見る機会を得た。かくして今まで影印本でしか見られなかった金沢庄三郎

6　これは裏面の「PREFACE」に、「The copy of the work reproduced here is at present owned by the library of Eiheiji, the head temple of the Sôtô Sect of Zen Buddhism in Fukui Prefecture, though formerly it was for a long time in the private collection of Dr. Shôzaburô Kanazawa. This is the only original text of the work known to exist in the world」と英訳され付載されている。

7　筆者も1980年代初頭まではそのように思っていたのだが、1985年に韓国国立中央図書館で、誰でも自由に貸し出しできる一般図書として所蔵されていた『倭語類解』を閲覧してから、はじめて金沢庄三郎の旧蔵本が唯一本ではなかったことを知った。そこで拙著（1988）で濯足本と国図館本を比較分析し、国図館本の方がより先に印刷された早印本であることを明らかにした。また、拙編著（1988）では国図館本を影印・刊行し、両者における違いを明らかにしようとした。国立中央図書館所蔵の『倭語類解』が筆者の助言によって貴重本として認められるようになったのは1990年のことである。

19

の旧蔵本の『倭語類解』を、濯足文庫に所蔵されている実物で見ることができ、またそれによって様々な事実が考察できるようになった。

　まず、この資料の書誌学的な特徴を探ってみることにしよう。

　この資料については、駒澤大学図書館で刊行した『濯足文庫目録』の「朝鮮語」部に、「濯足 373, 倭語類解, 刊 ［朝鮮］, 2 冊 和 32cm, 帙入り, 朝鮮人による日本語の辞書, Ⓚ 588.4」と、解題や書名、簡略な書誌学的事実などが紹介されている。実物を見ると、黄褐色の華やかな絹でできたブックカバーに覆われているが、これは恐らく後代の日本人によって作られたのであろう。

　表紙は朝鮮後期に製本された古書によく見られる煉瓦模様の黄色い表紙で、これを白糸で 5 針縫って製冊しており、本を結んだ白糸は新しいもので、後日に背紙を付け改装する際に取り替えたようである。第 1 巻は表紙の左側上段に縦書きで「倭語類解 乾」（「乾」は小文字）、第 2 巻には「倭語類解 坤」（「坤」も小文字）と墨書されている。表紙の大きさは、筆者が実測した結果によると、縦 30.8cm×横 25.1cm で、右側下段には「貴重本」と「濯足 373-1」の蔵書印が押してある。

　これが京都大学国文学会で刊行した影印本の原本で、前述したこの影印本の序文に「本書は、こんにち福井県の曹洞宗大本山永平寺の所蔵に属するが、もとは金沢庄三郎博士の蔵で、博士の筐底に長らく秘められていたものである」と書かれた、まさにその本である。

2.5　濯足本の落丁と補写

　後述するように濯足本『倭語類解』は後刷本（後印本）であるため、板木の磨耗による脱画と脱字が非常に多い。しかも数枚が剥がれてしまい、手書きで巧妙に補写して差し込んだのであるが、それが上巻の第 25・26 葉、下巻の第 41・42 葉、第 48 葉、第 54 葉である。この補写されたものは版心の花紋魚尾までも精巧に描かれていて、一見するだけでは原版と区別が付かないほどである。しかしよく注意してみると手で筆写したもので、紙質も他の葉と非常に異なる。

第2章　現存する『倭語類解』の二種類

　濯足本の落丁の部分を補写したものがあまりにも精巧なものであったため、前述した浜田敦（1958）では、この「補写」は単に書き込んだものではなく、欠けている板木を後で作るための板下の原稿であったかもしれない、と述べている。またこの部分は最初から板木が存在しなかったため、他のものを先に印刷し、欠けた部分を補写して編綴したのだと捉えている。つまりこれについて前掲の論文で次のように説明している。

　（前略）ところでこの書写の六張が、はたして、いつどの様な事情でなされたかは明らかでないが、それは、私の考えるところでは、必ずしも、我が国の一般の刊本に存する所謂「補写」であるとは限らないと思う。（中略）それは、はじめからこの「補写」の部分（倭語類解では上巻二、下巻四張分）の板木が何等かの理由でつくられなかったのであり、従って、現在その部分にあてられた書写の本文は、決して他の完全な本における板になった本文による透写乃至臨写などではないのではないかと云うことである。私はむしろ、倭語類解の書写の部分の六張は、板になる以前の、云わば板下の様なものでないかとさえ考えている。少くとも朝鮮の刊本においては、その様なことがあり得ると思う。私の想像では、倭語類解は、この六張分の板木が欠けていると云う不完全な状態において、それが他の「類解」の様に大部数（と云っても朝鮮の刊本が一般に比較的少部数しか刷られなかったことは周知の事実であるが）が刷られ、流布する以前に、何等かの理由で板木が湮滅してしまったのではないかと思われる。

　これによると補写の部分は、印刷して配布する前に欠けている板木を補うため、その板下として書かれたものと推測しているのである。しかしこうした推測は上記の引用文でも語っているように、実際には一つの「想像」に過ぎない。
　司訳院では外国語の学習教材、即ち訳学書を開板してその板木を正庁の屋根裏部屋に積んでおき、必要な時に取り出して印刷し、使用したことについては拙稿（1989）で言及したことがある。これによると、他の板本の刊行においても同様であるが、板木の両面に1葉ずつ彫る形で、大体表面が第1葉なら、裏

21

2.5 灌足本の落丁と補写

面が第2葉になるように順番に板刻するため、仮に一つの板木がなくなったとすれば、奇数と偶数の連番を持つ葉数が同時になくなることになる。『倭語類解』の灌足本も後刷本であり、上巻の第25葉と第26葉、また下巻の第41葉と第42葉は一つの板木の両面、即ち表と裏を印刷したものであるため、こうした推測がなされたのであろう。

しかしながら下巻の第48葉は補写したものであるが、同じ板木の表面に彫られたものを印刷した第47葉は健在しており、また、最後の第54葉も補写によるものであるが、その表面に当たる第53葉は健在している。万一、一つの板木がなくなったとしたら、2葉、即ち2丁（4ページ）がなくなるはずである。しかも現伝する国図館本にはその補写された部分が元のままで存在しており、灌足本の「補写」はこれを「透写」したものでもなく、単に見て写した程度のものであることがすぐに分かる。

何よりも確かなのは、なくなったとされるこの部分の板木が存在しているという事実である。鄭光・宋基中・尹世英（1992）では、司訳院に所蔵されていた訳学書の板木に関する考察を行ったことがある。これによれば、司訳院の訳学書の板木は日帝下の植民地時代に、司訳院の建物が朝鮮書籍の印刷会社のものと変わっても、そこに放置されていたのだが、当時在韓日本人の歴史学者であった田川孝三氏の建議によって、朝鮮史編修会へ移されたと言う[8]。敗戦後、「朝鮮史編修会」は「国史編纂委員会」に吸収されたが、司訳院の板木は委員会の建物の軒下にそのまま積まれていた。それを見かねた当時の国史編纂委員会の委員長が、これらの板木を高麗大学博物館に移して保管するようにしたと言う（鄭光・尹世英：1998）。

高麗大学博物館に収蔵されている訳学書の板木はすでに大半が紛失しており、残っているのはごく少量であるが、その中に『倭語類解』の板木も19枚残っている。これらは他の訳学書の板木に比べて毀損の程度が酷いが、灌足本『倭語類解』で補写された上巻の第25・26葉が保存されている（[写真3] 参照）。つまり浜田敦（1958）で最初から存在しなかったかも知れないとされた補写部分の板木が、現存しているのである。なおこの板木は、筆跡や模写の部分が灌足本の補写されたものと多少異なっている。この板木は国図館本の第25・26

葉と一致している。だとすれば、前述した浜田敦（1958）における濯足本の補写部分が板下として書かれたであろうとする主張は、事実ではないことになる。

したがってこれは最初から存在しなかった板木を補写したものではなく、伝わっている『倭語類解』の旧本を新たに編綴する際に、ぼろぼろになったものや剥がれてなくなったものを、新しく書いて差し込んだものと見るべきであろう。そのため旧本の紙質と新たに補写した部分の紙質が、互いに違うものとなっているのである。また新たに編綴する時に間違って上巻の巻末に目録をもう一枚差し込んでしまい、前で指摘したような変な形で、巻頭にあるべき目録が上巻の末尾に置かれ綴じられることとなったのである。

参考までに濯足本『倭語類解』の補写部分の中で、上巻の第25葉の表と裏のものを次に掲載する。

8　大韓帝国時代（1897〜1910）には『倭語類解』の板本はすでに司訳院に所蔵されていなかったと思われる。つまり、1890年代初頭にソウルに来てフランス公使館で働いたことのあるフランスの東洋学者クラン（Maurice Courant）がフランスに帰国した後、韓国の古書籍に関する膨大な研究書の『朝鮮書誌（Bibliographie Coréenne）』（1894〜1897）を編纂したことは、周知の事実である。とりわけこの本の第二部言語部（Livre II: ÉTUDE DES LANGUES）には司訳院の訳学書が紹介されているが、これによると、彼はソウルの奎章閣や司訳院、またフランスのパリ東洋語学校図書館（Bibliothèque de l'École des Langages Orientales Vivantes, à Paris）に所蔵されている書籍を参考にしたようである（鄭光・尹世英・宋基中：1992/2312）。しかし、前記の彼の『朝鮮書誌』には『倭語類解』について「*Oa e ryou kǎi*. LA LANGUE JAPONAISE EXPLIQUÉE, PAR ORDRE DE MATIÈRES. 2 vol. B. R.」と、その所蔵場所が奎章閣（B. R. Bibliothèque Royale de Seoul）とされており、司訳院の書庫（C. des Int.-- Bibliothèque de la Cour des Interprètes à Seoul）については言及されていない。筆者の考えでは、クランの見た奎章閣所蔵の板本が朝鮮憲宗の時、即ち巻末に書かれている弘化年（1844〜47）頃に韓国に来た日本人（巻末にある所蔵者名から見て恐らく「橋辺」と名乗る人物であろう）によって搬出されたが、敗戦後に韓国国立中央図書館に所蔵されるようになったと思われる。

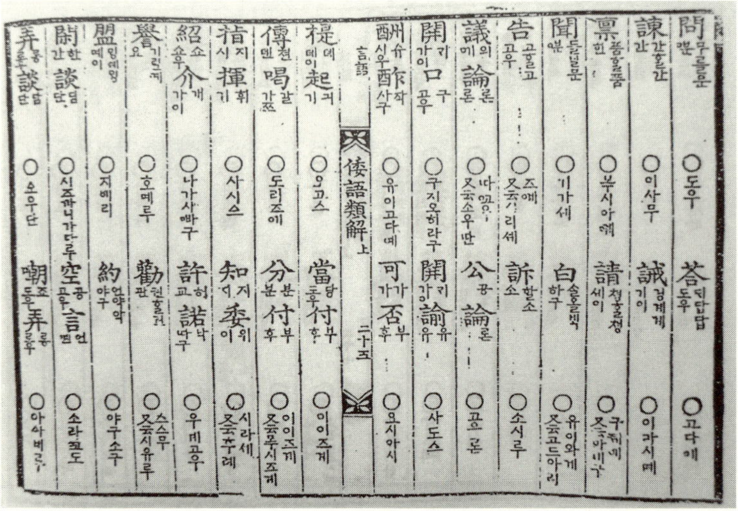

2.5 灌足本の落丁と補写

[写真1]『倭語類解』上、第25葉

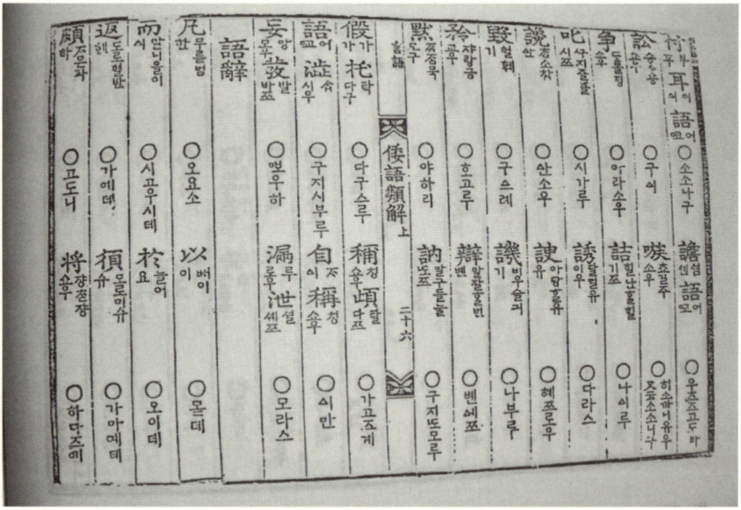

[写真2]『倭語類解』上、第26葉[9]

第 2 章　現存する『倭語類解』の二種類

［写真 3］濯足本『倭語類解』補写部分（上、25 表・裏）

　濯足本『倭語類解』上・下巻で補写された 6 丁、即ち上巻 25・26 葉、下巻 41・42 葉、48 葉、54 葉には、後で影印された国図館本や左の［写真 1、2］の同じ部分と比較すると、誤記や意図的な変改が見られる。では、誰がどのようにこれらの補写を行ったのかを検討するために、まず濯足本に現れている誤記や変改を取り上げてみることにしよう。

　　　　　　　国図館本　　　　　　　　濯足本の補写部分
　　上巻
　ⓐ　稟　○목시아예　　　　　　　稟　○목우시아예（25 表 3 行上段）
　ⓑ　請　○구셰이　　　　　　　　請　○구제이（25 表 3 行下段）
　ⓒ　提　데, 데이 起　　　　　　　提　데, 데（25 裏 1 行上段）
　ⓓ　指　지, 시 揮 指 지, 지（25 裏 3 行上段）
　ⓔ　許諾　○우계꼬우　　　　　　許諾　○우계고우（25 裏 4 行下段）

9　これらの写真は、高麗大学博物館に収蔵されている『倭語類解』の板木を影印した鄭光・尹世英（1998/551）から転載したものである。

2.5 濯足本の落丁と補写

ⓕ 譽 기릴예, 요　　　　　　　　譽 길릴예, 요 (25 裏 5 行上段)

ⓖ 閑 談 담, 딴　　　　　　　　閑 談 담, 단 (25 裏 7 行上段)

ⓗ 嘲 弄 롱, 로우　○아ᄉ·계루　　嘲 弄 론, 로우 ○아ᄉ·비루 (25 裏 8 行下段)

下巻

ⓘ 倚 ○요리가가루　　　　　　倚 ○요라가가루 (41 表 5 行下段)

ⓙ 恰 ○쵸우또　　　　　　　　恰 ○쵸우뽀 (41 裏 4 行上段)

ⓚ 迸 ○호또얘시루　　　　　　迸 ○호또바시루 (41 裏 7 行上段)

ⓛ 設 ○호또꼬시 又云모우구루　設 ○호또교시 (41 裏 7 行下段)

ⓜ 没 ○뽇스두　　　　　　　　没 ○뽇스루 (42 表 1 行下段)

ⓝ 夥 ○오비다시거　　　　　　夥 ○오비다시기 (42 表 6 行上段)

ⓞ 行 ○군따리　　　　　　　　行 ○군다리 (42 裏 1 行下段)

ⓟ 尋 ○다즈네　　　　　　　　尋 ○다즈비 (42 裏 7 行下段)

　以上の濯足本に見られる、補写された 6 丁の誤写あるいは意図的な変改を探ってみると、補写者の日本語の実力を判断することができる。では、それぞれについて詳しく見ていくことにする。

　ⓐ「稟　品할품、힌（日本語の漢字音、「품훌품」と双行になっている。以下同じ）○무우시아몌（申し上げ＝もうしあげ）」があるが、これを国図館本で見ると、「○무시아몌」とあり、濯足本の補写部分に「우（う）」の字が追加されていることが分かる。これは日本語の長音を表すためのものか、あるいは「もうしあげ」を逐字表記したものと思われる。つまり補写をした人が、ある程度の日本語の知識を持っていたことが分かる。

　ⓑの「請청훌청、셰이○구졔예、又云마녜구」は、ⓐと同一行の下段にあるが、国図館本ではこの部分が「○구셰예」となっていて、日本語の「くせぎ（請）」の発音の伝写であることが分かる。濯足本の補写では、この「셰

「sye」のところが「제［zye］」に変えられている[10]。やはり当時の日本語で生じた母音間の有声音的環境での、［sye］から［zye］への音韻変化を知っていたに違いない。よってこの部分の補写者は、日本語が分かる倭学訳官であるか、それに準じる人物であったと考えられる。

ⓒの「提데、데」（25裏1行上段）は、反対に補写者が日本語の知識をあまり持っていなかったことを物語る例である。即ち同じく25葉の裏面3行上段にある「指지,지」の漢字音表記は（ⓓの例参照）、左側のものが日本語の漢字音であるから「시（し）」でなければならないのに、間違って表記したのである。実際に国図館本には「指지,시（し）」とその発音を正確に書き記している。「提데、데」（25裏1行 上段）も日本語の漢字音を、韓国語の漢字音と混同して表記した例である。これも国図館本によれば、「提데,데이（てい）」（同一箇所）が正しい表音である。

ⓔ国図館本の「許諾○우계꼬우」が、濯足本では「許諾○우계고우」（25裏4行下段）と表記されている。即ち、日本語の濁音「許諾-うけごう［ukegou］」の［ごう-gou］が、「꼬［go］」から「고［ko］」に変わっている。京都大学国文学会が影印本『倭語類解』の日本語索引に、この濯足本の「許諾○우계고우」に基づいて、「うけこう（許諾）50」（国語索引5ページ）を索引項目としたのは間違いである。国図館本の「許諾 ○우계꼬우」によれば、「うけごう」であるべきであり、これは日本語で「うけがふ→うけがう→うけごふ→うけごう」という変遷過程を経た発音を表記したものである。『日葡辞書』にも「Vqegoi（ウケガウ）」となっている。

ⓗ濯足本の「嘲죠,도우 弄론,로우 ○아사비루」（25裏8行下段）も同様の誤謬を犯している。これは京都大学国文学会の影印本の索引に「あざける（嘲弄）」（p. 1）とあり、「아사비루」が誤写であることが分かる。実際に国図館本

10「又云마네구」が「まねく（招く）」の表記であることは言うまでもなかろう。

には「嘲 죠, 도우 弄 롱, 로우 〇아ᅀᅡ계루」となっていて、「弄」の漢字音表記が間違っているだけではなく、「아ᅀᅡ비루」が「아ᅀᅡ계루（あざける）」の「계」を「비」に誤記したものであることが分かる。『邦訳日葡辞書』にも「Azaqeri（アザケリ）–嘲笑、あるいは、愚弄。」と、「あざける」の連用形として名詞化された「あざけり」を見出し語として取り上げている[11]。この場合は濯足本の「아ᅀᅡ비루」に基づいてはいるが、京都大学国文学会の影印本の索引が正確を期したと見ることができよう。

ⓘの例をみると、国図館本の「倚 〇요리가가루」が濯足本では「倚 〇요라가가루」に補写されている。これによって京都大学国文学会の影印本の索引には「よらかかる（倚）」（日本語索引、P.48）となっている。しかし、これは「よりかかる＝寄り掛かる（의지하다）」の表音なので、間違った表記であり、国図館本に基づいて直すことができるだろう。

ⓙの場合は、国図館本の「恰〇죠우ㅁ도」と濯足本の「恰 〇죠우ᄯᅩ」が日本語の「ちょうど（丁度）」を表音したもので、国図館本は日本語の獨音［ど(do)］のハングル表記に「ㅁㄷ」を、濯足本は「ㄵ」を当てたが、これは後者の方が正しい表音である。

ⓚは、国図館本の「迸 〇호ᄯᅩ빠시루」が日本語の「ほとばしる、迸る（→ほとはしる）」の表音であり、「ハ」行の濁音を［ㅃ］で表した例として見ることができる。元々、「ハ」行の濁音は「ㅁ＋ㅂ（＝ㅁㅂ）」で表音することが原則であり、濯足本の巻末に附載された「伊呂波間音」でその表音の凡例を示しているが、国図館本の「迸 〇호ᄯᅩ빠시루」と濯足本の「迸 〇호ᄯᅩ바시루」は両方ともこれに背いているのである。それでも国図館本の場合は「ㅃ」をもって「ハ」行の濁音を表そうとしたと言える。『日葡辞書』では「fodobaxiru（ホドバシル）」とし、「ハ」行の濁音を見せている。

11『邦訳日葡辞書』の「Azaqeri, u, etta（アザケリ、ゥ、エッタ）–嘲笑する、あるいは、愚弄する」を参照。

第2章　現存する『倭語類解』の二種類

　①の例は、国図館本の「設 ○호뜨꼬시 又云모우구루」が濯足本では「設 ○호뜨교시」に変えられていることを示している。これは日本語の「ほどこし（施し）」を表記したもので、やはり「こ（꼬）」を「교」と誤記しているが、国図館本には「設 ○호뜨꼬시」と正しく表記されている。「ほどこし（施し）」は動詞「ほどこす（施す）」の連用形が名詞化したもので、「恵み与えること。また、そのもの。布施。恵与。施与。」などの意味を持つと言う。したがって、京都大学国文学会の索引で、濯足本に基づいて「ほどきょし（設）」としたのは間違っている。『倭語類解』の見出し語は名詞、動詞、またはそれに相当する単語に限られている。「又云모우구루」が、やはり「もうける（設ける）」の表音であることは言うまでもない。

　ⓜの例は、国図館本の「没몰흘몰、쯔쯔 ○뿐스두」が濯足本では、「没 ○뿐스루 」と筆写されていることを示す。これは日本語の「ぼっする（没する）」の表音であるが、国図館本の「두」が元々「루」の磨耗であることを示す例となった。したがって国図館本も後刷本であることが分かる。『邦訳日葡辞書』では「ヒガ boxxita（ボッシタ）–해가 졌다」という例を取り上げている。

　ⓝの例は、国図館本の「夥 ○오비다（다）시거」で、二番目の「（다）」が墨書で挿入されたものであることを示しているが、これは後日に補正されたものである。これについて濯足本では「夥 ○오비다시기」と直したのだが、「おびたた（だ）しげ（夥しげ）」を表記するまでには至らなかった[12]。むしろ、国図館本では「오비다（다）시거」というように、「（다）」を筆で書き込み「おびたたしげ」に合わせて校正している。

---

12 「おびたたし（夥）」については、易林本『節用集』の「夥敷 ｛ヲビタ・シ｝」（（｛ ｝は傍注、以下同じ）と『増刊本下学集』の「太甚 ｛ヲヒタ・シク｝」、饅頭屋本『節用集』の「焱 ｛ヲビタ・シ｝」、天正十八年本『節用集』の「絋 ｛ヲビタ・シク｝又云焱」、『伊京集』の「大多敷 ｛ヲビタ・シク｝」、三省堂本『節用集』の「龍唱 ｛ヲビタ・シ｝・莫大 ｛同｝・大多敷 ｛同｝」、『増刊本節用集』の「脅 ｛ヲビタ・シ｝」、正宗本『節用集』の「緩 ｛ヲビタ・シク｝・霫 ｛同｝・焱 ｛同｝」、『和漢通用節用集』の「侈敷 ｛おびた・しくおゝき｝多義、焱 ｛おびた・しおゝき｝多義」、『藻塩草詞』の「おひたゝし 多心又太なる心にもいふ歟、是は世俗の詞也と云々」などを参照されたい。

29

2.5 灌足本の落丁と補写

つまり国図館本の「夥（＝많을과）○오비다다시거」は、近世日本語の「お びたたしげ」を表音化したものである。形容詞の「おびたたしい（夥しい）」 は、近世に入ってその二番目の「た」が有声化して「おびただしい」となるが、 「おびたたしげ」は「おびたたし–い（夥しい）」の語幹に接尾語「–げ」を付け た形態と言える。『日葡辞書』には「Vobitataxij」と表音されているので、『倭 語類解』においても二番目の「だ」がまだ有声化する前のものを表音化したも のと思われる。

◎国図館本の「行 ○군다리」と灌足本の「行 ○군다리」は、両方とも日本 語の「くんだり」の表音であるが、この語彙は接尾詞「くだり」の音韻変化に よるものである。この接尾詞は地名などに付いて遠隔地、端という意味を表す もので、蔑むような感じを漂わせる言葉でもある。灌足本の場合は「くんだ り」の「だ」の濁音を［따］と表記していない。

Ⓟの例で、国図館本の「尋 ○다즈네」を参考にすれば、灌足本の「尋 ○다 즈비」は日本語の「たずね（尋ね）」の誤記であることが分かる。

朝鮮時代、司訳院に漢・蒙・倭・清学の四学を置き、漢語、モンゴル語、日 本語、満州語を習わせていたことは、すでに広く知られた事実であり、司訳院 が朝鮮王朝によって設置された外国語教育機関であったことも、拙稿（1971） をはじめとして拙著（1988）などで詳細に言及したことがある。これによれば、 司訳院では幼い時から外国語の稽古をさせており、参加者たちは数回の試験を 受けて初めて、一人前の訳官としての登用を認められたのである。

しかも訳官に任用されてからも、司訳院では外国語の学習を続けさせていた のだが、その時に教材として用いられたものを訳書、あるいは訳学書と呼んだ。 拙稿（1989）によれば、訳学書は英祖・正祖時代（1724～1800）に多く出版さ れているが、最初は活字本で出版され校正に充てられており、校正が済んだも のは板木で刊行された。この時に作られた板木を司訳院の正庁2階の屋根裏部 屋に保管しつつ、必要な時に刷って使用していたことは前述した通りである。

第 2 章　現存する『倭語類解』の二種類

　倭学書の『倭語類解』は国図館本と濯足本、いずれも後刷本であり、現在と
しては初印本は発見されていない。国図館本と濯足本は両方とも後日、司訳院
に保管されていた板木で印刷したものであるが、この後刷本も大変珍しいもの
であったため、司訳院の訳生たちは先輩のものを譲り受けるか、あるいは直接
書き写して使用するしかなかった。濯足本も先輩の訳生のものを譲り受け、欠
丁を補完しつつ新たに編綴したものと見られる。またある程度の日本語の知識
を備えた倭学訳官によるものであったならば、上記のような誤写はないはずな
ので、まだ日本語に慣れていない倭学訳生の手による補写であったと考えるし
かなかろう。

　しかしこの補写により、現在の『倭語類解』の基本資料である国図館本に存
在する不明な所を正すこともできる。たとえば、国図館本の「誘 달□유」
（上巻 26 表 4 行下段）は、「□」の箇所が磨耗して「멜」、または「멸」と読め
るが、濯足本の補写によって「誘 달넬유」であることが分かる。また国図館
本の「恰 ○죠우ㅁ됴」（下巻 41 裏 4 行上段）は、前で検討したように日本語の
「ちょうど」の表音で、もとは「恰 ○죠우또」であったものを、国図館本で筆
で直したことが分かる。

　また国図館本の「没몰흘몰, 쏼쯔 ○쏼ㄷ스두」（下巻 42 表 2 行下段）も、濯
足本の補写部分「 没몰흘몰, 쏼쯔 ○쏼ㄷ스루 」によれば、「ぼっする（没す
る）」のハングル表記で、国図館本の「ㄷ스두」の「두」は、「루」から一画が
脱落して「두」に見えたものであることが分かる。このことから国図館本も、
脱字・脱画のある後刷本であることが分かるであろう[13]。

2.6　濯足本の脱字・脱画

　次に、国図館本との比較を通して濯足本にどれだけ多くの脱字と脱画があっ
たかを検討し、それによってこの濯足本の性格を究明してみようと思う。

　濯足本『倭語類解』下巻の「水族」の項には「鯔치、시魚어、교○이세오」

13「ぼっする（没する）」は「沈む。はいる」の意味で、『日葡辞書』の「ヒガ boxxita（ボッ
　シタ）–日が沈む」の例を取り上げた。

2.6 濯足本の脱字・脱画

（24裏4行上段）があり、京都大学国文学会影印本の日本語索引には「いせご（鰡魚） 160」（p. 3）が載っている。『日本国語大辞典』（日本大辞典刊行会編, 小学館, 東京, 昭和49年刊）にも「いせご」が見出し語として取り上げられているが、おそらくこの濯足本によったのであろう。

しかし国図館本の同じ所には「鰡쳐、시魚어、교〇이세뀨이」とあり、実際には「鰡魚」、即ち、「ぼら」を『倭語類解』では「이세뀨이（いせごい）」と言ったことが分かる。また、『倭語類解』の同じ葉に「鯉魚〇고이」があり、「고이」または「뀨이」が鯉を表している。日本側の資料である『重訂本草綱目啓蒙』には「鰡魚―いせごひ」（40）という記録があり、『和玉篇』には「鰡 イセゴイ」がある。『日葡辞書』にも「Ixegoi（イセゴイ―ぼら、または、ぼら属の魚）」があって、歴史的に日本の関西地方では「鰡魚（ぼら）」を「이세잉어」、即ち、「いせ‐ごひ（伊勢鯉）」と呼んだことが分かるのである。

この事実は『物類称呼』[14]（巻2）に「いせごいとは、勢州鳥羽の海浜にて多く是をとり、又鯉に類するをもって、いせ鯉と云関西の称なり。東国には、ぼらとのみ呼也」という説明から確認することができる。

前述したように日本大辞典刊行会編『日本国語大辞典』には、「いせご」という見出し語を載せているが、この語彙の出典については何らの言及もない。おそらく『倭語類解』の「이세」に基づいて見出し語と見立てたのではないかと思われる。しかしこれは語尾の「이」が脱落したものであり、「이세뀨이」が正確な表記だということを、国図館本によって明らかにすることができるのである[15]。

このような過ちは結局、濯足本『倭語類解』が国図館本よりずっと後の後刷本であって、板木の脱刻がひどかったために起きたのである。拙編著（1988）

---

14 『物類稱呼』（五巻五冊）は江戸中期、即ち1775年に刊行された方言辞書で、越谷吾山（秀眞）によって編纂されたものである。日本各地における約五百くらいの方言が、「天地、人倫、動物、生植、器用、衣食、言語」の七つの部門によって分類され、考証と解説が付けられている。

15 『角川古語大辞典』（中村幸彦・岡見正雄・阪倉篤義編、角川書店、東京、昭和57年6月刊行）には、「いせごひ（イセゴイ‐伊勢鯉）」のみが見出し語として取り上げられ、「いせご」は見付からない。

ではこのような過ちをいくつか指摘したが、その中で同様の例を「와라베（わらべ＝童）」と「고데가계（こてかけ＝掌甲）」から探してみることにしよう。

　濯足本の『倭語類解』（上巻）「人品」の項に「童이히동, 모우○와라」（14裏6行下段）がある。これについては京都大学国文学会影印本の「国語索引」に「わら（童）　28」（p. 50）があり、日本語語彙に「わら−童」が存在しているかのように再構成している。これに対して拙編著（1988）では、国図館本の同じ所に「童아히동, 도우○와라베」があることを挙げ、この「わら−童」という日本語索引が誤りであったことを指摘した。

　実際、濯足本の「이히동」は「아히동（童）」の誤りで、「이」は「아」の脱画によるものであり、「童」の日本語発音である「모우」も「도우」の誤記であった[16]。さらに濯足本の「와라」は「와라베」の「베」が脱落したものであり、濯足本の「와라」に基づいて日本語索引に「わら（童）」の項目を作ったことは誤りだと言える。つまり日本語には「와라（わら＝童）」という語彙は歴史的にも元から存在しなかったもので、あったとすれば「와라베（わらべ＝童）」の方であろう。前述した日本大辞典刊行会編の『日本国語大辞典』第20巻（p. 682）に、「わらべ｛童｝」は名詞として次のような解説が付けられている。

　　「わらわべ」の変化した「わらんべ」の発音「ん」の無表記からなったもので①子ども。　子どもたち。児童等の意味をもつ。たとえば『宇津保物語』「内侍督」に「まさよりはわらべのなかよりは、さるこころある人はあらん」とか『名語記』の巻の二に「童部をば、わらべ、下部をば、しもべなど、よめり」等がある。又は、②召使う子ども。また、召し使う童姿の男女をしめす。たとえば、『源氏物語』の「若菜」の下に「ことに上らふにはあらぬわかき人、わらべなど、おのかじしものぬひけさうなどし

16　濯足本の「童이히동, 모우」の「모우」は、誤記というより校正の間違いと思われる。即ち、「도」に一画を加え、「모」に直したのである。このような誤った修訂がなぜ生じたのかは定かではないが、鼻音の多い日本語の発音から、「童＝도우［dou］」が「［mou］」として認識されたのかもしれない。反面、韓国語の「ㄴ、ㅁ」を日本人たちが、「だ［d］行音、ば［b］行音」として認識するケースは非常に多かった。

つつ」という例がある。更に、③自分の妻をへりくだっていう語。という
もある。たとえば、『大鏡』の一巻の序に「これはそののちあひそひては
べるわらべなり」がある。

　「方言」でもこの語彙が「子供（子ども）」の意味で使われる所があり、日本
の佐賀県藤津郡、長崎県彼杵、鹿児島県奄美大島等の地で「わらべ（童）」が
使われており、鹿児島県喜界島と沖縄では「わらび」が使われていると言う。
　この語彙の語源については、同じく『日本国語大辞典』で三つの仮説を立て
ている。一つ目は「ワカアレムシ（＝若現群）」の意味（日本語原学＝林甕臣）
から発展したものだとする見解、二つ目は「와아아（ワアア）」という泣き声
から来たとする説（言元梯）、三つ目は頭髪の乱れた様子を表した「散髪した
（ワラワラ）→ばらばら」から来たとする説（本朝辞源＝宇田甘冥）である[17]。上
記の解説によれば、「와라베（わらべ＝童）」は「わらわべ」から来たものであ
ることが分かる[18]。ただ、鹿児島県の喜界島と沖縄で使われる方言の「わらび
[warabi]」は南方系統の語彙であって、台湾のピューマ族は「아이（子供）」を
「wara」といい、アミ族は「wawa」と言う。また台湾から近い与那国島では、
子供たちを「ワラビ（와라비）」と称する。したがってこの語彙は、起源的に
日本語の南方系統のものと見るべきではないかと思われる。
　また中田祝夫（1983 年）では、「와라베」、即ち「わら–べ」は「わらんべ」
の撥音（ん）を表記していないもので[19]、結局は「わらは–べ」から発達したも
のと見なした[20]。つまり、와라베（わらべ）は「わらはべ [waraha-be]→わら
んべ [waran-be]」の変化を経ており、「わらはべ」は『日本書紀』にまで遡っ
て現れていることが分かる。その語彙は歴史的に「子供」または「子供達」の

---

17 山中襄太（1976）によれば、「わらわ（童）」の語源について『大言海』に「わらは——男
　女児ハ被髪ニテアレバ名トス。わらはベノ略。」とあると言う。即ち『大言海』では、「ワ
　ラハ（被髪）」について「ワワラ端（バ）ノ略。額髪ノ下端ナドノわわらニ乱レ垂リテアル
　状ヲ云フ」とし、「ワラハ（豎子）」は「童ニテ大御許ニ近ク仕ヘ奉ルモノ」、また「ワラハ
　（妾）」は「垂髪放（ウナキバナリ）ノ被髪（ワラハ）ナル義。少女ノ称ナリシナラム。婦
　女ノ自称代詞。謙遜シテ云フ。ヤッコ。妾（セフ）」といい、「ワラハ」の持つ「被髪、
　豎子、妾」の三つの意味を取り上げた。『広辞苑』にも「結わぬ髪のさまワラワラの意か
　ら」とある。

第 2 章 現存する『倭語類解』の二種類

意味で、貴人や寺、神社などで侍者として働くもの、あるいは子供の服装をする下僕を指すものとして「ワラハ（ワラワ）」から来たと言う[21]。このような辞典を介した解読から、「warawa → warahabe → waranbe → warabe」の変化を経た「와라베［warabe］」の存在を確認することができる。しかし「와라［wara］」は存在しないものであって、京都大学国文学会の日本語の索引で濯足本『倭語類解』に基づいて、「わら［wara］＝童」を推定したのは誤りだと言わざるを得ない。

　もう一つの例を挙げてみよう。濯足本『倭語類解』（上巻）「軍器」の項に、「掌쟝, 쇼우甲갑, 고우〇고데기계」（41 表 8 行上段）があり、これにしたがって京都大学国文学会影印本の日本語索引では、「こてきけ（掌甲）」（17 ページ）を載せている。しかし、国図館本には「掌쟝, 쇼우甲갑, 고우〇고데가계」と出ており、「掌甲」は「고데가계」（こてかけ）であることが分かるのである。言い換えれば「こて（小手）＋ -かけ」、または「こ-（小）＋ て（手）＋ -かけ」の形態構造を見せている語彙であると言えよう。

　「こて（小手）」に対して『日葡辞書』では［Cote（コテ）］となっており、金

---

18 「와라베」の古語である「わらわべ」について、同じく『日本国語大辞典』（第 20 巻、684〜5 頁）に、「わら わ−べ わらは【童部】〔名〕①子どもたち。子ども。わらんべ。わらわ。わろうべ。＊伊勢物語-五「わらはべの　踏みあけたる築地のくづれより通ひけり」、＊名義記-三「わらはべのこまつぶりまはす時」②まだ子どもである妻。自分の妻をへりくだっていう語。＊宇津保-嵯峨院「かの大将のここのへにあたる娘は、頼明がわらはべにてなん侍る」、＊大鏡-五. 道長上「御寺に申文をたまつらしめんおなん、いやしき童部とうちかたらひ侍」③貴族に仕えている、成人式前の姿をした召使。下人は元服しないので、相当な年齢の者もいる。＊平中-二二「わらはべ、みな馬につきて去にければ」、＊源氏-夕顔「さきおひてわたる車の侍しを、のぞきて、わらはべの急ぎて」④寺院で、読経の僧のために雑役に従う童子。相当な年齢の者もいる。ちご。＊源氏-早蕨 「あざりのもとより 〈略〉これは、わらはべの供養して侍る初穂なりとて奉れり」⑤元服もしないで無頼に暮らしている下賤の者。＊宇津保-藤原の君「ここはわらはべ、ばくち集り居りて、物くらふ」、＊源氏-夕顔「よからぬわらはべの口すさびになるべきなめり」、古辞書和名・色葉・名義・和玉・書言」と説明されている。

19 中田祝夫編『古語大辞典』、小学館（昭和 58 年）に「わら-べ【童】〔名〕（（「わらんべ」の撥音無表記））①「わらはべ」①に同じ。「―は今よりは四人加へ、」〈前田本宇津保・楼の上・下〉。「籠の中より――の声として呼ばはりけるは、」〈仮名・伊曾保物語・中〉。「童男乎乃和良倍　童女　女乃和良倍、」〈和名抄〉。②「わらはべ」②に同じ。「殊に上﨟にはあらぬ若人、――など」〈源氏・若菜下〉。③「わらはべ」④に同じ。「その後あひ添ひて侍る――なり」〈大鏡・序〉」（p. 1771）参照。

35

2.6 灌足本の脱字・脱画

田一春彦（1979：405）ではこれに対して「こーて［名］ ㊀［小手］①手首あたりから先。手先。↔「高首」。「こての縄をゆるし、高手ばかりにて｛＝高手ニナワヲカケタダケデ｝」（『狂言』「生捕鈴木」）。②手に関するちょっとした動作についていう語。「こてをかざ」。→「こ（接頭）」㊁［籠手・小手］①「ゆごて」に同じ。②鎧（よろい）の付属具の一つ。腕全体をおおうもの。布で作り、防護のため鎖・鉄の金具が付けてある。＝「手蓋（てがひ）」。「紺の直垂（ひたたれ）に、黒糸絨の腹巻に、左右のこてをさして（＝ツケテ）」（『平治物語』（1219-1222?）中）。「もののふの矢並みつくろふこての上に」（『金槐和歌集』（1213）冬）」という解説をつけている（引用文献名は筆者が挿入）。

『倭語類解』の「掌甲-고데가계」が「軍器」の項目に入っているため、上の解説の中で㊁の②に出ている「鎧（よろい）の付属具の一つ。腕全体をおおうもの。布で作り、防護のため鎖・鉄の金具が付けてある。＝「手蓋（てがひ）」に当たるものと思われる。

ここに接尾辞「-かけ」を付けて作った語彙「こてかけ」を、『倭語類解』では「掌甲-고데가계」と表音したと見るしかないであろう。「こて（小手）」に

---

20 同じ辞書（p. 1770）に「わらはーべ」については、「わらはーべ【童部】ワラワ〔名〕①子供たち。子供。「わらべ」「わらんべ」とも。「―〔少年ワラワへ〕を集へて伎樂（くれがく）の儛（まひ）を習はしむ」〈書記・推古20年〉。「正頼が――の中よりは、さる心ある人はあらむ」〈宇津保・初秋〉。「さがなき――どもの仕まつりける」〈徒然草・二三六〉。②貴人や寺社などに仕える子供。また、元服前の姿のままで仕えている下人。「わらべ」とも。「斎宮の――に言ひ掛けける」〈伊勢・七〇〉。「この供にさぶらひつる――二人ながら忽ちに失せて候」〈今昔・二四・一六〉。③元服もせず、童形のままでいる者。「ここは京――・ばくち集まり居りて物食らふ」〈宇津保・藤原の君〉。「人の思ひ言はむ事、よからぬ――の口ずさびになりぬべきなめり」〈源氏・夕顔〉。④自分の妻を謙遜していう語。「わらべ」「わらんべ」とも。「かの大将の九つに当ある娘は頼明が――にてなむ侍る」〈宇津保・嵯峨院〉」という解釈が施されている。

21 「ワラベ」の祖語である「ワラハ」はアイヌ語から来たという主張もある。Batchelor の『アイヌ語辞書』、『アイヌ語文典』の「古代日本語とアイヌ語間の語根の類似」（15〜24）に「wappo（＝ a young child），wara（the youngest），warapo（a child, either boy or girl）」という単語が見える。もしかしたらここから「ワラベ（warabe）」が来たのかもしれない。松村任三氏は Williams の『漢英韻府』で次のような漢字を引用しつつ、「ワラハ」、「ワラベ」の語源が漢字語から来たと捉えた。つまり、「ワラベ」は「鬘（war）＋孩（ha）＋輩（be）」で、「鬘［war］（＝ to dress the hair in a knot on the top of the head），孩［ha］（＝ a child），輩［be］（＝ a sign of the plura）」の結合によってできた漢字語と見たのである。全てを漢字語から来たものとして見なす民衆語源説の一つと見られる。山中襄太（1976/ 633）参照。

付いた接尾辞「-かけ」に対しては、同じ金田一春彦（1979：226）に「-がけ（接尾）　①それを身に着けた状態を表わす。『胸前垂れに、わらぢがけ』（近松門左衛門の浄瑠璃『卯月の紅葉』中）、②事のついでにする意を表わす。『往（い）にがけの駄賃ぢや』（近松門左衛門の浄瑠璃『丹波与作』中）」（引用文献名は筆者が挿入）とあるので、「こて-かけ」ではこの接尾辞が、①の「それを身に着けた状態を表わす」の意味で使われたものであることが分かる。したがって『倭語類解』の「掌甲」にあたる日本語は、「こてきけ」ではなく「こてかけ」であり、京都大学国文学会の影印本が見出し語にした「こてきけ（掌甲）」という語彙は、日本語には存在しないものだと言えよう。

　このような幾つかの事実から濯足本『倭語類解』はこれまで考察してきたように、国図館本よりずっと後の後刷本であり、この板本を印刷する時はすでに板木の脱字と脱画が非常にひどかったことが分かる。それ故に『倭語類解』は国図館本、即ち韓国国立中央図書館所蔵本が一次資料となり、これより後の後刷本である濯足本はその補助資料として見るほかないのである。

　しかしながら拙編著（1988）にて『倭語類解』の国図館本が影印され、ソウルで刊行されたにもかかわらず、今日にも依然として京都大学国文学会影印本、即ち濯足本の影印本ばかりが『倭語類解』の基本資料として見なされている韓国の研究現況に、筆者はまさに啞然とせざるを得ないわけである。

第3章 『倭語類解』の編纂者

『倭語類解』の編纂者に関するこれまでの研究には、互いに食い違ういくつかの学説がある。その中で広く知られているものに洪舜明編纂説があり、近年、筆者などによって主張された韓廷修刊行説も有力視されている。以下、これらについて詳しく検討することにしよう。

3.1 洪舜明の編纂説

『倭語類解』の編纂について言及したものとしては、金指南・金慶門父子の『通文館志』(巻7)「人物」「洪舜明」の記録を挙げられるが、その部分を書き写すと次の通りである。

　　洪舜明字水鏡喜男之曾孫也舊例對馬島酋家臣有書契而自稱宰臣辭甚傲慢康熙辛巳公承朝命責諭仍革其家臣書契草梁民居數百與倭館相接奸弊日滋己丑公力陳于廟堂撤民舍築城以界之邊禁始肅倭語比諸方最難曉公質于日本人雨森東作長語及類解等書用於課試公性嚴直處首任二十年守法不撓人敬重之久益見思　英廟嘗臨筵教曰其為國之心有足可尙今安得如此人者而任之乎歸鹿趙相國表公墓曰君習倭情每南徼有事必諮君以決又曰君有孝友行見不善若浼已輕財喜施與盖象鞮而士君子也官至折衝――洪舜明は洪喜男の曾孫で、水鏡という字を使っている。旧例により対馬の酋長の家臣が書契を遣してきたのだが、自らを宰臣と称するのみならず、辞意が傲慢だった。康熙辛巳年、公(洪舜明)が朝廷の命を受けてその家臣を叱り、悟らせた。(釜山の)草梁には民間人数百戸が倭館の近所に住んでいて邪悪な弊害が日増しに酷くなった。己丑年、公が廟堂にこれを知らせるのに力を尽くして百姓の家を撤去させ、城を築き、警戒させて、互いに交じり合うことを厳粛に禁じた。日本語は他の言語に比べて最も習いにくい言語なので、公が日本

人の雨森東に質問して長語及び類解などの本を作り、試験の出題書として使わせた。公は性格が厳しく正直な人で、首領の地位に上がってから20年間、法を守りぬいた。人を慎み敬い、長く観察して深く考えた。英祖がかつての講筵の場で曰く、「彼の国を思う心はいくら褒めても褒めたりない。これからこのような人をまたどうやって見つけ出し、仕事を任せることができよう」。帰鹿趙相国[1]が公の墓で曰く、「貴方は日本の情勢に詳しかったので、南の方に何かの出来事がある度に、必ず貴方の諮問を受けて決めたものだ」。また曰く、「貴方は親孝行で、友愛の情を持っている。品行がよく、邪悪なものを見れば我慢できず、財物を軽視し、人に喜捨することを楽しんでいたので、象胥（訳官）の中で君子である」。官位が折衝将軍（正三品堂上官）まで昇る。――

　この記事にある「公質于日本人雨森東　作長語及類解等書　用於課試」の「類解」を『倭語類解』と見なし、康熙辛巳（1701）年に洪舜明が日本の対馬に渡航して、当時の対馬藩の藩臣でありながら朝鮮語通詞の養成のための朝鮮語教育を担当していた雨森東五郎（雨森芳洲）に、日本語を問い質しつつ編纂したとされてきたのである。

　洪舜明は倭学教誨である洪萬載の息子として粛宗3年康熙丁巳（1677）に生まれており、粛宗31年康熙乙酉（1705）、訳科の倭学に入学した（『訳科榜目』上、康熙乙酉式年試条参照）。したがって訳科の倭学に入学する前から類解を編纂したとは考えがたいし、洪舜明が対馬に渡航した時期や雨森芳洲の年齢、雨森芳洲が釜山に来朝した時期などに釈然としないところがあって、洪舜明の『倭語類解』の編纂とその時期については議論が続けられている。

　外国人によるものとして『倭語類解』の編纂者とその時期に関する考察が行われたのは、Courant（1894～6）が初めてである。M. Courant は上記の『通文

1　帰鹿趙相国とは英祖朝の時、領議政を歴任した趙顕命（1690～1752）のことを言う。彼は号を帰鹿、または鹿翁と称し、字を稚晦とした。英祖朝の時に都承旨、慶尚道観察使、礼曹判書、右議政、左議政を経て英祖26年領議政になった。洪舜明と知り合うようになったのは、彼が慶尚道の観察使として勤めていた時に、洪舜明が司訳院の別差として倭館に赴任して来てからのことと思われる。

3.1　洪舜明の編纂説

館志』の記事をもって、『倭語類解』が康熙辛巳（1701）頃、洪舜明によって編纂されたと見たのである。

一方、金沢庄三郎（1911）の『倭語類解』についての解説には、

　　朝鮮人の著したる日本語の辭書なり。天文・時候・干支・地理・方位・人倫等の項目を追うて語を集むること約三千五百、漢字の下にその朝鮮音訓と我字音とを二行に記し、下段に日本譯を諺文にて添へたり。著者及び刊行の年代いづれも不明なれど、本書の終に信行使所經地の名を擧げたる中に、日光山權現堂の見えたるより考ふれば、或はその一行中のものゝ作ならんか。朝鮮人が日光の廟を拜したるは、寛永十三年（1636A. D.）同二十年と明暦元年（1655A. D.）となり。［中略］また我國に於ける朝鮮語學者の鼻祖たる 雨森芳洲の交隣須知の臺本となれり。

とあり、この本の編纂を上記の引用文に出ている通信使の所経地のうちの、日光山権現堂を朝鮮通信使が参拝した事実と関連付けて推定しようとした。実際に金沢庄三郎が編纂した『日語類解』の序文には、『倭語類解』が寛永・明暦年間（1636〜1655）に編纂されたと書き記されている。

また金沢庄三郎（1911）の増補として見るしかない『濯足庵蔵書六十一種』（1933）の『倭語類解』条でも上記のことを再引用し、朝鮮の使者が初めて日光廟を参拝した寛永 13 年（1636）以降に作られたであろうと推定しつつ、『通文館志』の記録を根拠として康熙辛巳（1701）に洪舜明によって編纂されたとする M. Courant の見解に同調した。また『倭語類解』が雨森芳洲の編纂した『交隣須知』の藍本となったという事実からも、『倭語類解』が『交隣須知』より先に作られたことがわかり、康熙辛巳の編纂説を支持したのである。

崔鉉培（1940）はこの本について粛宗時代に孫舜明が作ったものとしたが、これは洪舜明の誤記であろう。小倉進平も M. Courant により主張され、金沢庄三郎（1911）によって支持された洪舜明の編纂説をそのまま受け継いでいる。

小倉進平（1940）では洪舜明が康熙辛巳年（1701）に朝命を受けて対馬に渡航した事実があり、同乙酉年（1705）には訳科に登第しており、また同己丑年

（1709）に草梁に城を築いたという記事が見られるので、『倭語類解』は恐らく康熙年間、即ち宝永〜正徳（1704〜1716）頃に作られたのであろうと推定している。そして李儀鳳の『三学訳語』（1789）における日本語は、明らかにこの本から採録されたものだと主張している。しかしその一方では『倭語類解』は他の類解類の訳学書、即ち『訳語類解』（1690）、『同文類解』（1748）、『蒙語類解』（1768）などのような、いくつかの類解類の本と内容的に何らかの関係があるだろうと見、金沢庄三郎の考えとは違って、実際にはこの本が他の類解類の訳書より後代に編纂されたであろうと、時期的に最初の推定とは異なる見解を示しているのである。

　前間恭作（1957）はこれらの類解類は互いに何らかの関係があるだろうと指摘しつつ、『訳語類解』が先に編纂されており、『倭語類解』はその和訳、即ち日本語の翻訳に過ぎないと主張した。しかし現伝する『倭語類解』と他の類解類を比較検討したことによれば、その主張は事実と異なっていることが分かる（安田章：1979、Song：1978、拙稿：1978 参照）。『倭語類解』は見出し語やその諺解、ハングルの注音から見て、他の類解類とは非常に違った体裁をしているからである。

　浜田敦（1958）は『通文館志』の記録を根拠に、洪舜明を現伝する『倭語類解』の編纂者とする学説に賛成した。また洪舜明が倭学の訳官として活動した時期として、『通文館志』に明らかに記されている康熙辛巳年（1701）から同己丑年（1709）の間からそれほど離れていない期間、即ち 17 世紀末から 18 世紀初頭にかけての時期を当てており、『倭語類解』はその時に編纂されたものであろうと推定した。ただし雨森芳洲がそれほど年をとっていない時期、つまり彼が 60 歳の時だとすれば 1681 年に当たると、1701〜9 年の間の編纂説に条件を付け加えた。なおこの本は他の類解類と同じく官板として刊行されたものであって、科試用書として編纂されたことは言うまでもなく、下巻の巻末に附載された「讐整官、書写官、監印官」などの記録がそれを明確に示していると主張した。

　しかし現伝する『倭語類解』の巻末に記されている讐整官、書写官、監印官らは皆 1740 年以降に出生した人々で、1701〜9 年には生まれてもいなかった。

41

3.1 洪舜明の編纂説

のみならず、この本が訳科倭学の科試書として使用されたという証拠はどこにもない（拙稿：1987a, b）。筆者の考えではむしろ『倭語類解』が他の類解類とは違って、『續大典』以降の朝鮮の法典に訳科倭学の出題書として登載されなかったために、現伝本が稀書になったと見るべきだと思う。

即ち『大典會通』（1865）に、『訳語類解』は本業書の『五倫全備』に代わって訳科漢学の科試書として登載されており、訳科蒙学では『蒙語類解』が新増された。法典に訳科の出題書として登載された『訳語類解』と『蒙語類解』は、今日にまで伝わるものが割りと多いが、訳科の出題書として法典に登載されなかった『同文類解』と『倭語類解』の場合は、現伝するものが非常に少ない。恐らく訳官たちの勉強が科挙の準備を中心に進められていて、訳科の出題書でないものは、その実用的な価値があまり認められていなかったのであろう。

李基文（1961）ではこの本の著者と刊行年代は未詳であると言いながら、『訳語類解』より少し後で洪舜明によって編纂され、18 世紀初頭に刊行されたと推定した（同改訂版、1972、p. 188）。中村栄孝（1961）では英祖癸未（1763）に趙曮を正使とする通信使行の行状を記録した『海槎日記』に、「首訳輩以為倭語物名冊子 訳院亦有之 而以其次次飜謄之 故訛誤既多」という記事があることを取り上げて、この場合の「倭語物名」という冊子は『倭語類解』であるか、あるいはそれと類似した語彙集であろうと推定した。また、「物名」は科試には使用されなかったが、印刷されないまま司訳院に備置され、数回にわたり筆写され伝わっていたことを明らかにした。この癸未（1763）の通信使行での「首訳輩」とは、正使の趙曮等に伴う倭学堂上訳官の崔鶴齢、李命尹、玄泰翼を指しており、堂下訳官としては押物通事の玄啓根と劉道弘がいた。

現伝する『倭語類解』は、『通文館誌』の記録に見える洪舜明の著作とは違うものだとする見解が提起された。宋敏（1968）では『方言集釈』と『倭語類解』との比較分析を通して、とりわけ日本語の「は」行音に対するハングル表記と、『倭語類解』の讐整官・書写官の登科年度を考え合わせつつ、『倭語類解』は『方言集釋』より後で刊行されたもので、1786 年を 1、2 年前後する時期に刊行されたと推定した。

安田章（1977）では中村栄孝（1961）で紹介された『海槎日記』を再引用し

ながら、洪舜明の著作である『倭語類解』の祖本は刊行されないまま、「倭語物名」冊子という名で70年余りを、写本で伝わっているものがあると言った。そしてこれが「以其次次翻謄之 故訛誤既多」という記録から見られるように、続けて翻訳・筆写されていく中で多くの誤りが生じたと見ている。また、『海槎日記』の同じところに、「且彼人之方言 或有変改者 旧冊難以盡憑」とあるのを取り上げて、日本語にも変改があったため、全てを昔の本に基づいて把握することはできないと言った。それで「趁此日対倭人時 釐正其訛誤 成出完書而習之」という言葉が示すように、日本人と会った時にその「訛誤」を釐正して完全な本として仕上げ、学習するようにしていたことが分かる。

当時この仕事を任せられた人は、前述した「首訳輩」、即ち堂上訳官の崔鶴齢、李命尹、玄泰翼であったが、その中で崔鶴齢はすでに朝命によって『捷解新語』の改修作業を遂行しているところだったので、この仕事は李命尹と玄泰翼の二人の堂上訳官の主宰で行われた。彼らは英祖癸未の通信使行から帰ってきて3年が経った英祖丙戌（1766）に、対馬の致賀兼致慰使として再び渡航し、前掲の「倭語物名」の冊子の「訛誤」を釐正することになっていたが、この役目を任された李命尹と玄泰翼、堂下訳官の玄泰衡が乗っていた船が途中で破船して海中に没したため、この仕事は徒労に終わった[2]。万一その時に釐正が無事に終わっていたならば、『倭語類解』も『同文類解』（1748）や『蒙語類解』（1768）のように1760年代末までには印刊されたであろう。

3.2　韓廷修の刊行説

その後韓廷修らによって刊行された『倭語類解』は、李命尹と玄泰翼の二人の訳官の溺死によって無為に終わった、「倭語物名」の冊子とは別箇のものであったとする主張が、安田章（1978）と同（1980）で繰り返し出された。安田章（1978）では、洪命福の『方言集釋』（1778）に出ている「轉、黙、尋常」の日本語の「ウタタ、ヤッバリ、ウカト」などに対する『倭語類解』の用例を検

---

2 『増正交隣志』にある「（英宗）四十二年丙戌關白家治生子島主義蕃退休姪義暢承襲遣堂上玄泰翼・李明尹堂下玄泰衡致賀兼致慰中路破船一行渰没（下略）」という記事を参照のこと。

3.2 韓廷修の刊行説

討し、『方言集釋』の日本語が韓廷修らが修正した現伝する『倭語類解』のものではなく、洪舜明の編纂とされる「倭語物名」の冊子、即ち『倭語類解』の祖本のものだろうと推定した（安田章 1978：277）。つまり、「ウタタ」をはじめとするいくつかの『方言集釋』の語彙は、『倭語類解』の祖本から引用したものだと言っているのである。

『方言集釈』が著作された時は、韓廷修らが修正した『倭語類解』はまだ刊行されていなかったのだが、『方言集釋』の多くの語彙が『倭語類解』のそれと一致しており、さらに類解には収録されたが日本語としては適切ではない「氣 キゲ」（ヨ운 上, 18b）などが、そのまま『方言集釋』に見られるのは、『倭語類解』の祖本、まだ釐正されていないものをそのまま収録したからだと思われる。しかし『方言集釋』の成立以来、韓廷修らが刊行した『倭語類解』の日本語は上述のいくつかを除けば、ほとんど外国人の手によるものとは感じさせない。

それでは韓国国立中央図書館所蔵本の『倭語類解』は、いつ刊行されたものなのか。これについては下巻の巻尾に附載されている讐整官、書写官、監印官の生涯を追跡することによって刊行年代を割り出すことが、現在としては最も効果的な方法であろう。国図館本と金沢本に附載されている讐整、及び書写、監印官は次の通りである。

讐整官	前判官	韓廷修
書寫官	前奉事	閔鼎運 正書入梓
	前参奉	丁楽升
	前直長	皮文會
監印官	副司勇	李養儀

これらの官職は他の司訳院の訳書で見られるものとは違って皆、判官（従五品）、奉事（従八品）、直長（従七品）、副司勇（従九品）の微官末職であり、しかも監印官を除けば、皆、前職に過ぎなかった。これはこの本が訳科倭学の科試書に指定されなかったことと、関連があるように思われる。

第 3 章 『倭語類解』の編纂者

　監印官の副司勇李養儀を除いた讐整官と書写官の 4 人について、『訳科榜目』
でその身元を探ってみると、次の通りである。

　　韓廷修　字士敏　辛酉生　本清州　倭學教誨　通政　命虎子，乾隆癸未增
　　　廣別試
　　閔鼎運　字仲受　戊辰生　本驪興　倭學教誨　奉事　父雲科判官致淵，乾
　　　隆丁酉式年
　　丁樂升　字明瑞　丁卯生　本禮山　倭學教誨　主簿　父国泰，乾隆癸卯增
　　　廣別試
　　皮文會　字伯友　甲戌生　本洪川　倭學　父司勇載福，乾隆癸卯增廣別試

　これによれば、讐整官の韓廷修は乾隆辛酉年（1741）生まれで、乾隆癸未年
（1763）に登科しており、閔鼎運は乾隆戊辰年（1748）生まれで、乾隆丁酉年
（1777）に登科した。また、丁楽升は乾隆丁卯年（1747）生まれで、乾隆癸卯年
（1783）に登科しており、皮文会は乾隆甲戌年（1754）生まれで、丁楽升と同じ
年に登科した。彼ら 4 人のうち、皮文会を除いては皆「倭学教誨」として倭学
書を修正する任務を任された人々である。
　この中でも韓廷修は一番年長者として一番先に登科した人物で、この本を修
正した時は司訳院前判官、即ち正 5 品官であったので、彼の主導の下でこの本
の刊行が行われたと思われる。彼は後に堂上訳官（通政大夫、正三品堂上官）
の地位にまで昇ることになる。このことは李儀鳳の『古今釋林』に附載された
『三學譯語』（『古今釈林』巻 29 〜 34）の冒頭にある、「蒙語類解 舌官李億成釐改
同文類解 舌官玄文恒釐正 倭語類解 舌官韓廷修讐整」という記事とも一致する。
　『三學譯語』は訳官洪命福が著作した『方言集釋』の後を継いで、再び漢・
倭・蒙・清学を網羅した対訳語彙集を作成する目的で、『倭語類解』の編纂の
後に作られたものであろう。それは『倭語類解』の金沢本に転載された「倭語
口訣」と「伊呂波間音」が、『三學譯語』の巻末（巻 34）に附載されているこ
とから推察することができる。しかし、正祖 2 年戊戌（1778）に刊行された
『方言集釋』には『倭語類解』に関する記録は見られないので、『方言集釈』と

45

3.2 韓廷修の刊行説

『古今釋林』の間に韓廷修が釐正した『倭語類解』、即ち国図館本と金沢本の『倭語類解』が刊行されたことが分かる。

また、鄭光（1988：15）では『邊例集要』（巻 16）の、

> 丁未十月 府使李敬一時 渡海堂上訳官韓廷修 堂下訳官丁一星等 去月下来
> 而韓廷修身病瘁　重 差健無期 裁判差倭帰期迫急 勢難遅待是如為白乎所
> 同堂上訳官 令該院 郎速改差（下略）——丁未年（1787）10 月、李敬一が
> 府使であった時、日本に渡る堂上訳官の韓廷修と堂下訳官の丁一星等が先
> 月に下りてきたが、韓廷修は身の病が重くて回復の気味もなく（対馬から
> 来た）裁判差倭は帰る期日が迫っているため、待つことができないと訴え
> てきたので、該当司訳院に命じて同堂上訳官を直ちに交代させ遣すように。
> （下略）

という記事から、堂上訳官である韓廷修は丁未年（1787）に対馬へ行くことができなかったので、その時期に『倭語類解』の修正が行われたとは考えがたいが、上記の書写官 3 人の訳科への入学事実から、『倭語類解』の刊行を 1785 から 1788 年の間、と見た（安田章 1980）。

しかし、司訳院の禄官職は訳科の入格の有無を問わず、司訳院主簿（従六品）以下まで、即ち直長の職までは叙用され得るので（鄭光・韓相権 1985：174）、書写官 3 人の訳科への登第以降に刊行年代を推定するのは正確であるとは思えない。むしろ上記の『辺例集要』の記録によれば、正祖丁未（1787）に韓廷修は堂上訳官であったので、『倭語類解』に対する修正がその後のことであるならば、彼の名前の前に堂上訳官に当たる官職が記されるはずであって、前判官（従五品）という堂下官の官職が来るはずはないだろう。

したがって「前判官韓廷修」という記録から見て、『倭語類解』は韓廷修が堂下官であった時に修正したものと考えられる。これは彼が堂上訳官であった正祖丁未（1787）よりずっと前のことであり、また『方言集釈』にはその書名が見られないので、この『方言集釋』が刊行された正祖戊戌（1778）以降、と

その編纂時期を絞ることができる。また韓廷修が判官（従五品）から堂上訳官（正三品以上）へと昇進する期間を勘案すれば、『倭語類解』の編集年代は1780年代初頭になるであろう。つまり1781年頃、韓廷修はそれまで伝わっていた『倭語類解』の手稿本を木板本として刊行したのである。

第4章 『倭語類解』の影響

　『倭語類解』は司訳院の倭学において日本語学習のために編纂された倭学書で、朝鮮王朝後期の倭学訳官らが参考にした日本語の語彙集である。しかしこの本は反対に多くの外国人たちの韓国語学習に使われ、また西洋人や中国人の日本語学習にも使われたのである。

4.1 『交隣須知』の底本

　金沢庄三郎は彼の『朝鮮書籍目録』(1911) において『倭語類解』を解説しながら、この本が雨森芳洲の『交隣須知』の底本になったといい、またこの目録の増補と思われる『濯足庵蔵書六十一種』(1933) の「倭語類解」の条では、「(前略) 雨森東は東五郎芳洲にして、その著せる交隣須知が本書を藍本とせることも、亦この事実を傍証すといふべし (下略)」といい、雨森芳洲が『倭語類解』を藍本にして、『交隣須知』を編纂したことを繰り返し強調している。

　『交隣須知』(四巻) は雨森芳洲の自著と見るよりは、当時対馬の朝鮮語通事たちが編纂して使ったものを、雨森芳洲が助力して作成したものと見る主張がある (小倉進平 1940：60)。その時に彼が参考にしたものは韓廷修が修正して印刷した『倭語類解』ではなく、筆写本であった洪舜明の「倭語物名」の冊子であろう。『交隣須知』は現伝する『倭語類解』とは非常に異なっている。全四巻を天文・時節・昼夜・方位・地理・江湖など 60 余項目に分け、見出し語を主題にした韓国語の会話文を載せており、これを日本語に対訳したものである。この『交隣須知』が洪舜明の倭語物名を藍本にしたのであれば、これを通じて『倭語類解』の祖本である「倭語物名」の姿を推定することができるはずである。

4.2 『和語類解』の母本

　『倭語類解』は壬辰倭乱（文禄・慶長の役）の折に九州の薩摩に連れ去られた、朝鮮被拉致者たちの母国語学習資料として利用された。京都大学に所蔵されている『和語類解』は、薩摩苗代川に抑留されて暮して来た壬辰倭乱の朝鮮被拉致者たちが、母国語学習に使うために『倭語類解』を筆写したもので、元々は対馬の朝鮮語教育所で筆写したものを、苗代川の朝鮮被拉致者たちが再度筆写したように思われる[1]。

4.3 『日語類解』と『朝鮮偉國字彙』の底本

　金沢庄三郎は自分が購入して所蔵していた『倭語類解』と上述した『和語類解』などを比べ、それに日本語校正を少し加えて 1912 年に東京で『日語類解』を刊行している。また西洋人の中でイギリス人宣教師 W. H. Medhurst は『千字文』を附載し、英語に翻訳して『朝鮮偉國字彙』（英文名：*Comparative Vocabulary of the Chinese, Corean and Japanese Languages*: to Which is added the Thousand Character Classic in Chinese and Corean）という書名で、インドネシアのバタビア（今のジャカルタ）で 1835 年に刊行している。これは西洋人が韓国語及び日本語学習において、語彙集として使うためのものであった。

　この外にも Hoffman の『倭語類解』注釈本があり、Siebold・Hoffman が『類合』に注解をつける際に参考にした *Wei jü lui kiai* も『倭語類解』を指しているのであり、Belcher の『朝鮮語彙集』もこの『倭語類解』の影響を受けているのである。

4.4 結び

以上、東京の駒澤大学濯足文庫に所蔵されている『倭語類解』について検討

---

1 これについては安田章（1980）、拙稿（1987）を参照されたい。

4.4　結び

した。また韓国国立中央図書館に所蔵されている『倭語類解』を中心に、『倭語類解』の成立と編撰者、外国人の韓国語の学習に与えた影響などを考察した。

　まず、濯足本はこれまで金沢庄三郎の旧蔵本として知られていたもので、日本永平寺の所蔵本として東京麻布にある永平寺別院の濯足庵に所蔵されていたのを、1972 年に駒澤大学図書館に移蔵したのである。この板本は天下唯一の本ではなく、ソウルにある国立中央図書館にもう一つの完袠本が所蔵されており、濯足本はこれよりずっと後に印刷された後刷本であることを明らかにした。

　つまり濯足本は、朝鮮王朝の司訳院において韓廷修らが作った板木を後代になって印刷したもので、筆者が実物を直接観察したところ、多くの脱字や脱画があり、また上巻に 2 丁、下巻に 4 丁、合わせて 6 丁が落丁して後日補写されたことを指摘した。

　本稿ではこの補写部分を通していくつかの事実を考察した。まずこの補写が日本語の知識をそれほど持っていない人物によってなされたこと、補写者が司訳院で日本語を習う訳生であった可能性があることを指摘した。またこの補写作業は、古びた本を新たに編綴する際に落丁の部分を補写したもので、浜田敦（1958）で言及しているような、つまり板木が存在せず、後日板下として使うために補写したものではなく、当時の他の版本を見て筆写したものであることを明らかにした。司訳院では訳生たちが訳学書の版本を書き写して使用する場合が多かった。

　濯足本が国図館本よりずっと後に作られた後刷本であるにもかかわらず、この補写部分によって国図館本の誤字やよく見えない部分を明らかにすることができるので、この二つの資料は相互補完的であると主張されてきた。しかし現在としては、国図館本が基本資料であって、濯足本の方はその補完資料として使うことができると思われているのである。

　これまで韓国や日本では、『倭語類解』の濯足本のみが韓日両語の歴史的な研究に利用されていたため、多くの誤りが生じてきた。つまり濯足本は後刷本で、その印刷に使われた板木は長い間保管されていて、磨耗していたり、脱刻していたりするだけではなく、全部で 6 枚もの落丁を補写していて、これらによる日本語の再構成に多くの間違いがあったことを、京都大学国文学会の影印

第 4 章 『倭語類解』の影響

本の日本語の索引から確認することができた。

　濯足本の補写部分から見つかる誤記には、「우계고우」（우계꼬우、うけごう）、「아ᅀ비루」（아사계루、あざける）、「요라가가루」（요리가가루、よりかかる＝寄り掛かる）、「호또교시」（호또꼬시、ほどこし＝施し）、「다즈비」（다즈네、たずね＝尋ね）、「군다리」（군따리、くんだり）などがあり、この濯足本に基づいて京都大学国文学会の影印本で作った日本語索引にある、「うけこう（許諾）、よらかかる（倚）、ほどきよし（設）」は間違ったものであって、このような語彙は日本語にはないことを指摘した。

　同じく濯足本に基づいて作った日本語「いせご（伊勢鯉）」や「わら（童）」、「こてきけ（掌甲）」などは、正しくないものであることを例を挙げながら明らかにした。とりわけ「いせご（伊勢鯉）」の場合は、『日本国語大辞典』にまで見出し語として載せられているが、これは国図館本に「이세꼬이（伊勢鯉）」となっていて、濯足本の「이세꼬」は「이세꼬이（いせごい、伊勢鯉）」の「이」が脱落したものであることが分かった。また、「わら（童）」や「こてきけ（掌甲）」もそれぞれ「わらべ（童）」、「こてかけ（掌甲）」の誤りで、前者は濯足本の「와라」（「베」の脱落）、後者は濯足本の「고데기계」（「가」の脱画による「기」）による間違いであることを明らかにした。

　筆者は本稿を通して国図館本の重要性を重ねて主張し、濯足本の『倭語類解』に基づいた京都大学国文学会の影印本だけを、韓国語の歴史的資料として利用しようとする韓国学界における、間違った風土を繰り返し指摘した。1970年代から国語史資料に対する影印出版が非常に盛んになり、『倭語類解』の影印本も数回にわたり刊行されたが、その影印本の底本となったのはすべて京都大学国文学会の影印本であった。影印本を底本にして再び影印本を作るような恥ずかしいことは、もうやめるべきである。今や倭学書の研究においても日本の影響から抜け出すべき時が来ていると思われる。

　次に国立中央図書館に所蔵されている『倭語類解』を中心に、この本の成立や編撰者、外国人の韓国語学習に与えた影響などについて考察した。特に今まで唯一本として知られていた金沢本との比較を通して、国図館本の価値を探ってみた。また現伝する『倭語類解』は、これまで M. Courant や金沢庄三郎を

51

4.4 結び

はじめとする日本の学者たちの推定とは異なり、その編纂時期を 1780 年代初期と見なければならないことや、洪舜明の所作として知られていたものはこの『倭語類解』の祖本に過ぎず、この両者は体裁や形式が非常に違っていたはずだという点を述べた。

のみならず、国図館本と金沢本との比較から発見される違いは、ほとんど金沢本の脱画または脱字、校正によるもので、金沢本は国図館本と同一の板本ではあるが、ずっと後代に残っていた板木で印刷した後刷本であることを明らかにした。また金沢本は日本へ流出し、対馬の朝鮮語学所で日本人の手によって修正されたものであろう、と筆者は推定した。

したがって、金沢本を『倭語類解』の基本資料として見るべきだとする従来の主張は間違いであり、むしろ国図館本によって今まで誤っていたいくつかの点を明らかにし、正しく直すことができるという点で、国図館本即ち、韓国国立中央図書館本が基本資料にならなければならないことを主張した。同時にこの『倭語類解』は司訳院の他の訳書とは異なり、外国人の韓国語学習や日本語学習にとって重要な教科書として利用されたという点も明らかにした。

第5章　苗代川の『和語類解』と金沢庄三郎編の『日語類解』

『和語類解』は、壬辰倭乱によって日本へ拉致された朝鮮の陶工たちが、不毛の地を開拓して作り上げた陶郷苗代川で、母国語を学習するためにその被拉致者の後裔が『倭語類解』を筆写したものである。この資料は他の母国語学習教材とともに、京都大学言語学科の新村出教授によって現地から収集され、現在京都大学附属図書館に収蔵されている。これは恐らく対馬の朝鮮語教材として朝鮮から持ち出した『倭語類解』を、苗代川の朝鮮語学習者が筆写したもので、彼らの母国語教育において語彙集、即ち辞書の役割をしていたのであろう。

したがって『和語類解』については、苗代川の朝鮮人陶工の後裔における母国語教育についての考察が先に行われなければ、この資料を正しく理解することは難しいと思われる。この章ではまず壬辰倭乱で朝鮮の陶工たちが連れ去られることになった経緯と、彼らによって作り上げられた苗代川という陶郷の由来について検討し、その後韓・日両語の語彙集として使われた『和語類解』の資料的特性を探ってみることにしよう。

5.1　苗代川という陶郷の由来

豊臣秀吉によって引き起こされた倭寇の朝鮮侵略は、7年にも及んだ残酷な戦争であり、数え切れない人命の損傷や財産の損失、また文化財の損失を来たした韓国民族の大災難であった。朝鮮前期の素晴らしい文化が、この戦乱によって消滅した。当時多くの文化財や技術者を失ったために、朝鮮は前の時代よりもずっと立ち遅れた姿を見せるようになった。その反面この時に略奪された技術や文化は、日本に華やかな江戸文化への発展をもたらした。

壬辰倭乱の時、倭兵の水軍先鋒大将であった島津義弘と島津家久[1]の父子によって拉致された朝鮮の陶工たちが、敵国で命を繋いでいくために陶磁器を焼いて捧げ、その代わりに不毛の地であった苗代川を得たこと、そこを日本でも

53

有名な陶芸村として作り上げた経緯などについては、すでに拙稿（1989）に
よって韓国に紹介されており、また拙稿（1990）によって日本にも広く知られ
るようになった。

　倭兵に連行されて行った朝鮮の陶工たちが定着した苗代川は、元々は薩摩藩
伊集院村大字苗代川と呼ばれ、現在は鹿児島県日置郡東市来町美山と呼ばれて
いる。ここには今もなお、被拉された朝鮮陶工の後裔であることを誇りに思い
ながら、子々孫々陶業を受け継いでいく人々がいる。

　しかし拙稿（1989）は恩師の還暦記念論文集に載ったものであって、一般研
究者にはそれほど知られておらず、日本の新村出記念財団の出版助成基金から
のご支援を得て、日本において日本語で刊行した拙著（1990）は、非売品とし
て限定された部数のみが製作されたため、ごく少数の方々にのみ送られたので、
やはり限られた方々にしか読まれていない。

　したがって、壬辰倭乱の時に連れ去られた朝鮮の陶工について、また九州の
単なる不毛の地に過ぎなかった苗代川が、彼らとその後裔によって日本一の陶
郷として築かれるようになった経緯についても、学界においてはまだ詳しく知
られていないと思われる。よって『和語類解』の紹介に入る前に、まず苗代川
の由来について簡単に紹介することにしたい。

5.2　苗代川の由来に関する資料

拙著（1990）では壬辰倭乱の時、倭兵の中でも最も悪辣だった島津軍に捕ら

1　島津義弘（1535〜1617）は、薩摩藩の藩主島津貴久（1514〜1571）の次男として生まれる。
　一時、豊臣秀吉に対抗していたが、結局は秀吉に屈服し、長男の島津久保と三男の島津家
　久をつれて朝鮮侵略に参戦するようになる。当時倭兵水軍の先鋒に立っていたが、長男の
　島津久保が戦乱中、朝鮮の唐島で死亡する。敗戦して帰って来てから、徳川家康と豊臣秀
　吉の残党が戦い合う時、秀吉側に協力していたが、結局敗れ、九州に帰って三男に藩主を
　受け継がせ、自分は隠居することとなる。若い頃一時的に出家して「惟新」と名乗ったこ
　ともある。島津家久（1576〜1638）は島津義弘の三男として生まれたが、長男が死んだた
　め島津義弘の後を継ぎ薩摩藩の藩主になった。父の島津義弘が隠居した後、徳川家康に屈
　服したため藩主の地位を守り抜くことができた。父に従って朝鮮に行った時朝鮮の優れた
　文化に大いに感動し、連行してきた朝鮮人を手厚くもてなし、朝鮮の文化と風俗を維持し
　ながら住めるように取り計らったと言う。

第 5 章　苗代川の『和語類解』と金沢庄三郎編の『日語類解』

えられ、日本へ連行された朝鮮の陶工たちが、どのように日本に拉致され、如
何なる経路を経て苗代川に定着するようになったか、またそこで如何に大きな
望郷の念を抱いて祖国の言語と風俗を維持しながら生きてきたのかについて考
察した。この研究ではこの地域に関するこれまでの、日本人による研究におい
てあまり取り扱われることのなかった次のような資料を検討した。

　まず苗代川に伝わる『先年朝鮮より被召渡留帳（苗代川)』（以下『苗代川留
帳』と略称する）と、『古記留渡海以来事件』（以下『古記留』）という古文書の
資料である。『苗代川留帳』は他に「高麗伝陶器紀元製造書」、「高麗伝薩摩焼
陶器製造図」、「先年朝鮮より被召渡由来記（笠野原）」という古文書と合わせ
て 4 部で構成されている。これは全部で 18 枚の古文書で、苗代川の朝鮮陶工
たちが壬辰倭乱の時、薩摩軍によって拉致され、日本の九州へ連行された当時
から島津光久（1616～1694）の頃までは比較的詳しく記録されているが、その
後からは詳細に書かれておらず、しかも享保 8 年（1723）以降の記事は欠けて
いる。これの原本は明治 5 年（1872）4 月 25 日、苗代川の村役人より明治政府
に提出され、現在は九州国立博物館に所蔵されている（拙稿 1990：註 5 及び註
7 参照）。

　『古記留』は明治 5 年（1872）に筆写されたもので、「文禄元年秀吉公今年よ
り征朝鮮国」という書き出しで始まり、天保 13 年（1842）までの苗代川に関
する大小の事件が記されている（拙著 1990：5）。この古文書は『苗代川留帳』
と共に、苗代川の成立に関する情報を提供してくれる貴重な資料である。

　二つ目は、同じく苗代川文書として『所役日記』と『立野並苗代川焼物高麗
人渡來在附由來記』（以下『由來記』）を取り上げている。『由來記』は拙著
(1990) で引用したもので、今まで苗代川の成立に関する研究においては一度
も引用されたことのなかった新しい資料である。この資料は苗代川の成立当時、
薩摩藩の役人村田元阿彌と苗代川主取の朴平意の両人が、公私両面から村のこ
とを書いたものである。『所役日記』は薩摩の郷土研究家である松田道康が、
先代から苗代川の役人であった兒玉家（朴泰潤家）の一蔵の中から発掘したも
のである。これらはいずれも『日本庶民生活史料集成』（三一書房、1970）に収
録されている。その他に、薩摩藩の公用記録の『御内用萬留』も取り上げている。

55

三つ目は、『大日本史料』に収録された「府県陶器沿革陶工伝統誌」、「鹿児島名勝考」、「地理纂考」など、九州地域の伝統的な陶器製作に関して記録したものである。これらの資料は苗代川以外の薩摩藩で始まった陶磁器、即ち、薩摩焼の伝統とその由来について考察したものである。

四つ目は、江戸時代の半ば頃からすでに高麗人の陶芸村として名高くなった、苗代川を訪れた文人・騒客の旅行記で、これらによって苗代川の由来や当時の姿を確認することができるのである。具体的には古川古松軒（1726〜1807）の『西遊雑記』、橘南谿（1753〜1805）の『東西遊記』、佐藤中陵（1762〜1848）の『中陵漫録』、高木善助の『薩陽往返記事』などがあり、『野翁物語』、『梅翁随筆』などの随筆にも江戸時代の苗代川に関することが言及されている。

この中で、高木善助の『薩陽往返記事』は全4冊からなるもので、そこに『薩隅日三州經歴之記事』（1冊）と『西陲畫帖』（1冊）を合わせれば、全部で6冊の膨大な旅行記となる。これらは当時の九州地方の民俗、経済、歴史などについての研究において、重要な資料として知られている。高木善助は大阪の天満生まれで、平野屋という会社を所有しながら古河藩の用達を勤めていたため、数回にわたって九州を往来していた。とりわけ薩摩には、文政11年（1828）11月から天保10年（1839）1月までの11年間に、前後6回にわたって訪れており、旅行記に記録されたものは大体、正確であると言われている。

これらの資料によれば、壬辰倭乱の時に連行され苗代川に集団で定着するようになった経緯は次の通りである。

5.3　壬辰倭乱で拉致された朝鮮陶工

壬辰倭乱は戦争を起こした豊臣秀吉（1537〜1598）の死によって、終局を迎えることとなった。彼の遺命によって全ての倭軍が撤退することになったのだが、まだ朝鮮南部の泗川や順天などでは、敗退する倭軍の強い抵抗により激戦が続いた。1598年11月18日、李舜臣将軍が奮戦した露梁海戦を最後にして、7年間に及んだ戦争が遂に終わった。この露梁戦闘で敗退した島津義弘の薩摩軍が釜山浦から出発したのは同年11月末で、博多に到着したのは同年12月

10日のことであった。したがって島津義弘と彼に拉致された朝鮮人が薩摩に到着したのは、1598年の末頃であったと思われる。

島津軍によって連行されてきた朝鮮人は、前述の『大日本史料』「地理纂考」四薩摩國日置郡によると、八十余人二十二姓に上ったと言う。これに関する記録を見ると次の通りである。

　　伊集院郷苗代川、陶器製作所、此一村、朝鮮帰化の種裔一村落を成せり、此地域ハ壺店とも呼ふ、此蕃人陶工を善くして、壺瓶の類を製するに工みなり、故に壺店の名を得、土人を壺人とも呼へり、抑此蕃人の此所に來るや、豊臣秀吉公征韓の役に慶長三年十月朔日、島津義弘子息家久、泗川新寨にして大に明軍を破り、首を得ること三萬八千七百十七級、其耳を切て皇朝に送る。既にして凱旋の日、歸降の朝鮮人二十二姓、（省略）男女八十餘人を率ひ來り、初め串木野に置く、即チ著船の地なり、後ち鹿兒島に分住す（中略）。慶長八年の冬、串木野より今の地に移し、又寛文九年、鹿兒島分居の者も、同しく當地に移す。（下略）

上記によると、朝鮮で敗退して日本へ帰る時に朝鮮人八十余人を拉致し、最初は着船した串木野に居住させ、後に一部を薩摩藩の藩主のいる鹿児島に移しており、さらに徳川家康が勢力を拡張して幕府の将軍になった1603年には、苗代川へ移して定着させたことが分かる。

前述した『苗代川留帳』においても、「慶長三年戊戌冬被召渡朝鮮人串木野の内嶋平、市来の内神之川、鹿児島の内前之浜、三所着船仕候」という記事があり、上記の事実を裏付けている。これによると薩摩に帰郷した島津軍は、拉致してきた朝鮮人を串木野、市来、鹿児島の三ヶ所に分けて居住させたことが分かる。

それではなぜ島津軍に拉致された朝鮮人たちは一ヶ所で一緒に住まず、このように分散して居住することになったのか。そこには彼らの切ない事情があった。丁酉再乱（慶長の役）の時、薩摩の島津軍は朝鮮の南原城を陥落させ、そこに居住していた陶工四十人を拉致した。陶工たちは何とかして倭軍から逃げ

5.3 壬辰倭乱で拉致された朝鮮陶工

ようとしたが、結局薩摩まで連行された。しかし、彼らは薩摩の藩主が住む鹿
児島に連れて行かれると永遠に故国には帰れないだろうと思い、なるべく故国
に近くて帰りやすい浜辺の串木野に降りたのではないかと思われる。ここに降
りるための彼らの口実には拉致された朝鮮人としての思いが程よく表れている。
たとえば、前述した『苗代川留帳』には彼らが最初に日本に連行されてきた時
のことが、次のように記されている。

　　　（前略）朝鮮人すべて立野の辺に可被召置旨仰出候得共、南原城落城の
　　節、御手引を仕候嘉儀と申者、先船にて鹿児島へ参り居候由承候に付、其
　　者と一所に罷居候事を如何に存、嶋平に罷居度御願申上候。（下線の「嘉
　　儀」は『由来記』には「朱嘉喜」と記されている）

　この記事からみると、南原城陥落の時に倭軍の手先になった裏切者「嘉儀」
とは一緒にいられないと言って、あえて荒れ果てた串木野で降ろしてくれるよ
う申し出たことが分かる。これについては第六代の朴平意が書き記した『由来
記』の部分にも

　　　慶長三年、男女四拾人餘、朝鮮國より被召渡候節 鹿児島立野被召置候
　　趣被仰渡候得共、先舟より朝鮮にて裏切為仕者為参由候付｛南原の城落城
　　の節、御引付候朱嘉儀と申ものにては無之哉｝、右の者と一所に罷居候事
　　不足に存、着船の串木野罷居申度願申出、六ヶ年程罷居候處、少しの様に
　　有之。（｛ ｝の中は朱筆で傍書したものである）

とあり、薩摩の島津軍が退却する時に連行してきた朝鮮人八十余人のうち、串
木野の嶋平に上陸して6年余りをそこで暮らしていた四十余人は、意図的に鹿
児島には行かなかったという事実を確認することができる。
　また苗代川に連行されてきた沈当吉の子孫であり、薩摩焼の名人として陶芸
界に広く知られている十四代沈寿官氏（通称名大迫恵吉）も、次のように同様
のことを回顧している。

58

第 5 章　苗代川の『和語類解』と金沢庄三郎編の『日語類解』

　慶長八年には現在の苗代川に移住している。島津公より、鹿児島の城下
移住の温情がほのめかされたとき、『御厚情には感謝の外ありませんが、平
たく申し上げて、鹿児島の御城下にはかつての、朝鮮御遠征の砌り、朝鮮
人でありながら自国を売り、日本軍の導者となって活躍した者共が、現在
武士として召し抱えられ、時を得ているやに承っています。島津公への叛
意は全く御座居ませんが、実は私共は日本渡来がきまった日より、この者
共とは、倶に天を戴かざる決意を固めておりますので、御城下への移住は
御容赦下さい。私共は日本渡来以来，絶えて祖宗の祭りも行っておりませ
んので、願えれば祖国への道である「海」の見える所に、私共のみで一邑
を築ける土地を御与戴きたい』と申し上げて島津公の御快諾を得、不便な
苗代川を選んだそうである。（下略）（大迫恵吉（1963）のものを拙著（1990：
44）から再引用）

　この内容を額面通りに受け取ることはできないが、少なくとも最初に九州に
連行された時に串木野で船から下り、6 年余りをそこで暮らしてから苗代川に
移ったことは事実であるようだ。また朝鮮人たちが薩摩国の中心である鹿児島
に行きたがらなかったことも、理解できる話である。それは前述したように機
会さえあれば、祖国に帰ろうという帰国への強い意志と、南原城陥落の時に倭
軍の手助けをした売国奴とは一緒に住めないという、愛国心が同時に表れたも
のとして見ることができる。
　実際に鹿児島の城下には、倭軍によって連れられてきた朝鮮人が多く住んで
いたと言う。たとえば前述した『由來記』に

　（前略）御歸朝前後慶長三年の冬に至、串木野島平・市來神の川、或は
　加世田浦、亦は鹿児島前の濱着船の者共、其場所々々江居住被仰付置候由
　にて、於鹿兒島二官橋・三官橋は高麗人被召置候上の橋にて、高麗町は多
　人數被召置町立候付只今高麗町とは右由來に御座候、其後苗代川江都て被
　召移、此儀苗代川由來記に委く御座候（下略）

59

という記事があり、多くの人々が連行されてきたこと、彼らが鹿児島中の橋の下や別の所で町を作り暮らしていたことが分かる。

5.4 被虜人の陶工によって開拓された苗代川

当時、鹿児島へ行くことを拒否し、串木野で降りた四十余人の陶工たちは、薩摩藩から如何なる配慮も受けず、広い野原に放置されていた。即ち『苗代川留帳』に、

> （前略）其時分は兵亂の砌にて御上より朝鮮人の御沙汰は無之、皆々農業又は燒物等仕り漸く露命を續罷居候。一本六ヶ年と有、五ヶ年も相過申候所に所之者共、異國人の事故、毎々欺妨、有時に燒物仕候小屋へ草履ふみながら入來、甚自由ヶ敷有之候ニ付、左様無之様申上候得共、言語不通、猶以自由体に御座候故、其者を打擲仕候由、然處に其日より所中之者より徒黨を組、爲返報 狼藉仕候由 手様を以、知らせ候者有之候付 極月末妥元へ逃來、木之下などにたより哀敷體にて罷居候處、其辺の百姓共見當て、追々食物を喰せ申候由、其後小屋を結び或ハ百姓の家などへ便り兩三年も相過申候處に（下略）

という記事があり、被虜人の陶工たちが彼らを拉致した薩摩の島津義弘から何の支援も受けず、敵地に放置されたまま如何に苦労しながら命を繋いでいったのかを推察することができる。

彼らは簡単な農業を営んだり、陶磁器を焼いたりして生活していたが、この時に作った焼き物は非常に粗末なものであった。今もこの地域にはその時の、陶器を焼いた窯の痕跡が残っていて、これを「元壺屋」と呼んでいる。

このような悲惨な生活は6年も続いたが、彼らの不憫な事情をやっと知るようになった薩摩藩の藩主は、彼らを苗代川に移住させ、居屋敷二十四ヶ所を彼らに給した。しかしこの苗代川は不毛の地で、最初は農業を営んでも租税さえ納めることができなかった。当時のことを『由来記』では次のように記録して

いる。

　　（前略）着船の串木野罷居申度願申出、六ヶ年程罷居候處、少しの様に
　　有之、當分の苗代川江引越申候、左候て、居屋敷貳拾四ヶ所被成下、且又
　　御高七拾八石餘被成下候處、右の高市來の内裏石（名カ）にて候處、年ヶ
　　虫入不熟故、堅固に取納方も無之、山米の儀、高壹石に付壹斗七升程も、
　　御法にて候故、三ヶ年不納（相）被成、右高爲被召揚の由候

　これによると、苗代川は高い野原の地で水田には不向きであり、さらに虫害
も酷く作物がよく育たない不毛の地であったことが分かる。彼らは３年間も税
を払えず、土地を没収されるに至ったが、土地を没収されると生活ができなく
なるので、代わりに焼物を納めることにした。これを「年貢壺」とも言った
（拙著 1990：47）。
　薩摩藩に拉致された朝鮮人の中で陶器を作ったのは、苗代川に居住した陶工
たちだけだったわけではない。前述した佐藤中陵の『中陵漫録』の「苗代川」
条（巻七）に、薩摩藩の藩主がいる鹿児島に朝鮮人陶工十八人を居住させ、陶
器を作らせていたが、彼らが住んでいた所を「高麗町」と称したという記録が
ある（拙著 1990：47〜48）。後日彼らも苗代川へ合流することとなるが、最初
に串木野から移ってきた四十余人の陶工たちを中心として、苗代川は陶郷とし
て発達するようになる。
　鹿児島に行くことを拒否した朝鮮陶工たちは、朴平意を中心に団結して上品
の陶器を生産できるよう力を注いだ。こうした彼らの努力が藩主に知られ、朴
平意は慶長８年（1604）庄屋に任命され、翌年には苗代川に移住するようにな
る。朴平意は何度も朝鮮の白磁を作ろうと試みたが、毎回失敗したようである。
『大日本史料』の慶長９年３月条（第十二編の二）に収録された「薩摩陶器創造
朴平意記念碑」に「（前略）慶長三年創陶于薩摩国日置郡串木野郷、而不得其
意。後六年移苗代川、更試之、而又不得其意」という記事があって、それを物
語っている。
　朴平意の白磁製造への努力はその後も続いた。慶長 19 年成川で白土を発見

5.4 被虜人の陶工によって開拓された苗代川

し、加世田の京峯で白砂を見付けた。また、油薬の楢木（＝奈良木、ならき）も見つけ出し、ようやく朝鮮で作ったものと類似した白磁を作ることに成功したのである。これについて彼の子孫である第六代朴平意が記した『由來記』には、次のように書かれている。

> （前略）私先祖朴平意事、慶長三戌年被召渡、同十九年寅年、白燒物出來方能存爲申者にて、白土等見出可申旨被仰付、案内被召附、御領内諸々見廻候處、山川の内成川江白土見出、白砂の儀は加世田京の峯江見出、楢木鹿籠の内□□有之、其段申上候處、早速御細工所被召建、白燒物仕候へは、極上出來仕候付、則所庄屋役迄被仰付、御扶持米四石被成下、老年迄相勤申候（下略）

この記事によると、朴平意が白磁の製造に成功したのは慶長 19 年（1614）のことである。それ以来苗代川は朝鮮陶工たちの定着地となって発達するようになり、結局鹿児島に住んでいた捕虜の朝鮮人たちもこの地に集まることになった。

寛文 3 年（1663）薩摩藩の藩主島津光久は、鹿児島の高麗町に居住する被虜朝鮮人を苗代川に移住させ、彼らに居屋敷八十三ヵ所を提供した。この時はすでに苗代川が繁栄して二百軒を超えるようになっており、高麗町にあった窯をこちらに移して使用するようにした。これを苗代川の新窯と呼んだが、主として日用の雑器を焼き、五本松窯とも称せられた。

寛文 9 年（1669）、鹿児島の高麗町に残った朝鮮人二十五軒も苗代川に移住させ、屋敷及び家を調え、三ヶ月分の飯米も支給した。彼らには格別な待遇が与えられたのである。この二十五軒の苗代川への移住には、幾つかの問題があった。まず苗代川の住民たちが彼らの移住に反対しており、彼らもこの地への移住を望んでいなかった。彼らは前述したように壬辰倭乱で祖国に背いて倭軍の手先となった人たちの子孫であったため、鹿児島に行くことを拒否し、串木野で降りた被虜朝鮮人たちと仲がよくなかったのである。恐らく南原城陥落の際に倭軍を案内していた朱嘉儀も、彼らのうちの一人だったはずである。そ

のために上記のような特別な待遇が与えられたわけである。

　彼らは苗代川に移住してからも、すでに先着していた他の被虜朝鮮人と解け合うことができず、ついには江戸に移ろうと図った。『由來記』の「延寶六年（中略）且又、高麗町より被召移候二拾五家の内ニ江戸行船貳艘分運賃分被成下候」という記事を見ると、彼らが結局苗代川に住めず、江戸へ行こうとしたため、薩摩藩では彼らの船の運賃まで支給しようとしたことが分かる。しかし『苗代川留帳』には、この船が破船したため結局、運賃を受け取れなかったと書き記されている（拙著1990：54）。

　以後苗代川の被虜朝鮮人はそこに落ち着き、繁栄を重ね、とうとう苗代川を日本一の陶郷として作り上げることができたと思われる。当時の彼らの生活については、前述した古川古松軒の『西遊雑記』をはじめとして、橘南谿の『西遊記續篇』、佐藤中陵の『中陵漫録』、高木善助の『西遊雑記』（巻四）、それから『野翁物語』や『梅翁随筆』などから窺うことができる。まず古川古松軒（1726〜1807）の『西遊雑記』（巻四）を見てみると、

　　　今にも通辭役の者有りて一家へ二人扶持被下、國の守御参勤御通行の節
　　には古例有りて御目見へをして、朝せんおどりを御覧に入る〻事なり。此
　　地は諸役御免地にして頭分の家五軒有り。此家には朝鮮より渡りし時に着
　　し來りし装束を持傳へて居る事にて、御目見への時は朝鮮装束にて御前へ
　　出ると云へり。平生の業には世に薩摩焼と云諸器の陶をして渡世とす。此
　　地より分家して鹿屋村という所にも朝鮮人住せり。言語今に朝せん言葉交
　　るなり。母を「アバ」父を「ムマ」というなり。此外聞なれぬ言多かり
　　し。

とあり、陶器を焼くことが本業ではあるが、薩摩藩の朝鮮語の通訳を勤める役人になった者もいたことが分かる。また、薩摩藩の藩主がこの地を通る時は朝鮮の踊を踊って見せており、その時は皆朝鮮の服装をしていたのである。さらに二百年もの年月が経った当時においても、朝鮮語を交えた言葉が使われていて、彼らが如何に祖国を懐かしく思いつつ、望郷の念に駆られていたかを物

5.4 被虜人の陶工によって開拓された苗代川

語ってくれる。

　苗代川は「苗代村」とも書かれ、「のしとこ」から「のおしろ」にとその読みが変わり、後に「苗代川、なえしろかわ」に定着したようだ。前述のとおり、この地は「壺屋」または「壺店」と称せられており、ここの住民は「壺人」と呼ばれていたようである。たとえば、『薩摩往返記事』に

　　　又市來より三里餘にてノシトコと云里あり。{國人の稱呼なり、實はノ
　　　ヲシロの轉じたるならん、文字苗代川と書ば苗代なるべし} 是も南溪子の
　　　西遊記にいへる高麗人の子孫住居の地なり。(中略) 城下の人此苗代川を
　　　ノシトコ又は壺屋壺人などといふ。是、壺を多く賣出すゆへなるべし。

という記事があって、上記の事実が分かる。

　彼らは身なりや日常生活で朝鮮風俗をそのまま維持しており、名前も朝鮮式に使っていた。たとえば、前掲『薩陽往返記事』の「女は日本名なれど男は今に朝鮮名にて、李金星、李院悦、朴正伯など稱す」という記事や『西遊雑記』の

　　　何れもかんざしをさして居るなり。さて其人物をよく〳〵見しに、長も
　　　高く面もほそ長くして賤しからず、むかしよりも日本人と縁談する事は堅
　　　き御法度にて、天窓なりも日本流の月代天窓に剃る事ならず、五七代も日
　　　本の地に住居して八九分まで風俗にならし事故に、天窓なりも日本天窓に
　　　仕度と度々薩摩侯へ歎き願上し事なれども御ゆるしなし。

という記事から、彼らが日本人とは結婚せず、朝鮮の服装や生活風俗を受け継いでいたことが分かる。それは、単に彼らの意思だけによるものではなく、薩摩藩の政策でもあったのである。

　彼らは故国への思いを慰めるために、また異域千里の敵国に住みながらも祖先崇拝の韓民族の精神を持っていたため、苗代川での生活がある程度落ち着いてくると直ちに玉山廟を建てた。これは朝鮮の開国神である檀君、または箕子

を祭る所で、玉山宮とも言われていた。その由来については『玉山宮由來記』（慶応3年10月記録）に、「玉山宮ハ蓋シ朝鮮開祖檀君之廟也。平壌玉山に神主ヲ設テ大社善美ヲ盡ス」という記録があり、この玉山廟が檀君を祭る祠であることが分かる。また、松田道康が紹介した『玉山神社明細帳』などによれば、玉山廟の神は天照石という大岩で、ある日この岩が鳴動しながら光を放ったので、それが檀君の垂迹であると信じられていたと言う。

　苗代川の被虜朝鮮人はこの玉山廟で毎年旧暦の8月14日、即ち「秋夕（チュソク）」（お盆）という名節に皆が集まり、祖先の霊を祭りながら一日を楽しんだという。後にこの玉山廟は薩摩藩によって日本式の「玉山神社」と改名され、祭祀も日本式に変えられた。なお現在残っている玉山神社は、明和3年（1766）に島津家によって改築されたものである。

　玉山廟の秋の祭祀は非常に盛大に行われており、この祭の時は朝鮮伝来の農楽や舞踊、筆者の名付けた「苗代川伝来の朝鮮歌謡」という歌などの行事が行われた。この玉山廟の祭祀に関しては『中陵漫録』に、「今に至も彼の祭りを行ふ。彼の如く茶果、烝餅を作り、近家互に送餉して國禮を忘れず、予も又、其餉に逢ふ。製造の珍しき、前後始て目に觸る者多し」とあり、故国伝来のやり方で食べ物を作って、皆で分けて食べながら楽しんでいたことが分かる。

5.5　苗代川の被虜朝鮮人の後裔に対する母国語教育

　前述したように、古河古松軒の『西遊雑記』の同じ箇所に「言語今に朝せん言葉交るなり。母を「アバ」、父を「ムマ」というなり。此外聞なれぬ言多かりし」とあり、この時まで韓国語がある程度使われていたことを証言している。これについては『鹿児島名勝考』（巻二）「薩摩国日置郡」条に、「其辞は国語に習うといへとも、仍朝鮮語を伝う（父を「アハ」、母を「ヲマ」、兄を「ヘン」、弟を「アオ」、姉を「モンフウオリ」、妹を「アオフオリ」）」（原註）という記録があって、むしろこの方が正しい表記と思われる。また、前述した高木善助の『薩陽往返記事』の同じ箇所である12月3日条によれば、彼らが祖国の風俗や身なり、言語、習慣などをある程度守りながら暮らせたのは、彼らの意志や努

5.5 苗代川の被虜朝鮮人の後裔に対する母国語教育

力だけによるものではなく、薩摩藩の政策とも関わりがあったと思われる。

前で検討したように、彼らは日本で暮らしていくために、陶磁器を製造して年貢として納め、その代わりに藩主から与えられた田畑を耕していたが、もう一つの役目は、海難にあってこの地へ漂流してきた人々を薩摩藩が尋問する時に、その通訳を勤めることであった。前述した「古記留」から薩摩に漂着した朝鮮人の記録を見ると、1668年の冬屋久島に漂流してき、1669年1月1日苗代川の被虜朝鮮人の李欣勝が通事に命じられ、山川という港へ出かけて通訳を勤めた。それ以来、1778年4月、加世田に漂流した全羅道康津の七人を通訳した李寿衛を最後にして、十四回にわたり漂着人の通訳を担当していた。

佐藤成裕の『中陵漫録』[2]巻七「苗代川」条に、

　　住々に國語を學ぶ、皆語にして一も音はなし、今日本の古語に相合する事多し。其後、朝鮮人漂流して薩州の山川と云處に來る。此時、出て通辯す。彼漂流人も大に驚き、数日の難風に逢ひ、萬里の波濤を經て來て、如レ此我國の人、我國の衣服を着し、我國の言語を爲す。世界の中、我國の風などは更にしる處あるまじと思へば、如レ此の人に出會す。抅日本の大なる、實に天下の大邦なりとて、彼等大に驚駭す。是よりまた國語を學ぶ事を勤むと云。

とあり、苗代川の被虜朝鮮人が如何にして朝鮮語の通事になったのかを説明している。

十四回にわたって朝鮮人が漂流してきた時に、苗代川の被虜朝鮮人やその後裔たちは通訳を担当しており、薩摩藩から役人として扶持米を受けた。前述した『西遊雑記』に「今にも通辯役の者ありて一家へ二人扶持被下」という記録があり、続いて「言語今に朝せん言葉交るなり」と記されているので、彼がこ

---

2 『中陵漫録』(全15巻)は佐藤成裕の随筆で、薬種商である彼が日本の57ヶ国を旅行しながら各地の地勢、人情、習俗、名勝旧跡、巷説奇談などを記録したものである。佐藤氏は1762年、江戸の青山に生まれ、17歳の時から薬を採るために様々な所へ旅に出て、1848年に水戸で死去する。名は成裕、字は子綽であり、中陵は号であった。

の地を訪問した 1783 年まで、即ち被虜朝鮮人が連行されてきてから二百年近い年月が経ったにもかかわらず、朝鮮語が口語で代々伝えられ、使われていたことが分かる。

しかし 1800 年代に入ると、この地における母国語の使用も次第になくなり、朝鮮語の通事の役目を勤めるためには、別途に韓国語を習わねばならなくなったようである。さらに十九世紀後半に至っては、日本で唯一、朝鮮王朝との公式交易が許され、朝鮮語の教育をさせていた対馬の朝鮮語の通事たちを苗代川に招聘して、その被虜朝鮮人の後裔たちに母国語を学ばせるようになるのである。

対馬は昔から新羅訳語などの通事役を設け、朝鮮半島の言語を学ばせて交易の際に通訳を担当するようにしていた。後に対馬の厳原にあった「朝鮮語学所」では、壬辰倭乱の時に六十余人の朝鮮語の通事を輩出したという記録があるほど、朝鮮語の学習が盛んであったのだ（小倉進平：1934）。

また、超慶男の『亂中雜錄』にも「對馬之倭（中略）、自平時擇島中童子之怜悧者、以教我國之言語、又教我國書契簡牘之低仰曲折云」とあり、ここでの国語の学習がどの程度のものであったかを語っている。

前掲した『薩陽往返記事』に「此里從來朝鮮通辭の役を勤めて、對州よりも通辭一人在留あり」という記録があることから、高木善助がここを訪れた 1828 年頃には、対馬から朝鮮語の通事が一人来て、この地の通事志望者に朝鮮語や漢字、各種の文章の作成に必要な漢字教育などの、通事としての業務に関する知識を伝授していたと思われる。また苗代川の朝鮮語の学習資料は、その大半が対馬の朝鮮語の教師であった雨森芳洲の『芳洲著述』の中で、「朝鮮語の教材」とその書名が紹介されたものである[3]。

このように苗代川に定着した壬辰倭乱の被虜朝鮮人の後裔たちが、「朝鮮語の通事」の役割を果たすために使用していた朝鮮語の学習教材は、最近まで苗代川の古家に多く所蔵されていたようで、今も沈寿官氏家には朝鮮語の学習資

---

3 実際、苗代川の朝鮮語学習資料である京都大学所蔵の『和語類解』巻末に「右加嶋先生持越之書写調ナリ」という注記があり、加嶋先生が対馬から学習資料を持ってきて、朝鮮語教育に臨んでいたことが分かる。

5.5 苗代川の被虜朝鮮人の後裔に対する母国語教育

料が所蔵されていると言う。

この苗代川の朝鮮人の後裔たちが使った朝鮮語の学習資料の一部が新村出教授によって蒐集され、京都大学に所蔵されている。新村出教授がこれらの資料を蒐集した経緯については、拙稿（1988）に詳細に言及されているので、重複を避けるためにここでは省略することにする。

京都大学に所蔵されている苗代川の朝鮮語学習資料は、全部で二十種二十八冊と数えられる。このうち、二十五冊はすでに新村出によって紹介された[4]。また安田章（1966）においても、この二十五冊が分類され紹介されたことによって世に知られるようになった。

安田章（1966）には、

第一類；諺文を主とする朝鮮文を本文とし、その注として、漢字片仮名交りの日本文を平行せしめた形式を持つ類
第二類；右の形式から、対訳日本文を除去した類
第三類；辞（字）書類
第四類；その他、漢文体の類

と四つに分類されている。

この分類は日本語の史的研究に利用される資料という立場から、苗代川の朝鮮語学習資料の持つ性格に基づいてなされたものである。従って苗代川の資料のうち、韓国で刊行された「諺簡牘」は含まれず、「朝鮮語学書」などの資料も除外された。

筆者は拙稿（1988）で、京都大学に所蔵されている苗代川の資料の全てを朝鮮語を学ぶための教材として見なし、この二十種二十八冊の資料が朝鮮語学習の過程において、どのように使われていたか、即ちその使い道によって次のように分類した。

---

4 苗代川の朝鮮語学習資料に関しては、新村出氏が1917年5月に京都大学言語研究会で発表したのが最初のものだったと思われる。これについては拙稿（1988）の（註1）を参照されたい。

第5章　苗代川の『和語類解』と金沢庄三郎編の『日語類解』

第一類、講読用学習書

　　　A、隣語大方二冊（巻一、二、三、四）（安政6年、1859年写）

　　　　　講話、二冊（上・下巻）

　　　　　講話・隣語大方抜書、一冊

　　　B、淑香伝、（上・下巻）

　　　　　崔忠伝、一冊

　　　　　惜陰談、一冊（巻二のみ）

第二類、会話用学習書

　　　　　韓語訓蒙、一冊（文久4年、1864年写）

　　　　　漂民対話、二冊（上・下巻）（弘化2年、1845年写）

第三類、辞(字)典

　　　　　類合（抄本）、一冊（文政7年、1824年写）

　　　　　和語類解、二冊（上・下巻）（天保8年、1837年）

　　　　　交隣須知、四冊（巻一、二、三、四）

　　　　　対談秘密手鑑、一冊（嘉永2年、1849年写）

第四類、朝鮮語通事教材

　　　　　漂来之朝鮮人書文集、一冊

　　　　　惟徳成隣、一冊

　　　　　朝鮮八道郡県名、一冊（文化5年、1808年写）

　　　　　朝鮮使節官氏名、一冊

第五類、書簡文学習書

　　　　　韓牘集要、一冊

　　　　　諺簡牘、一冊

第六類、朝鮮語自習書

　　　　　韓語開諭早引、一冊（安政5年、1858年作成）

　　　　　朝鮮語学書（仮題）、一冊（寛延4年、1751年作成）

第七類、朝鮮伝来歌謡書

　　　　　朝鮮歌、一冊

69

5.6 苗代川の朝鮮語の学習資料

以上、七つの部類でこれらの資料を分けてみたが、次はそれぞれの資料について、もう少し詳しく検討することによって、苗代川での朝鮮語教育がどのように行われていたかを探ってみることにする。

5.6 苗代川の朝鮮語の学習資料

前で京都大学に所蔵されている苗代川の朝鮮語の学習資料を七つに分けて整理した。ここではそれぞれの資料について、簡単に見ていくことにしよう。

最初は講読用学習書で、Aに隣語大方（四巻二冊）、講話（二巻二冊）、講話隣語大方抜書（一冊）があり、Bに淑香伝（二巻二冊）、崔忠伝（一冊）がある。Aに属するものは初歩段階の講読教材で、Bに属するものは高級レベルの教材と見ることができる。

『隣語大方』は、いつ誰によって編纂されたのかまだ明らかにされておらず、現存するものとしては、韓国の奎章閣所伝の木版本[5]が一番古いものである。1873年に対馬の浦瀬裕氏によって刊行されたものがあるが、彼の著作とは考えがたく、その前に対馬の朝鮮語の通事によって作られたものとして知られている。苗代川のこの本は筆写本で、第一冊の表紙の裏に「安政六年（1859）末無神月写之」と書写期があり、二巻の終わる所に「主朴平覺」という落書が見られるので、恐らく彼が筆写したのであろう。第二冊の最後にも朴平覺・尙熊（罷?）という名前の表記と花押が見られる。全四巻が一、二巻と三、四巻に分けられ編綴されており、漢字を交えたハングルの文章の左側に漢字音をハングルで書き込み、さらにその横に片仮名で日本語の訳を句と節にあわせて付記している。第一冊（一、二巻）は全部で29丁、第二冊（三、四巻）は31丁あり、保存状態も比較的良い方である。

『講話』は上下巻二冊で、上巻が21丁、下巻が26丁あり、上巻の第一葉と下巻の第一葉に「朴伊圓印」という朱印が捺されている。上巻の末尾に「主朴

---

5 『隣語大方』の刊行については、正祖14年（1790）に崔鶴齢によって購入され、司訳院で開板されたと言う記録が、『承政院日記』正祖14年7月19日丁酉条に載っている。拙著（1988：142）参照。

第 5 章　苗代川の『和語類解』と金沢庄三郎編の『日語類解』

伊圓道存」という朱書が見られるので、この本は朴伊圓の所有物であったと見られるが、前掲した「所役日記」によると、苗代川の庄屋であった朴道圓と関わりがあるのではないかと思われる[6]。だとすれば、この本も 1840 年代に筆写されたものと見ることができる。『講話』の内容は主として対馬と釜山間の船路の旅に関するもので、主題に関する会話が敬語法によって書かれている。漢字を交えたハングル文章を中心とし、右側に朱書で漢字の発音が付けられており、さらにその右側に片仮名でできた日本語の訳文が載っている。レベルの高い朝鮮語会話が習得できるように構成された教材で、対馬の朝鮮語の通事が実用的な要求に応えるべく、『捷解新語』のような実用会話を中心とした教材を編纂したのではないかと思われる。

　『講話隣語大方抜書』は前で検討した『講話』と『隣語大方』の中で、対馬の通事たちがよく使う部分を抜粋して作った本である。漢字を交えたハングルの本文を中心として『隣語大方』から取ってきた文章は、その右側に漢字の発音と日本語の訳文が置かれており、『講話』から抜粋したものはその左側に漢字音を、右側には日本語の訳文を句や節に合わせて付記している。『隣語大方』から抜粋したものが 22 丁、『講話』から取ってきたものが 7 丁、日本語で書かれた後記が 2 丁、それに表紙などを合わせると全部で 34 丁ある。紙質は比較的良い方であるが、虫喰の度合いが酷い。

　『淑香伝』（上・下巻）二冊は上巻と下巻が別々の本で、上巻の末尾に「生年十九歳于時弘化三年午十二月写之 朴泰元写終」と書写期が書かれているので、上巻は 1846 年 12 月に朴泰元によって筆写されたことが分かるが、下巻はいつ筆写されたのか不明である。上巻は朝鮮の古代小説である『淑香伝』を漢字を交えて筆写しており、右側の漢字がない部分、即ちハングルで書かれた部分のみを日本語で訳して片仮名で記している。下巻はこの日本語の訳が付記されておらず、上巻に比べてよりきれいに筆写されている。

　6　これについては、1845 年に記録された苗代川の文書『所役日記』に次のような内容がある。「糀屋壹軒右は、私事先年より糀屋職仕居申候處、當分困窮に罷成、職屋難相調御座候間、一往中休の御願申上度御座候間、何卒御免許被仰付候様、被仰上可被下儀奉頼候。以上　巳十一月廿六日　御役人衆中　御輿頭衆中糀屋朴道圓印」

『崔忠伝』（一冊）の場合もいつ筆写されたのか不明で、『淑香伝』の下巻と同じく対訳日本語が付けられていない。

『惜陰談』は一、二巻に分冊されているが、二巻だけが伝わっている。本文の内容は通事の仕事を主題としつつ、問答式で組み合わされている。筆写のみがきれいになされており、注釈や圏点の痕跡も見つからない。字は上手に書かれているが、間違った箇所が多いことから、対馬の通事が作ったものを苗代川の住民たちが筆写したのではないかと思われる。「惜陰談」という書名は、本文の内容によると「惜寸陰」もしくは「惜分陰」の「惜陰」のことで、時間を惜しんで朝鮮語を学習するという意味である。

以上は、朝鮮語の学習において主に講読教材として活用されたものである。以下では会話用の学習書について検討することにしよう。

『韓語訓蒙』は、朝鮮語の学習において一番初歩の段階で使われる教材として、朝鮮語の短文または句をハングルで表記し、その右側に日本語の訳を片仮名で書き記している。最初は簡単で短い文章から始まり、後に行くほど複雑な文章が続き、最後には朝鮮へ渡航する内容の長い文章がハングルだけで書かれ、その左側に日本語の訳が附載されている。全部で38丁あるが、虫喰が酷くてほとんど読むことができないくらいである。表紙の表に「文久四年子二月吉日」と書写期があり、また本の最後には「于時文久四年子二月写之也」という記録が見られ、1864年に筆写されたことが分かる。

『漂民対話』は、沈寿官氏家に所蔵されたものが上・中・下となっていて、三巻三冊であることが分かる。嘉永7年（1854）に書写されており、三巻の内、中巻は欠巻で、上・下巻の二冊だけが残っている。上巻が54丁で、下巻は46丁あるが、紙質が悪く虫喰の度合いが酷い。とりわけ上巻はほとんど読めないくらいである。本文は漢字を交えたハングルが主文で、右側に日本語の訳が片仮名で記されており、左側には漢字の発音がハングルで書かれている。内容は漂流してきた朝鮮人を尋問するもので、間違った部分が非常に多いので、対馬の通事が編纂したのではなく、苗代川の朝鮮人たちが後述する『漂来之朝鮮人書文集』に基づいて作ったのではないかと思われる。随所に朱書で校正が行われていたり、圏点が打たれていたりしていることから、苗代川の通事の候補生

72

たちが朝鮮語を学習する際に使用したものであると思われる。この本は「漂来人書文集」と共に保管されている。

この本の末尾に「弘化二年巳四月書終、漂民対話下ノ終 朴元良」という記録があり、次のページに「泰元」という名前が墨書されていることから、『淑香伝』を筆写した朴泰元が1845年にこれも一緒に筆写したのではないかと思われる。筆致も『淑香伝』のそれと非常に類似している。

以上のように、朝鮮語の学習において会話教材として使われた二つの資料を検討した。次は辞典または字典の役割を果たしていた資料について見ていくことにしよう。

『類合』は朝鮮の『新増類合』を抜粋して書き写したもので、漢字の横に日本語の発音が片仮名で表記されている。全部で50丁が筆写されているが、紙質が悪く、また虫喰が酷くて読みにくい。本の最後に粗雑な、嘆息めいた一篇の漢詩と共に、「文政七年中五月 終書 主朴伊官」という記録があり、1824年に朴伊官によって筆写されたものと思われる。巻末の漢詩を参考にすれば、朴伊官も苗代川の通事だったようであり、詩の内容から見て通事の職がそれほど簡単ではなかったようである。

『和語類解』は上・下二巻の二冊で、上巻が40丁、下巻が40丁あり、上巻は全体が虫喰で読みにくく、下巻も後の何枚かが虫喰で解読不可である。『和語類解』はすでに広く知られている通り、『倭語類解』が改題され、筆写されたもので、この名前では唯一本である（これについては拙編著：1988を参照されたい）。これも『講話』と同様「朴伊圓印」という朱印が上・下巻に捺されており、下巻末に「右加嶋先生持越之書寫調ナリ、天保八年酉十月吉日寫之也」という記録と、「朴伊圓道」という冊主の名前、それから「朴伊圓印」という朱印が捺されている。対馬の朝鮮語の通事であった加嶋が持ってきたものを、朴伊圓が1837年に筆写したのであろう。

『交隣須知』は「須知壱」と「須知弐」という巻頭書名だけの二巻二冊と、「交隣須知巻三」と「交隣須知四」の別種の二冊がある。第一巻と第二巻は同じ系統で、天文、時節などの項目別に漢字の見出し語が付けられており、またその語彙を含んだ短文が一行書かれ、その左右には日本語訳が付記されている。

5.6 苗代川の朝鮮語の学習資料

第一巻は全部で 62 丁で、朱書きの校正がされており、第二巻は 63 丁で、赤色の圏点が付けられている。第三巻は第二巻と同様の構成になっているが、全部で 73 丁もあって、本が厚く右側に朱書きで漢字音が記されている。第四巻は 58 丁で、朱書きの圏点と校正があり、校正は概して右側に付記されている。

『対談秘密手鑑』は一冊で、『交隣須知』と同様、項目別に分けられている。つまり、語辞、語傍、雑言、武備、言語などの項目に分けられ、漢字または日本語の語彙の見出し語が付けられている。またその語彙を含んだ短文が書かれ、その左側に漢字の発音をハングルで書き込んでおり、右側には日本語訳を片仮名で書き記している。語辞の項目では、主に連結語として使われる漢字とそれに該当する日本語を一緒に見出し語にしており、語傍では漢字より日本語の方が見出し語として多く使われている。また雑言では、弄、賑、誘などの日常的に使われる語彙が見出し語として選定されている。

巻末に「嘉永二年己酉七月写之、朴氏為良」という記録があり、朴為良によって 1849 年に筆写されたことが分かる。この朴為良は『淑香伝』と『漂民対話』を筆写した「朴元良泰元」と何らかの関係があるように見える。

『漂来之朝鮮人書文集』は 45 丁の一冊の本で、紙質が悪く虫喰も酷いため、解読が困難な状態である。この本は薩摩に漂流してきた朝鮮人が持っていたもの、あるいは苗代川の通事たちが彼らを尋問した時に書いた記録を集めたものである。ここに載っている文書の中で重要なものとしては、宝暦 7 年（1757）、下甑島に漂流してきた朴自明らの七人に対する尋問調査書と、彼らが所持していた朝鮮の均役庁発給の運航証がある。また 1717 年 12 月、薩摩の山川に漂流してきた金徳方（才?）らの七人に関する記録、即ち金徳方が書き出した朝鮮史読式を交えた供述書と、苗代川の通事である李寿衛が取り調べて作成した報告書がある。これによると八十一人が遭難に遭い、わずか七人だけがここに漂着したことが分かる。その他安永 8 年（1779）12 月に薩摩の大嶋に漂流してきた、全羅道済州牧楸子島の李再晟ら十二人の漂流記録や、安永 7 年（1778）3 月に薩摩の加世田片浦に漂流してきた尹仁弼ら七人の調査書、天明 2 年（1782）に上甑島に漂流してきた趙戒必、康所斗らの自述書などがある。とりわけ康所斗は文才があったようで、彼が漢文で書いた感謝状、離別書、船舶修

74

第5章　苗代川の『和語類解』と金沢庄三郎編の『日語類解』

理用の部品請求書などが多数載っていて、漂流してきた韓国人との通訳業務に
必要な各種の書式を学習することができるようになっている。これらの資料は
十八世紀半ばに漂流してきた韓国人のもので、その時に通事役を担当した苗代
川の韓国人の後裔たちによって集められたのではないかと思われる。

　『惟徳成隣』は40丁の一冊で、韓国の地名と地方の役所及び官職名を詳細に
記録したものである。漢文で記されているが、地名にのみハングルで発音が付
けられている。表紙の次のページに「記日数 自国城之各所程道也 息未詳 疑宿
乎 毎道書外官之所在併官名」とあり、ソウルから各地に至る日程や各道の外
官の所在、官名などを記録していることが分かる。恐らく朝鮮王朝の倭学の通
事が作成して渡したものではないかと思われるが、たとえば全羅道編に監司都
事の他に牧使、判官、府使、郡守、県令、県監の文臣職と、察訪、兵使、僉使、
万戸、権官の武官職が治める郡があり、次にその下の郡の名前が記録されてい
る。牧使条には羅州・光州が出てくるが、羅州については「羅州［ナジュ］八
日廿四息廿二里 錦城・通義・錦山」とあって、羅州がソウルから八日間の日
程で二十四回の休息を取って到達できる所であり、「錦城・通義・錦山」とも
呼ばれていたことが分かる。朱書で印を付けられた所が一箇所あり、虫喰が酷
い。巻末に「中原進貢路程」といって、中国の使行が行く道を陸路と海路に分
けて日程別に記録している。朝鮮国王の諱・字と国忌日が書かれており、諱・
字の次に「対州太守書中忌之」という追記があることから、釜山の倭館で作成
して送ったものと考えられる。

　『朝鮮八道郡県名』は68丁の一冊の本で、上記の『惟徳成隣』と同じく朝鮮
の地名を八道に分けて、各地方の役所やその官職名を分類し、それぞれの位置
を説明している。『惟徳成隣』が漢文で記録されているのに対して、これは日
本語の漢字の読み方によって書かれており、誰かが『惟徳成隣』と比較して誤
記の有無を確認した後に捺印したため、全てのページの上段に朱印が捺してあ
る。巻頭に李達馬という冊主の名前と「朝鮮国八道郡県併朝鮮至清京海陸路
程」という副題があり、また巻末に「文化戌二月為李達馬写之 大賀子恵漢書」
という記録があるので、大賀子恵が李達馬のために1814年に筆写したのではな
いかと思われる。なお、本の最後に「李弘利」という名前が見られることか

75

5.6 苗代川の朝鮮語の学習資料

ら、李達馬が自分の子孫に譲り渡したもので、各ページの朱印も彼のものと考えられる。

『朝鮮使節官氏名』は20丁の一冊の本で、朝鮮王朝の通信使の官氏名を記録したものである。1617年に俘虜の刷還使として来日した丁巳信使から1784年の戊辰信使に至るまで、約130年間の通信使行の人員たちの官職、姓名、年齢などを記録している。朱書きで圏点を付けたり、消したりしており、官職と姓名に誤字や誤記が目立つ。最後の戊辰信使（正使洪啓禧）が一番詳しく記録されていることから、この通信使行が終わってすぐに書き記したもので、各使行の人員や官職、任務などを知ることができる資料として注目される。

以上、苗代川の通事の教材として使われた六種の資料について検討してみた。次は対馬の通事たちが朝鮮王朝の倭学の訳官と交渉する際に広く利用されていた、書簡文の学習教材について見ていくことにしよう。

『韓牘集要』は一巻一冊で、全部で70丁ある。朝鮮語の書簡文の学習書として、漢字を交えたハングルで書かれた書簡が何通か集められている。内容としては、釜山の倭学の訳官が釜山倭館の代官に送る公事の安否や、商品売買に関するものが大半を占めている。この書簡の内容を見ると、当時の朝鮮が中国と日本の間で中継貿易をする位置にあったことが分かる。

『諺簡牘』は木板本の一冊で、1826年11月ソウルの冶洞で刊行された書簡文の教本である。巻頭に「増補諺簡録目録」という目次が見られ、後日に増補されたものであることが分かる。版心書名は「諺簡録」で、上下花紋太線黒魚尾、15行、有界でハングルだけで書かれている。恐らく対馬の朝鮮語の通事たちによって購入され、使用されていたものが苗代川まで流れ込んだのではないかと思われる。ハングルに対する漢字の注が朱書きで記されている匡郭の上段に、手紙の内容を同じく漢字で書き入れている。

以上苗代川の朝鮮語の学習資料の中で、書簡文作成の教材について考察した。次は朝鮮語学習の際に使われていた学習帳について検討し、当時の朝鮮語の学習方法について触れてみたい。

『韓語開諭早引』は43丁の一冊の本で、苗代川の通事志望者たちが朝鮮語を習う際に使った学習帳と思われる。『交隣須知』の重要部分を抜粋して記録し

第 5 章　苗代川の『和語類解』と金沢庄三郎編の『日語類解』

たもので、「交隣須知」一と三、須知四に分けられている。安田章（1966）によれば、沈寿官家の所蔵本にも『交隣須知』の筆写本があるが、巻一（書写期不明）、巻三（文政 10 年写、天保 13 年写）、巻四の二（嘉永 5 年写）の三種で、巻二は欠けているという。この本も巻二のみが欠けているので、恐らく同一教師が一番分量の多い巻二を除いて、残りの三つの巻を筆写して教えたのではないかと思われる。沈寿官家の所蔵本には 1827 年、1842 年、1862 年に筆写されたものがある。この『韓語開諭早引』は末尾に「安政六年未九月十六日ヨリ考」という記録があり、1859 年から始まった朝鮮語の学習で作成されたものと見られる。

『朝鮮語学書』は 73 丁でできた一冊の朝鮮語の学習帳である。題名は何も付いておらず、「朝鮮語学書」というのは、京都大学附属図書館によって臨時に付けられた書名である。これは本文に言及されているように、何伊仙が壱官という賜名をもらって、薩摩藩の朝鮮語の通事として働いていた時に使ったものである。巻末に「本書寛保三亥九月吉日写何伊仙龍□、花押何壱官」という記録があり、何伊仙が 1743 年に作成したものと見られる。なお、巻尾に寛延元年（1748）戊辰 9 月 2 日の朝鮮人の遭難記録があるので、その後にも何壱官が続けて朝鮮語を学習した本であることが分かる。

最後に『朝鮮歌』がある。これは苗代川の丁平碩（吉本祐良）によって 1864 年に筆写された。苗代川伝来の「鶴亀舞ノ歌」を書き記したもので、全部で 5 丁でできている。丁平碩の子孫である吉本祐康によって京都大学に寄贈された。これについては拙稿（1988）で詳しく検討したので、ここでは省略する。

5.7　苗代川の「和語類解」

次は、京都大学文学部言語学研究室に所蔵されており、苗代川の朝鮮語の資料として知られている『和語類解』について検討することにしよう。この資料は壬辰倭乱で連行された朝鮮人陶工の後裔である朴伊圓が、天保 8 年（1837）10 月に筆写したものである。

77

5.7　苗代川の「和語類解」

5.7.1　京都大学所蔵の苗代川の資料

　前で検討したように、壬辰倭乱の折薩摩藩へ連行された被虜朝鮮人は、藩内の随所に放置され、散らばって住んでいたが、結局は刷還されず苗代川に合流して定着することとなった。彼らは陶磁器を焼いて年貢として納め、その代わりに与えられた田畑を耕しながら暮らしていたが、時には薩摩藩で密輸をしたり[7]、遭難に遭って漂流してきた朝鮮人と接触する際に通訳を任されたりしていた。彼らは自分たちの居住地の中央に檀君、または箕子を祭る玉山廟を建てるなど、なるべく自分たちの故国の風俗や言語を忘れないように努力していたが、年月が経つにつれて通訳の任務を遂行するためには、別途に朝鮮語の学習をせざるを得なくなった。

　薩摩藩では当時日本で唯一、朝鮮語を教育させていた対馬から通事を招聘したりもしたが、自分たちの領地に居住する被虜朝鮮人を利用する方が便利だったので、苗代川に定着した壬辰倭乱の被虜朝鮮人の陶工に朝鮮語を教育させ、その中から通事を抜擢して藩士として勤めさせた。この時の朝鮮語教育は対馬から招聘された教師が担当することになっていたが、その際に使用され、苗代川に残っていた『韓語訓蒙』などの学習教材が、新村出博士によって蒐集され、そのうちの二十種二十八冊が京都大学文学部言語学研究所に所蔵されることとなった（安田章：1966 と鄭光：1988a 参照）。

5.7.2　朝鮮語教育と『和語類解』

　この京都大学に所蔵されている二十種の苗代川の朝鮮語の学習書資料の中に、『倭語類解』を抜粋して筆写した『和語類解』（上・下）二巻が含まれている。これをもう少し詳しく見てみると、上巻 40 丁、下巻 40 丁と全部で 80 丁で、上巻の大きさは横 17.6cm ×縦 26.4cm、下巻の場合は横 17.5cm ×縦 26.3cm と、上・下巻がほとんど同じである。上・下巻の巻頭上段に京都帝国大学蔵書印と「大正六年三月三十一日」という受書印が捺されている。下巻 77 丁から「斡旋口訣」という題目下に、吏読でできた口訣とそのハングル表記が附載されてい

7　当時、対馬以外の地域が朝鮮と貿易することは許されなかった。したがって他の藩における朝鮮との貿易は、密貿易の性格を帯びることとなる。

る。また、最後の 80 丁には

> 　右吏道ニ用ル字多有之一々記シガタシ譬エハ御平安被成御座候哉ヲ　平
> 安爲時尼有叱可トナ（ス）右吏道小田幾五郎著述象胥紀聞ト申ス書ニ出シ
> ヲキ候ヲ寫シヲ目ニカケ申候

とあり、続いて「右加嶋先生持越之書寫調ナリ」という記録が載っている。最
終行に「天保八年 酉十月吉日 写之也 朴伊圓 道存」という記録の続きに「朴
伊圓」という落款が見える。これらの記事を合わせて考えれば、この本は対馬
から招聘されてきた朝鮮語教師の加嶋先生の『和語類解』を、天保 8 年
（1837）10 月に苗代川の被虜朝鮮人陶工の後裔である朴伊圓が筆写したもので
あることが分かる。

『全一道人』（1 巻：1729 年刊）巻頭に書かれた雨森芳洲の序文に

> 　我州の人およそ公事に役するもの、たれか韓語に志なからん。しかし其
> 書もなく、また其教もなけれは、たゝに望洋の歎をいたけるのみ。ここに
> 四部の書をゑらひ、はしめに韻略諺文をよみて字訓をしり、次に酬酢雅言
> をよみて短語をしり、次に全一道人をよみて其心をやしなひ、次に鞮屨衣
> 椀をよみて其用を達せしむ。こゐねかわくは、其教の次第ありて、其材を
> なすにちかからんとしかゆふ。芳洲書

とあり、朝鮮語を習う過程を四段階に分け、それぞれ一部ずつ、即ち合わせて
四つの分類の本を選び教育させていたことが示されている。

　最初は「韻略言文」を読むことによって字訓を習い、その次に「酬酢雅言」
を読み、短句を習う。その後『全一道人』を読み、心性を養い、最後に「鞮屨
衣椀」を読んでそれを使いこなすようにする、という意味である。

　現存する雨森芳洲の所蔵目録と日本、特に対馬と薩摩藩において朝鮮語教育
に使われた学習書を照らし合わせると、前述した雨森芳洲の朝鮮語学習の四段
階、つまり四部のうちの第一部に該当する「韻略言文」とは『千字文』、『類

5.7 苗代川の「和語類解」

合』、『訓蒙字会』などを指すものであろう。また、第二部の「酬酢雅言」とは、対馬の朝鮮通事であった小田幾五郎の『象胥紀聞』（全三巻、1794）によれば、「倭語物名冊子」、即ち『倭語類解』の祖本を藍本にした『交隣須知』と後代の『隣語大方』[8]を指していると思われる。第三部の『全一道人』を経て最後に第四部の「鞜屨衣椀」に入ることになるが、これは拙稿（1987d）で薩摩の苗代川の朝鮮語の学習書を分類する[9]際に朝鮮語の通事教材として分類した『惟徳成隣』などを指すものであると思われる。

　かつて『倭語類解』の祖本が、対馬で『交隣須知』の藍本になったことについては前述した通りであるが、韓廷修の『倭語類解』も早くから対馬、薩摩の二つの藩において朝鮮語教育が行われる際に使用されていたものと見られるし、金沢旧蔵本もその中の一つだと思われる。通事教育を受けた日本人が筆写して使用していたものの一つである、前述した朴伊圓が筆写した写本が、苗代川の朝鮮語の学習資料の中に残っているが、書名が『和語類解』に変えられた。『和語類解』のような『倭語類解』の写本が対馬に残っていないのは、非常に興味深いことである。そこではすでに雨森方洲の『交隣須知』が愛用されていたため、『和語類解』の場合のように後代に『倭語類解』を筆写する必要がなかったのであろう。

　この『和語類解』の巻下に所載された「斡旋口訣」は、『倭語類解』では「口訣」という題で附載されているが、そこには「隱ワ、萬バカリ、爲巨乙 イタシタラ」などの、日本語対訳の吏読六十九種が載っている。これは『象胥紀聞』下巻の文芸条においても転載されているが、「斡旋口訣」という題目の次

8『隣語大方』は、明治15年（1882）に刊行されたこの本の訂正本に付載された浦瀬裕の序文によれば、対馬藩の象官福山某という人が編纂したという説が伝わるだけであって、編撰者と年代は未詳であるという。現存するものとしては薩摩の苗代川朝鮮語学習資料の中に筆写本があり、他には朝鮮朝の正祖14年（1790）に崔鶴齢によって購入され、倭学書として開板されたものが、ソウル大学図書館に古図書として所蔵されている。日本においては明治4年（1871）対馬で刊行されたものが伝わっており、明治15年にそれの訂正本が刊行され伝わっている。

9 拙稿（1987d）では京都大学文学研究科図書館に所蔵されている苗代川の朝鮮語学習資料を、講読用、会話用、辞(字)典、朝鮮語通詞用、国語学習帳に分け、さらに伝来歌詞を追加した。

に書かれた「吏道ハ衙前ノ者真文ニ言語ノテニハヲ用ヒ事ノ早ク通シ候ヨリ起リタルト云」という、吏読の起源に関する解説も『象胥紀聞』のそれと一致する。前に引用した『和語類解』の巻末にある「右吏道ニ用ル字多有之一々記カタシ 譬ハ御平安被成御座候哉（御平安ニゴサナサレ候也）平安爲時尼有叱可」の「平安爲時尼有叱可」は、『象胥紀聞』のものをそのまま転載したものである[10]。このことは『和語類解』下巻の巻末の「右吏道小田幾五郎著述象胥紀聞ト申ス書ニ出シヲキ候ヲ寫シ、ヲ目ニカケ申候」という記録によって明らかになっている。

　最後に「右加嶋先生持越之書寫調ナリ」という記録があり、加嶋先生が持ってきた本を筆写したことが分かる。加嶋先生は元々は対馬の藩儒であったが、対馬守の宗家が文化・文政頃（1804〜29）、薩摩の出石郡に幾万石の領地を持っていたため、対馬藩の公用により薩摩に行ったのだと言われている（小倉進平：1940、前間恭作：1957）。高木善助は『薩陽往返記事』の文政 11 年（1828）の第一回目の旅行中であった 12 月 3 日条の中で、鹿児島県日置郡市来から三里ほど離れた所にある「ノシトコ」（苗代川のことであるようだ）という村を探訪したことを話しつつ、苗代川の朝鮮人村の由来とその村の様子について詳しく説明しながら、「此里從來朝鮮通辭の役を勤めて、對州よりも 通辭一人在留あり」（下線筆者）と述べている（『日本庶民生活史料集成』、三一書房、1970）。ここから見て、対馬から来た一人の通事が苗代川に在留しながら、彼らに朝鮮語を学習させたのであり、その人によって対馬の朝鮮語の学習資料が、苗代川に流れ込んだのではないかと思われる（鄭光：1988a 参照）。

　これは現存するほとんどの苗代川の朝鮮語の学習資料が、対馬において朝鮮語の通事の学習用として編纂されたものであったという点からも裏付けられる。即ち、雨森芳洲の『芳洲著述』（芳洲書院蔵「芳洲履歴」所収）に収録された、『全一道人』、『交隣須知』、『隣語大方』のような朝鮮語の学習教材は筆写され、苗代川の資料として残されているのである。

　上記のような雨森芳洲所編の他、『崔忠伝』、『淑香伝』、『玉香伝』、『林慶業

10『象胥紀聞』は京都大学所蔵本と照らし合わせて検討し、さらに天理大学所蔵本の影印を参照した。

伝』、『書状録』、『常談』などの書名が芳洲書院に残っているが[11]、この中で
『崔忠伝』、『淑香伝』、『常談』（その一部である「講話」のみが伝わっている）は、
苗代川の資料の中にも入っている。特に安田章（1966）によれば、東京大学小
倉文庫に『常談』と共に所蔵されている『講話』（明治7年書写）は、中村庄次
郎氏が小倉進平博士に寄贈したものであるが、本文の韓国語と傍注の対訳の日
本語が完全に苗代川のものと一致するという[12]。

　したがって苗代川の朝鮮語の学習資料は、ほとんどすべてが対馬の朝鮮語教
育所の教材を筆写したものであって、『和語類解』も対馬で『倭語類解』を抄
写したものを底本にして、壬辰倭乱の被虜朝鮮人の後裔である朝鮮通事朴伊圓
が改めて筆写したものと思われる。

5.7.3 『和語類解』と『倭語類解』

　『和語類解』の韓国語の表記と日本語の発音に対するハングルの転写は、『倭
語類解』のそれらとは若干異なっている。その中で著しいものだけを摘記すれ
ば、次の通りである。

①固有語の発音や日本語の促音「ツ」の転写は、『倭語類解』においては「ㄷ」
であったが、『和語類解』では「ㅅ」に統一された。

見出し語	『倭語類解』	『和語類解』
明後日	아샫데（あさつて）	아샷데
何日	읻가（いつか）	잇가
晝	낟쥬	낫
情	뜯졍	쏫
味	맏미	맛

---

11 筆者は1987年2月、滋賀県伊香郡高月町雨森区にある芳洲紀念館を訪問し、高月町役場の
　関係各位や雨森区長のご厚意により多くの資料を閲覧することができ、また重要目録をコ
　ピーすることができた。この場を借りて感謝の意を表明させていただきたい。

12 中村庄次郎は対馬の朝鮮語学所の教授であったが、彼に韓国語を教わった対馬の通辞たち
　が釜山に渡り、釜山語学所の教官になった。小倉進平（1934）参照。

第5章　苗代川の『和語類解』と金沢庄三郎編の『日語類解』

②『和語類解』においては各字並書（雙書）字がすべて外された。

見出し語	『倭語類解』	『和語類解』
子時	고고노쯔도기 (ここのつとき)	고々노즈도기
丑時	야쯔도기 (やつとき)	야즈도기
寅時	나나쯔도기 (ななつとき)	나々즈도기
乙	기노또 (きのと)	기노도
丁	히노또 (ひのと)	히노도
皺	찡귈추	씽귈추
恥	하즈까시 (はつかし)	하즈가시
忠	쥬우셰쯔 (ちゅうせつ)	쥬우셰쯔
樂	오모시로꾸 (おもしろく)	오모시로구
喉	히소까니유우 (ひそかにゆう)	히소가니유우
辨	볜셰쯔 (べんぜつ)	볜예″즈
臣	신까 (しんか)	신가
五	이즈쯔 (いつつ)	이즈々
黃栗	가찌우리 (かちぐり)	가지구리

　ただし、「腎호쏘몌우루」（『倭』）の中の「쏘」は「호쏘몌구″루」（『和』）とそのままの形で表されているが、この時の「쏘」は各字並書ではなく「ㅅ」の合用並書と見ることができる。

③「ㅇ、ㄴ、ㅁ」など、日本語の濁音を表した区分符号もすべて「″」に変えられた。

見出し語	『倭語類解』	『和語類解』
明後日	묘우꼬니지 (みようごにち)	묘우고″니지
達夜	요모스까라 (よもすがら)	요모스가″라
姿	스까다 (すがた)	스가″다
涙	나미따 (なみだ)	나미다″
惟	다따 (ただ)	다다″
遊	아소뿌 (あそぶ)	아소부″
茄	시바뿌예 (しばぶえ)	시바부″예
臙脂	뻬니 (べに)	베″니

83

5.7 苗代川の「和語類解」

④濁音表示の符号がそのまま消されたものもあった。

見出し語	『倭語類解』	『和語類解』
何時	이즈꼬로 （いつごろ）	이즈고로
渚	나끼사 （なぎさ）	나기사
謎	가즈끼 （かつぎ）	가즈기
潭	요또미미스 （よどみみず）	요도미미스
黄丹	오우딴 （おうだん）	오우단
蝸	따이료우 （だいりょう）	다이료우
田夫	덴뿌 （でんぶ）	덴부
梳貼	삔꼬리 （びんごり）	빈고리
膳退	스뻬루 （すべる）	스베루

⑤「△」は外され、「ㅅ、ㅅ″」または「ㅇㅆ″」、「ㅈ″」に変えられた。

見出し語	『倭語類解』	『和語類解』
洲	미스빠다 （みずばた）	미스바″ 다
沐浴	꾜우스이 （ぎょうずい）	교우스″ 이
彈	단스루 （たんずる）	단스″ 루
終日	시우시쯔 （しうじつ）	시우시″ 즈
未	히즈시 （ひつじ）	히즈시″
凉	스스시이 （すずしい）	스스″ 시이
辨	벤셰쯔 （べんぜつ）	벤예″ 즈
筋	스시 （すじ）	스지″

　このような日本語の発音に対するハングルの転写の変遷は、ハングル表記法の変遷に起因するもので、近代韓国語の表記法の影響を受けて生じたものであるが、場合によっては日本の片仮名表記の影響を受けて生成されたものもある。「ㅇ、ㄴ、ㅁ」の濁音表記に使われた区分符号が「″」に変えられたことなどは、日本人の仮名遣の影響と見るしかなかろう。

⑥他に、『倭語類解』の日本語の発音表記で、濁音表示が間違った箇所を校正したものもある。

84

見出し語	『倭語類解』	『和語類解』
岸	기시 （きし）	기″시
野	노바라 （のばら）	노바″라
立春	세쯔분 （せつぶん）	세즈분″
潮水	미시시오 （みじしお）	미스″시오

⑦しかし、『和語類解』の濁音表記においてより多くの誤記が見つかった。

見出し語	『倭語類解』	『和語類解』
肘	힌시노후시 （ひじのふし）	히시노후시
膝	히사 （ひざ）	히사

⑧のみならず、『和語類解』では日本語の誤記も現れている。

見出し語	『倭語類解』	『和語類解』
賢	기시고시 （かしこし）	가시거기
陽	히나다 （ひなた）	하나다

⑨『和語類解』には、「ㄴ」と「ㅇ」との区別がよくできない日本人の言語認識のために、誤写されたものがある。

見出し語	『倭語類解』	『和語類解』
泉	심천	싱
淵	몬연	（못）영
壑	굴헝학	글헌

⑩のみならず、韓国語に対する知識不足から誤写されたものもある。このような例は数え切れないほど多い。

見出し語	『倭語類解』	『和語類解』
旬	열흘	여홀

原	언덕원	안덕원
漏	실 루	싴늬

5.8 結び

　以上、京都大学図書館に所蔵されている『和語類解』について考察してみた。この資料は鹿児島県苗代川に定着した壬辰倭乱の被虜朝鮮人が、母国語の学習教材として『倭語類解』を筆写したものである。当時における朝鮮語と日本語の変遷が反映されていたり、筆写者の朝鮮語に対する知識不足によって変えられたりしていて、元の『倭語類解』とは違ったもう一つの異本となっている。当時苗代川に定着した朝鮮陶工の後裔たちは、日本に連行されてからすでに長い年月を過ごしてきた父母からは、もう母国語を習うことができなくなったため、当時としては唯一、朝鮮語の学習が行われていた対馬から、教師を招聘して勉強せざるを得なかった。この資料はこうした歴史的な背景を持つものである。

　『和語類解』は対馬から招聘した朝鮮語教師の加嶋先生によって、朝鮮語教育の教材として苗代川に持ち込まれた『倭語類解』を、天保 8 年（1837）10 月に被虜朝鮮人の後裔である朴伊圓が筆写したものである。すでに筆写者は朝鮮語が分からず、そのために日本語の影響を受けた日本式朝鮮語の持つ特徴が、筆写されたところから多数現れている。

　何よりも濁音表記が変わっている。それまで司訳院の倭学書における日本語の濁音表記には独特な区分符号が使われていたが、苗代川の被虜朝鮮人の後裔たちは自分たちの方法で濁音を表しており、原本『倭語類解』での濁音表記の間違った箇所を修正したりもした。しかし韓国語の終声「ㄴ」と「ㅇ」の区別は非常に難しかったようであり、また慣れなかったハングル表記においても多くの誤記が現れている。

第6章　金沢庄三郎編の『日語類解』

　本章では『日語類解』について検討することにしよう。現代の活字本によって刷られたこの本は、多くの図書館に所蔵されている。したがってあえて所蔵の場所を明かさなくてもよかろう。筆者もこの本を一部購入して持っている。ここに引用されているものは、もちろん筆者の所蔵本から引いたもので、恐らく他の本も皆同じであろう。よって『日語類解』の書誌的考察は、その意味を持ち得ないと言えよう。ここではその資料的な特徴のみを探ってみることにする。

　『日語類解』は、1912年（明治45年）に当時の日本のすぐれた韓国語学者であった、金沢庄三郎博士によって編纂されたものである。彼の序文にはこの本の編纂動機が詳しく書かれているが、ここに移すと次の通りである。

　　　一言でも多く國語を解する朝鮮人を一人でも澤山に養成することが今日の急務である。學校教育で國語の普及をはかるは無論のことながら、家庭及び社會に於てもこれと相俟つて功を全くする工夫が必要であらうとの考から本書を編成した。

　　　本書の原本「倭語類解」は朝鮮人の手になつた唯一の日本語辭書で、頗る由緒に富んでゐる。著者の名は分らぬが、德川時代の信行使一行中のものであることだけは確で、年代は畧寛永明曆の頃であるらしい。本邦に於ける朝鮮語學者の鼻祖たる雨森芳洲の「交隣須知」は本書を藍本としたもので、英人 Medhurst は西曆一千八百三十五年本書を飜譯し、これがまた栞となつて佛國宣教師等の韓佛辭典及び文法が出來上つたのである。

　　　原本はかやうに朝鮮語の研究者にのみ利用せられてゐたが、今後もし本書が國語を學ばんとする朝鮮人に幾分の便宜でも與へ得るならば、逸名の原著者が當初の目的は始めて貫徹せられたといふべきものである。

　　　明治四十五年三月四たび渡鮮の途に就かむとする日　金澤庄三郎

この序文と例言に明らかにされているように、この本は韓国人が日本語を学習する際に利用できるように編纂されたものである。この本は司訳院から編纂された『倭語類解』を藍本とし、約三千余の日本語の語彙を各項目別に分類した日本語の辞書である。そのため本の構成や項目の配置などが、『倭語類解』のそれらと全く同じである。

この本は明治45年（1912）3月東京において活版印刷で刊行され、京都大学文学部国語学国文学研究室編として、『児学編』、『韓語初歩』と共に1970年に影印出版された。

6.1　『日語類解』と『倭語類解』

『倭語類解』と『日語類解』を比較すると、次のような違いが確認できる。

①『倭語類解』の濁音表示「ᅁ、ᅜ、ᄙ、ㅿ」が「ㅺ、ㅼ、ㅽ、ㅆ」の「ㅅ」系の合用並書に統一された。

見出し語	『倭語類解』	『日語類解』
假碁（下20a）	하사미쇼우에（はさみしようぎ）	하사미시요우쎄
乾柿（下6b）	구시까기（くしがき）	구시까기
枝（下28b）	예따（えだ）	에따
直（上55b）	네딴（ねだん）	네짠
傲（下35a）	아나또루（あなどる）	아나쏘루
柑子（下6b）	구넨뽀（くねんぼ）	구넨쏜
倍（上56a）	빠이（ばい）	쌔이
榛（下7a）	하시빠미（はしばみ）	하시쌔미
鑞（下8b）	스ᅀ（すず）	수쑤
薺（下5b）	나ᅀ나（なずな）	나쑤나
汝（下33a）	난ᅀ（なんじ）	난쎄

②「す、ず、つ」が『倭語類解』においては「스、ᅀ、즈」と表記されたが、『日語類解』では「수、쑤、두」に変えられた。

88

見出し語	『倭語類解』	『日語類解』
枕（下 16b）	고스기（こすき）	고수기
烏（下 21b）	가라스（からす）	가라수
葛粉（上 48a）	구스（くず）	구쑤고（くずこ）
鑞（下 8b）	스스（すず）	수쑤
持（上 30a）	모즈（もつ）	모두
假花（下 30a）	즈구리하나（つくりはな）	두구리쌔나
强弓（上 40b）	즈요유미（つよゆみ）	두요유미

③韓国語と日本語の表記において「예」が「에」に統一された。

見出し語	『倭語類解』	『日語類解』
袈裟（上 53a）	계사（けさ）	게사
家賃（上 56a）	가세, 가세이（かせい）	가세, 가세이
荊（下 28b）	계이（けい）	게이
敢（上 27b）	아예데（あえて）	아에데
甲（上 6b）	기노예（きのえ）	기노에
蛙（下 27a）	가예루（かえる）	가에루
龜（下 25b）	가메（かめ）	가메

④その他韓国語において「샤、쟈、챠」が「사、자、차」に、「규、듀、슈」などが「기우、디우、시우」に変えられ、表記されている（例は省く）。

⑤日本語の対訳が当時の正しい日本語に修正された。

見出し語	『倭語類解』	『日語類解』
貧（上 56b）	빈나루（びんなる）	쎈쏘우수루（びんぼうする）
囚（上 53b）	도라와레（とらわれ）	메시도루（めしとる）
姦惡（上 24a）	가다마시이（かたましい）	와루이（わるい）
裘（上 45b）	가와이루모노（かわぎるもの）	가와쏘로모（かわほろも）
葛粉（上 48a）	구스（くず）	구쑤고（くずこ）
報（下 40a）	호오스루（ほおする）	무구이루（むくいる）
强盗（上 15b）	즈요기누스히도（つよきぬすひと）	쏘우도우（ごうとう）
强（上 23b）	고와시（こわし）	두요이（つよい）

⑥漢字の訓が正しく校正された。

見出し語	『倭語類解』	『日語類解』
牧（下 3b）	오사무루（おさむる）	도리이레루（とりいれる）
率（下 33a）	즈레노우（つれのう）	히기이루（ひきいる）
儀（上 19a）	도리나리（とりなり）	후루마이（ふるまい）
逆（下 35b）	사고우（さこう）	사가라우（さからう）

　他に日本語の漢字音が当時の発音に変えられた。たとえば「可否（上 25a）」は『倭』では「가후」であったが、『日』では「가히」に校正された。

6.2　結び

　以上、この本に影印されている『倭語類解』と、苗代川の母国語の教材『和語類解』と金沢庄三郎の『日語類解』について検討した。『倭語類解』は 1781 年頃に木板本として刊行されたもので、『和語類解』は 1837 年 10 月、壬辰倭乱の被虜朝鮮人陶工の後裔である朴伊圓が、対馬から流入した『倭語類解』を筆写したものである。そして『日語類解』は、1912 年に金沢庄三郎氏が『倭語類解』を底本にして作った日本語の学習教材である。これらは皆 50 年から 80 年くらいの間隔を置きながら、原本の『倭語類解』を筆写したか、あるいは改編したものである。それ故韓国語と日本語の史的変遷を探るに当たって、非常に価値のある資料と言える。

　『倭語類解』の解題では未だに明らかにされていないこの資料の成立年代について、今までの研究の問題点を指摘しつつ、1781 年頃の板本として刊行されたものであることを主張した。刊行者に関しても、これまで議論されていた洪舜明ではなく韓廷修であること、また彼が「前判官」の堂下官として勤めていた時に刊行した可能性が高いことを指摘した。現伝する国図館本『倭語類解』の末尾に附載された氏名・職名をこの資料の刊行に携わった訳官たちの名前と見、一番最初に書き記されている「譬整官前判官韓廷修」が、実際に『倭

語類解』を修正して刊行した中心人物であると判断したのである。

　韓廷修は 1787 年には堂上訳官であったという記事があるので、『倭語類解』の末尾に付記された「前判官韓廷修」を根拠としつつ、彼が従五品の判官であった時期を勘案して 1781 年頃の刊行と推定した。つまり、「讐整官」として韓廷修の名前が載っているので、彼が現伝する『倭語類解』を修正して刊行したと考えたのである。またこれまで『倭語類解』の著者として知られた洪舜命は、その前に司訳院の倭学において使われていた『倭語物名』を修正したか、増補したと見るべきである。ただこの「物名」という司訳院の外国語の教材は、訳生たちが個人的に収集して増補できる外国語の彙集であるため、ある個人の著作として見ることはできないだろう。おそらく司訳院にそれまで伝わっていた「物名」に、「類合」の方法で見出し語を付け、整理したのではないかと思われる。

　次に、現伝する『倭語類解』の二つの板本を比較しつつ、今まで唯一の物として知られていた金沢旧蔵本、即ち濯足本が実際には唯一本ではなく、韓国国立中央図書館にも一帙の『倭語類解』が伝わっていること、またこの国図館本の方がより善本であることを指摘した。濯足本は古びた板木を後代において印刷したものであるため、多くの脱画・脱字があり、また何枚かの落丁があって補写されたものが挿入されている。しかもこの補写の過程でも多少の誤字が生じているため、この資料を利用する際には注意が必要である。したがって今後『倭語類解』は、国図館本を中心資料として見なすべきであり、濯足本はその補助資料として扱うべきであることを指摘した。しかしながら学界においては後者のものが広く知られ、むしろ国図館本の存在を知らない場合が多い。そこにこの資料を影印して出版する目的があることを明らかにした。

　『和語類解』は、まずこの資料をもって母国語を学習した壬辰倭乱の被虜朝鮮人の後裔たちについて、また鹿児島県苗代川に定着した陶工たちを中心として考察した。これまであまり注目されることのなかった壬辰倭乱の被虜朝鮮人について検討しながら、彼らが母国語教育のために使っていたいくつかの教材についても言及した。その中で対馬から持ち込んだと思われる『倭語類解』を筆写したものが、他でもなくこの『和語類解』である。本稿では筆写された当

6.2 結び

時の日本語の変化と、筆写者である朴伊圓の韓国語に対する知識不足のために生じた、興味深い変更事項や誤記を考察した。

『日語類解』は、当代の著名な日本語学者でありながら韓国語を専攻した金沢庄三郎が、『倭語類解』を底本にして作った日本語の語彙集である。構成は『倭語類解』と同じであるが、その編纂目的は『和語類解』と同様、韓国語を学習するための語彙集であった。この資料においても、韓国語と日本語の近代的な性格を程よく表してくれる様々な変改があった。これらによって当時の韓国語と日本語の史的変化を読むことができる。

第7章　『倭語類解』の語彙の分節構造研究

7.1　研究の目的及び意義

　言語学一般の概論書を読んでみると、ほとんどの場合それらのまえがきに言語とは何か、あるいは言語を眺める観点には如何なるものがあるかといった一文が飾られていることに気づくだろう。これは言語研究において、その研究者が如何なる言語観によって対象の言語を眺めているのか、そしてそのような言語観によって言語の本質をどのように規定しているのか、という問題が、何よりも先に考慮されるべき重要なものであることを示唆している。言語を眺める観点、すなわち言語観は言語研究において一種の尺度のようなものなので、言語研究者が如何なる言語観を持っているかによって、その研究の結果も多様な様相を呈することになる。

　ところで言語研究者がある言語観を定立し、それによって言語の本質を規定したとすれば、おそらくその研究者は言語研究の完成に到達したと言えるだろう。しかし、一生をかけて言語を研究した者だとしても、言語の本質とは何かという問いに対し、即座に答えることはなかなか難しい（許雄、1981：21）。言語研究の目標は、究極的には言語の本質を明らかにすることであるが、このような言語の本質及び言語観を規定するのは容易なことではないはずである。

　早くから多くの人々が言語に対して関心を持って研究してきており、その研究の結果に伴って様々な言語観が現れた。そしてそれによって言語の本質を糾明しようとする試みがなされてきたのだが、このような言語観は時代や背後の哲学によって、神聖観、権威観、遺伝観、記号観、生成観などに分けられる。また言語と思考の関係から、言語を思考の道具と見なす道具観、言語それ自体が思考だとする一体観、言語が思考を形成するという形成観に分けることも可能である（金敏洙、1990：19）。

　言語を思考表現の道具と見なす道具観では、個別語の重要性が認められない

7.1 研究の目的及び意義

だろうし、そのため個別語に対する研究も軽視されることになるだろう。これは国語を研究し、保存することこそが、取りも直さず国を保存することだと信じていた、周時経（1876～1914）先生の言語観ともかけ離れた観点である。周時経先生は『国語文法』の序の中で次のように述べている。

　　天の摂理によってその地域に住むに相応しい人種が決まっており、その人種に相応しい言語があって、天然社会としての国家の体を成し、独立がそれぞれ決まったのだから、その地域は独立の土であり、その人種は独立の身であり、その言語は独立の心（意味）である。この心がなければ身があってもその身ではないし、土があってもその土ではないから、その国家の盛衰は言語の盛衰にかかっており、国家の存否も言語の存否にかかっているのだ（金敏洙、1986：13）。

　周時経先生が言語を「心」としてみなし、言語の盛衰と国家の盛衰を直結させていたことは明らかである。そのため周時経先生の言語観は、言語それ自体を思考と見なす一体観と一脈相通じているように見えるが、しかし一体観の本質はそのようなものではない。一体観は二十世紀初頭から半ばまでの心理学において、多くの研究結果を出したジョン・ワトソン（J. B. Watson）をはじめとする行動主義心理学の学者に始まる。彼らは人間とかかわりのあるすべてのものを観察、測定できるものと認識しており、人間の思考も例外ではないと考えていた。また思考と言語を同一視し、両者とも喉頭運動によるものであるが、声が出れば言語であり、声が出なければ思考だというように捉えていた（裵解銖、1998：93-94）。このような見解が人間の精神世界を認めず、思考を事物に等しいものとして取り扱っていたのに対して、周時経先生の場合は精神世界を認めていたという点に、行動主義の見解との大きい違いがある。人間の精神世界を否認し、人間の行動と動物の行動との違いを認めず、同じ行為として捉える見解は、その研究の成果がどうであれ、頷けないものである。

　一方形成観は、十九世紀ドイツのフンボルト（W. v. Humboldt）に始まったと言える。彼は、言語は特定の民族の精神的発散（Emanation）であり、当の民族

第 7 章 『倭語類解』の語彙の分節構造研究

がある客観世界を眺める固有・独自の見解であるため、言語の違いは音声や記号の違いではなく、世界観それ自体の違いであると強調しつつ、まさにその点にこそすべての言語研究の根本的かつ究極的な目的がある（許鉢、1981：12）と述べた。各言語によって異なる世界観は、言語共同体に対する一定の拘束力を持っており、またそれぞれの特定の言語体系には、言語共同体の構成員の領域に対する共通的な、固有の精神的態度が反映されている。ある国の言葉における言語体系とは、その国の民族の母語的な思考の反映、そのものだからである（裵解鉄、1999：4）。つまりフンボルトにとって、特定の言語に対する研究と当該民族の精神への研究は一致するものだったのである。

　ある民族の精神とは何か、という問いはあまりにも抽象的かつ包括的な質問であるため、簡単には答えられないだろう。しかしもし、ある一つの対象に対する民族の精神を尋ねることになれば、それはある程度答えられる。もちろん、実際には一つの対象に対する見解をもって、その民族の精神のすべてを判断することはできないし、それぞれの対象に対する見解が糸巻の糸のように多重に巻かれていて、その実体を把握することは決して容易なことではない。にもかかわらず、糸巻きの糸のような、複雑に巻かれている精神の世界に接近するためには、それぞれの対象に対する民族の見解を見つけ出すことが、最も早くて正確な方法になるだろう。

　このような意味からすると、韓国語の語彙の中に反映されている世界観を見つけ出す作業の一つ一つが集まってこそ、はじめて韓国民族の精神世界が理解できるようになる。本稿では『倭語類解』の中に登場する語彙を通して、韓国民族の世界観について考察しようと思う。つまりこの研究は、『倭語類解』の中に現れた語彙を検討することによって、当時の韓国人が「親戚」という客観世界を、どのような視点で受け止めていたかを解明することを目的とする。

7.2　語彙分節構造理論の背景

　語彙分節構造理論は、フンボルトの言語観によって始められる。彼は 1767年 6 月ベルリン近郊のポツダムで生まれ、政治家、外交官としてだけでなく、

7.2 語彙分節構造理論の背景

プロイセン教育制度の担当部所長としても活躍しており、数回にわたって公職に就くなど、生涯の大部分を非言語的な分野で過ごしていた。しかし彼はすでに青年時代から言語研究に関心を持ち続けていて、当時使われていたか、または消えてしまったインド・ヨーロッパ語や、非インド・ヨーロッパ語を習得していたと見られている（イ・ソンジュン、1999：1）。

　語彙分節構造理論にかかわるフンボルトの言語観は、彼によって使われた用語、すなわち「有機体性」、「エネルゲイア（Energeia）」、「内的言語形式」、「世界観（Weltansicht）」などから窺える。まず有機体性理論はすでに十七世紀から多方面にわたって機械主義の反対概念として展開されたが、たとえばカント（Immanuel Kant, 1724〜1804）は、有機体概念を自分の「判断力の批判」の核心概念として取り入れており、ゲーテ（Johann Wolfgang von Goethe, 1749〜1832）は、「精神的で有機的なあるものを創造することに芸術家の課題を求めていた」（Schneider、1995：191）。有機体としての言語を記述するための土台は、十八世紀が進む中で築き上がられたが、その土台は各要素がそれぞれの機能を遂行し、それらの機能の相互作用によって全体的な体系として現れるという信念に支えられていた。つまり有機的な体系は、各要素で構成されるものである、ということを研究の基点としていたのである。

　しかしこれとは異なり、語彙分節構造理論の哲学的な背景を提示したフンボルトのいう有機体概念は、それぞれの要素は独自的には考えられないという思考に基づいている。フンボルトにとって有機的な全体性は、各要素で構成されたりもするが、各要素は全体によってはじめてその意味を持ち得る（Schneider, 1995: 191-192）ものなのである。これは自然的な有機体の概念を、言語有機体にそのまま適用することは不可能であるということを意味する。言語は自然の産物ではなく、人間の産み出す精神的な産物であり、言語という有機体の中には人間の精神的な活動の結果が反映されているからである（裵解錊、1998：147）。フンボルトにとってすべての言語は最初から有機体であり、全体であった。言語の個々の成分は他の成分を通じてはじめて成立し、すべての成分は全体を通じてのみ成立する。すべての成分は全体を突き通す一つの力を通じてのみ成立するという意味であり、その点からいうと、言語はすべての有機的な性

質を持つ（許鉢、1986：13）。有機体の概念は語彙分節構造理論の基礎的な土台
となる。語彙分節構造理論において語彙体系を見つけ出すという行為は、それ
ぞれの語彙が単に独立して存在するのではなく、隣接の語彙と有機的な相互関
係を結びながら、その機能を遂行するという前提から出発するものである。す
なわち言語は有機的な体系を成しており、そのような体系を発見することが語
彙分節構造理論の出発点なのである。「言語はエルゴン（Ergon）ではなく、エ
ネルゲイア（Energeia）[1]である」というが、これは言語が作品（Werk）ではなく、
一つの活動（Tätigkeit）であることを示している。この言葉はフンボルトの言
語観において最も多く引用されたものであり、また最も多くの論難を起こした
ものでもある。フンボルトは、「人間の言語の生成とそれが人間種族の精神的
な発達に及ぼす影響について（Ueber die Verschiedenheit des Menschlichen Sprach-
baues und Ihren Einfluß auf die geistige Entwicklung des Menschengeschlechts）」（1835）の
「言語の形式（Form der Sprachen）」の中で、エネルゲイアという用語を使いつつ、
「言語とは、その実在的な本質面から見ると絶え間なく毎瞬間ごとに過ぎ去っ
てしまうようなものであるが、（中略）言語自体は作品（エルゴン）ではなく、
活動（エネルゲイア）である。よって、言語に対する正しい定義は専ら発生に
関わるものになるだろう。言わば、言語は分節された音声を思想の表現として
作り上げることのできる、永遠に繰り返される精神の作業なのである」（イ・
ソンジュン、1996：226）と説明している。「エネルゲイア」という用語はこの
部分にのみ現れており、先行する用語の「活動（Tätigkeit）」に対する説明とし
てカッコの中に入れられているという点で、この言葉の持つ意味に対しては意
見が分かれるかも知れない。とにかくフンボルトにとって言語とは、単に元々
認識されている事実（Wahrheit）を表現するだけの手段だったわけではなく、
それ以上のもの、すなわち今まで認識されたことのない事実を明らかにしてく
れる手段であったのであり、彼はそれを自分の言語観の基本前提としていたの
である（イ・ソンジュン、1993：8）。彼によれば、言語は分節された音声に思
想を表現する能力を与える、絶え間なく永遠に繰り返される精神の活動であり、

---

1 言語とは、活動であり、個人の発話行為によって絶え間なく創造されるプロセス、すなわ
　ちエネルゲイア（energeia）なのである（鄭光、1998：174）。

7.2 語彙分節構造理論の背景

したがって言語の正しい定義は活動的なものであった。つまりエネルゲイアは、単なる発話行為、すなわちパロール（parole）のようなものではない。このようなフンボルトのエネルゲイアを最も正確に理解し定義した学者は、ヴァイスゲルバー（Leo Weisgerber）である。彼はこの用語に対して、言語の特色が作用する力と言語共同体による世界の言語化の過程であると定義した（シン・イクソン、1993：23）。

　多数の言語を習得していたフンボルトは、各民族による言語の差は、単に音声と記号の差によって規定できるようなものではないと認識するようになる。このような認識の結果、彼は言語の差が音声や記号の差であるわけではなく、世界観の差であるという結論に到達するようになったのである。世界観とは当該の民族が客観世界を眺める観点、すなわち私たちに与えられた客観的な対象に対する当該民族の見解のことを指すが、フンボルトによれば、それぞれの母語は一定の世界観を持っているため、私たちが新しい言語を学ぶことはその言語の持つ世界観を獲得することと同じであると見なされ得る（イ・ソンジュン、1999：128）。言語を習得することによって世界観を獲得するということは結局、言語共同体が客観世界を眺める独自の見解、すなわち言語共同体の精神を習得することに他ならない。

　ヴァイスゲルバーは、フンボルトにおける言語の世界観と内的言語形式の概念を、その観点を異にすることによって区分した。つまり世界観は、言語的構成要素の文法的な確証で、観照的な言語の精神的領域であり、内的言語形式は現実、すなわち言語共同体による客観世界への言語的な同化過程で、観照的な言語の精神的領域であるため、前者と後者は静的現象と動的過程という次元で、概念的に互いに対立する関係にある（裵解鉄、1998：146）。言語の世界観が言語の静的な内容を構成要素として内包しているのに対して、内的言語形式は、客観世界を精神の所有物（Eigentum）として改造するための過程を示す（イ・ソンジュン、1993：9）。このような概念は、ヴァイスゲルバーの言語研究の四段階によって明確に定立されることとなる。

7.3 　語彙分節構造理論の成立

　フンボルトの言語観は、ヴァイスゲルバーによって中間世界理論の定立へ発展する。彼は客観世界と音声形式の間に「精神的中間世界」の存在、すなわちエネルゲイアの存在を設定する。これはフンボルトの言語観の延長線上にあるものとして理解されるだろう（裵解鋹、1998：155）。実際に存在する世界は、精神的な変形によって人間に意識された存在として位置づけられることになるが、ヴァイスゲルバーは実際に存在する世界が人間に意識された存在へと変化する行為、すなわち精神的な変形が起きる場所を「精神的中間世界（geistige Zwischenwelt）」と名付けた（イ・ソンジュン、1993：13）。そしてこのような中間世界理論を土台にして、言語研究の四段階論が完成するのである。

　ヴァイスゲルバーは中間世界理論に基づいて言語研究を形態中心の考察、内容中心の考察、職能中心の考察、作用中心の考察という四つの段階に分けているが、形態中心の考察と内容中心の考察は、エルゴンとしての言語側面を研究する静的なものであり、職能中心の考察と作用中心の考察は、エネルゲイアとしての言語側面を研究する動的なものである（裵解鋹、1998：155）。このようなヴァイスゲルバーの四段階論は語彙の研究に限るものではないが、語彙研究に限定してヴァイスゲルバーの四段階論を取り入れてみると、まず形態中心の考察は、語彙の形態による意味と機能を見つけ出す作業である。韓国語において形態中心の考察は一応持続的に行われてきており、すでに語彙辞書という結果物を数多く出している。内容中心の考察は、語彙の中に反映されている世界観を見つけ出す作業になるだろうが、これが本研究の目的でもある。三段階目の職能中心の考察では、その主眼点が私たちに与えられる対象を客観的に語彙化する過程に置かれるだろうし、四段階目の作用中心の考察では、語彙の中に反映された世界観の変化過程を検証することにその主眼点が置かれるだろう。動的だというのは過程を発見するという側面で、静的だというのは結果を発見するという側面で理解することができる。

　言語の静的な面より動的な面を強調したフンボルトの言語観を継承・発展させたヴァイスゲルバーが、言語研究の四段階論で静的な考察と動的な考察を平

等に捉えていたという点には大きな意味がある。彼の究極的な目標が動的な考察にあったにせよ、その動的な研究の基準点は静的な考察であるということを認識していたからである。フンボルトの言語観とヴァイスゲルバーの四段階論を合わせて考えてみると、静的な考察の究極的な目標は世界観の発見であり、動的な考察の究極的な目標はエネルゲイア、内的言語形式の発見であるから、前者は現象の発見であり、後者はその現象からの原理の発見だと言える。

　語彙分節構造理論に基づいて個別語の研究が初めて行われたのは、トリーア（J. Trier）の「知性の意義領域におけるドイツ語の語彙」（Der deutsche Wortschatz im Sinnbezirk des Verstandes）（1931）においてである。この本でトリーアは、中古ドイツ語における「知性」の分節構造を通時的観点から眺めることによって、個々の単語の持つ意味の変化を、全体の語彙分節構造と関連付けて考察することを試みており、またそれによって時間と各母語による語彙分節構造の差を明らかにすることを、語彙分節構造の固有の課題として設定している（チョン・シオ、1994：54-55）。

　反面ヴァイスゲルバーは、語彙分節構造理論を自分の言語研究四段階論に導入し、内容文法の核心的理論として発展させ、共時的観点から語彙分節構造理論を拡大・体系化するようになる（チョン・シオ、1994：56）。

7.4　語彙分節構造の理論

　語彙分節構造（Wortfeld）は「語畑」、「語彙帳」などと訳され、使われている。ドイツ語の「Feld」は韓国語の「畑」、または「野原」にあたるが、韓国語とドイツ語の分節構造には違いがある。ドイツ語の「Feld」は「畑」を意味したりもするが、学問においての「領域」、または「分野」という意味も持っている。反面、韓国語の「畑」の場合は単に「畑」の意味しかなく「領域」や「分野」という意味は持っていない。したがって、「Feld」を「畑」と訳することは正しくない。言語の内容研究は分節の研究である（許鉢、1986：107）から、本稿では「語彙分節構造理論」という用語を使うことにする。

　分節（Artikulation, Gliederung）という用語はフンボルトによって用いられたが、

100

彼はドイツ語の「Artikulation」を主として使っていた。最近では音韻論での「Artikulation」と区分するために「Gliederung」が使われている。

　語彙分節構造理論における分節概念は、客観的に存在する対象を人間が意識できる存在に変えることを意味する。分節はそれぞれの言語共同体によって独自的に行われるため、その結果もやはり言語ごとに異なる。したがって各言語における違いは、音声と記号の違いだけでなく、対象に対する認識の違いでもある。私たちは外国語を勉強する際に、自国語のある単語に該当する外国語の単語の存在を想定する場合が多い。しかしそのような単語の対比が、意外と一致しない場合が多いことに気が付く。たとえば、韓国語の「ヒョン（兄）」・「アウ（弟）」と英語の「brother」を比べてみると、韓国語では年齢による「老少」が区分されているのに対して、英語の場合はそうでないことが分かる。もう少し詳しく見てみると、韓国語では「オッパ（兄）─妹から見て）」、「ヌナ（姉）─弟から見て）」、「オンニ（姉）─妹から見て」、「ドンセン（妹・弟）」などの多数の分節が見られるのに対して、英語では単に「brother」、「sister」という語彙しか現れない。これは客観的な対象を人間の意識世界に引き入れる方法が言語によって違うこと、すなわち分節の方法が異なることを意味するが、このような個別語ごとに異なる分節の方法を見つけ出すことが、語彙分節構造理論の核心である。私たちは普通、動物を猫や犬などのペット、牛やニワトリ、豚などの家畜、獅子や虎、熊などの野生動物といったグループに分ける場合が多いが、このような分類は猫科、犬科、牛科などに分類する動物学での体系とは異なるものであって、実際の生活の中で人間が動物とどのような関係を結んでいるかを示しているのである（沈在箕、李基用、李廷玫、1984：56）。

　また韓国語における兄弟姉妹の名称の場合は〈老少〉や〈性別〉などの基準によって分節されるが、年齢の〈老少〉において、「少」の分節は「老」の場合ほど多様ではないことが分かる。すなわち、「老」に当たる「ヒョン（兄）」、「ヌナ（姉）」、「オッパ（兄）」、「オンニ（姉）」に比べると、「少」に当たるものは「アウ（弟）」、「トンセン（弟・妹）」の二つしかない。多様な分節の様相を見せる項目はそうでない項目により、私たちの強い関心が注がれていることを意味する。たとえば動物の名称を比べてみると、私たちの生活に密接していて

親しい動物は、比較的その分節が多様に進行されているのに対して、そうでない動物の場合は、その分節が比較的に単純であることが分かる。牛、犬、馬などはさまざまな観点によって分節される様相を見せており、特に雄と雌の区分が名称において明確になされているのに対して、比較的にあまり親しくない動物、すなわち熊や虎、獅子などは単に「獣の雌」、「獣の雄」と称されている。これは多様な分節の様相を見せる項目が、そうでない項目に比べて当該民族の関心をより多く受けていたことを物語っている。

　分節構造はこのような分節の過程を経て生まれた結果だと言える。言語は絶え間なく変化するものなので、実際に分節の結果はまた違う別の結果を生み出しながら、持続的に変化の過程を経ることになるが、その変化の過程に線を引いてその断面を抽出することは可能である。そしてその断面の中からその時までに行われた分節の結果、すなわち分節構造を発見することができる。その分節構造は当該民族の精神世界の断面にほかならず、客観世界を眺める世界観になるので、分節構造の発見はまさに世界観の発見だと言えるのである。このような世界観の発見には、大きく分けて次のような三つの意味を付与することができる。

　まず一つ目は、前述したように世界観は当該の言語共同体の精神が反映されているものなので、当該の言語共同体の精神世界を理解するにあたって基礎となるということである。民族の精神世界を一言で言い表すことは難しい。しかし私たちはある客観的な対象に対して、当該の民族が如何なる思考を持っているかを言うことは可能である。客観的な対象を眺める民族の独自の見解は、その対象に対する民族の精神世界であり、こうしたもの一つ一つが集まって全体をなした時、私たちはもう少しその民族の精神世界に近づくことができるのである。

　二つ目は、動的な研究の基準になるということである。どの位、またはどのように活動するかを明らかにするためには、必然的に基準点が必要となる。言い換えれば、動的な研究の目標である原理の発見のためには、静的な現象への発見の先行が必要不可欠である。結局世界観の発見は、動的な内的言語形式とエネルゲイアを明確化するにあたって必須となる作業なのである。要するに語

彙分節構造理論は、二段階の内容中心の考察が三段階の職能中心の考察へ移行するための、最も望ましい前提を提供しているのである（許鉢、1985：102）。

　三つ目は、語彙の体系を発見することができるということである。如何なる特性が語彙の分節に関わっているかを明らかにすることによって、語彙を構成する特性を確認することができる。語彙の体系の発見は、実際の教育への適用に繋がる。個々の単語が全体の中でどのような位置にあり、また如何なる価値を持ちながら、隣接する他の単語と如何に相互協力関係及び依存関係を結んでいるかが解明されるので、より効果的な語彙教育につながるはずである。特に外国人に韓国語を教える場合、各言語の語彙分節構造の違いによって生じる試行錯誤を減らすことができる。さらにこのような語彙分節構造が継続的に行われ、韓国語の語彙全体に対する考察が試みられるようになれば、現在の語彙辞書より一層進んだ語彙分節構造による辞書の編纂も可能になる。語彙分節構造に即した辞書とは、分節構造に見られる世界観から単語を引く方法の辞書のことである。今までに編纂された辞書は単語を中心とし、その意味を調べる方法を取っている。その反対の場合は不可能である。つまり、実際の言語生活の中で相手の話を聞いたり、あるいはある文を読んだりする時、知らない言葉が出て来れば、辞書を引いて解決することができるが、自分が何かを話したり、書いたりする時に表現したいと思う適当な言葉が思い浮かばなかった場合は、辞書から引くこともできないのである。特に話を聞いたり、文を読んだりする場合は、意味の分からない言葉が出てきても全体的な文脈を参照すれば、ある程度の意味を把握することができる。しかし私たちが言葉や文によって何かを表現する場合に、必要な単語を見つけることができなかったら、表現自体が不可能になる。このような現状は、私たちの使用する言語の環境が効果的に整っていないことを意味している。一般的に国語中辞典の場合なら、おおよそ十万語以上の語彙が収録されているが、このうち一般の人々が使う語彙はごく一部に過ぎない。言語の退歩という側面で反省せず、より少ない語彙数で言語生活を営むことができるという点が、経済的だと言えるかもしれない。しかしこの場合、「言語は本質的に流動的な現象を一定の形式によって表現するため、必然的に誇張され得るし、また生動的なものを固い枠で表すため、必然的に現実か

ら離れてしまう場合がある（イ・キュホ 1978：136)」という、言語の限界性を
考えてみる必要がある。語彙の数量が減ることになれば誇張は自然と増えるだ
ろうし、当然現実から離れてしまう場合もさらに多くなるだろう。語彙分節構
造理論に即して編纂される語彙辞書は、表現しようとする人々の欲求を満たし
てくれるだけでなく、実際には使われず辞書の中でのみ存在する様々な言葉を、
実際の言語生活の中に引き入れて使用するにあたってより効果的だと言えるだ
ろう。

7.5　語彙分節構造の研究方法

　語彙分節構造理論では、ヴァイスゲルバーの言語研究四段階のうちの二段階
によって語彙の考察が行われる。一段階の形態中心の考察は、形態の意味と機
能への考察がその主な課題であるが、語彙における一段階の考察の結果は、辞
書の編纂と見なすことができる。二段階の内容中心の考察は、一段階の考察の
結果を起点として始められる。

　語彙分節構造理論に基づいて語彙の分節構造を考察するためには、まず主題
の選定が先に行われなければならない。語彙分節構造の考察における主題は分
節単位にあるが、ヴァイスゲルバーによる語彙分節構造の考察の場合は、語感
（Sprachgefuehl）を重視しているため、直観的・主観的になる恐れがある、との
指摘が、H. Geckeler らによってなされている（チョン・シオ、1994：58)。実際
の例として、ヴァイスゲルバーが提示した語彙分節構造の中から「使う（ver-
wenden)」の分節を取り上げてみよう。最初からある目的のために作られたわ
けではない、すでに存在する事物の場合は「verwenden」、ある目的によって作
られた事物の場合は「gebraucht」、それとは逆に、他人のものを借りて使用す
る場合は「benutzen」が用いられるとしながら、手を洗うために水を使う場合
は「verwenden」、石鹸の場合は「gebrauchen」、電車の場合は「benutzen」が用
いられると言う。さらにこの中の「gebrauchen」を消耗の程度によって「brau-
chen、gebrauchen、verbrauchen、aufbrauchen」の四つに区分した（Helbig, 1961：
101)。つまり、「verbrauchen」は、石鹸の消耗量が「gerbrauchen」より多く、

「aufbrauchen」よりは少ない、ということになる。「brauchen」は石鹸の消耗量が全くなく場合の単語としてこの分節に関与している。しかし、石鹸を「brauchen」というのは、石鹸を必要とするということであって、石鹸を使ったという意味ではない。したがって「使う」という分節に、「必要とする」という言葉が関与しているのだと見ることができる。このような問題を解決するために、すなわち一つの分節構造に属する単語の設定を明確にするために導入されたものが、原語彙素（Archilexem）による分節構造の設定方法である。原語彙素は一つの語彙分節構造の内容全体に対応する単位であり、個々の言語の中で語彙的な単位として表現される場合とそうでない場合がある（許鉢、1981：188）。コセリウ（E. Coseriu）と H. Geckeler は、原語彙素を分節構造の範囲を設定する道標として見なし、原語彙素が実現しない場合も他のものに差し替えながら、分節構造の範囲を設定する基準にしていた（チョン・シオ、1994：100）。

　本稿の研究対象である『倭語類解』の〈親戚〉に関わる名称は、当書の「人倫」編に 44 語が登場しているが、以下これらを語彙節構造理論に基づいて考察する。なお、語彙の意味に対しては次の辞書を参照する。

・国立国語研究院（1999）『標準国語大辞典』（上、中、下）、ポータルサイト
・ハングル学会（1996）『ウリマル大辞典』（上、下）、語文閣

　資料収集が終了すると、個々の語に対して辞書での意味を中心に、その中に内在している特性の分析が行われる。コセリウ（Coseriu, 1921-2002）の場合は語彙分節構造の分析に、「原語彙素」、「語彙素（Lexem）」、「意味素（Sem）」が用いられているが、原語彙素は一つの語彙分節構造の持つ全体内容に対する単位であり、語彙素は言語の中で単純な単語として与えられているすべての単位であり、意味素は内容分析における最小限の示差的特徴であると定義される（チョン・シオ、1994：165）。また語彙素が対立する場合、その対立の基準となる特性を「次元（Dimension）」と定義する（チョン・シオ、1994：173）。本稿では原語彙素という用語はそのまま使うことにするが、語彙素は「語」、意味素

7.5 語彙分節構造の研究方法

は「特性」、そして次元は「観点」と表記することにする。それはコセリウの「次元」が他ならず、フンボルトのいう世界観、すなわち世界を眺める観点と一脈相通ずる概念だからである。例えば、馬を例として取り上げてみると、馬には雌馬、雄馬、黒馬、白馬などの名称がある（チョン・シオ、1994：173）が、ここで馬は原語彙素に当たり、雌馬、雄馬、黒馬、白馬などはそれぞれ「語」に当たる。さらに雌馬と雄馬は、性別という次元からメスとオスに区分されており、黒馬と白馬は色という次元から黒と白に区分されるが、この場合性別と色は「観点」に当たり、性別–メス、性別–オス、色–白、色–黒はそれぞれの語に内在している「特性」に当たる。

　このような特性を記述する際に用いられるメタ言語は次の通りである。

① ｛　｝：これは語の意味を示す。

② 〈　〉：これは特性を示す。つまり本稿における〈親戚〉の場合は、語を指すのではなく、特性を表すものであり、「〈親戚〉名称」というのは、〈親戚〉という特性を持つ名称というふうに解釈することができる。

③ ［　］：これは語を示す。［親戚］は前のものとは異なり、語としての「親戚」を意味する。

④ 　–：観点が階層的に繋がれる時、及び観点と特性を同時に記述する際に使われる。たとえば、前で言及した馬の場合、雌馬は性別という観点によってメスという特性に区分されるが、これを「性別–メス」と表示する。

⑤ 　；：これは他のものに差し替える時の記号である。原語彙素の場合、観点及び特性の表記の代わりに原語彙素の語を使うことができる。たとえば、［老人］は〈老少–老〉という特性を持っているが、原語彙素を利用して〈老少–老; 老人〉と表記できるし、その後は〈老人〉と表記するだけでも、これが〈老少–老〉の特性を意味するということを示す。

　このような方法によって分節構造を解明し、分節構造の様相を図式化しようと思うが、その図は樹形図の形をとることになるだろう。ただ樹形図の形で図

第 7 章 『倭語類解』の語彙の分節構造研究

式化するとしても、それは語彙の分節構造が階層的であることを意味するわけではない。語彙は多様な観点によって分節されており、そのような分節の様相を分かりやすく理解するためのものである。分節構造の図式化における樹形図の形態は、枝と枝の間の合流や融合が許されており、また相互交差も可能である。

　分節構造の構図が確定されてはじめて本文の記述が行われる。本稿もこのような手続きによって用意され作成されたものである。

7.5.1　〈親戚〉名称に対する考察

　ここでは〈親戚〉名称の分節構造について考察する。その分析の対象となる〈親戚〉名称は、『倭語類解』の「人倫」に登場する44語[2]であるが、まずこれらを下記に示しておこう。

증조부（曾祖父）－증조부（曾祖父）소우소우히오오지「人倫12a」

증조모（曾祖母）－증조모（曾祖母）소우꾀우 히빠바 「人倫12a」

조부（祖父）－조부（祖父）소후 꾀이 「人倫12a」

조모（祖母）－조모（祖母）소꾀우 빠바 「人倫12a」

어버이（両親）－어버이친（親）신 오야 「人倫12a」

아비（父）－아비부（父）후 지지 「人倫12a」

어미（母）－어미모（母）꾀우 하하 「人倫12a」

고비（亡くなった父母）－고비（考妣）고우히지지하하「人倫12a」

양부（養父）－양부（養父）요오휴「人倫12a」

양모（養母）－양모（養母）요우꾀우 「人倫12a」

숙부（叔父）－슉부（叔父）시구후 오지 「人倫12a」

숙모（叔母）－슉모（叔母）시구꾀우 오바「人倫12a」

2　「人倫」にはこの44語の他にも、유모（乳母）「人倫13a」、붕우（朋友）「人倫13b」、동관（同官）「人倫13b」、친구（親舊）「人倫13b」、해아（孩兒）「人倫13b」、유아（幼兒）「人倫13b」、각시시（氏）「人倫13b」などの語が登場するが、これらは「親戚」に属するものではないので、対象から除外することにした。

107

7.5 語彙分節構造の研究方法

시아비 (舅) - 싀아비구 (舅) 규우슈우도오「人倫 12a」

시어미 (姑) - 싀어미고 (姑) 고 슈우도메「人倫 12a」

외구 (外舅) - 외구 (外舅) 과이규우하하까다노오지「人倫 12b」

지아비 (夫) - 지아비부 (夫) 후 온도「人倫 12b」

아내 (妻) - 안해쳐 (妻) 셰이즈마「人倫 12b」

형 (兄) - 묠형 (兄) 계이 아니「人倫 12b」

동생 (弟・妹) - 동싱 (同生) 도우쇼우오나시하라「人倫 12b」

형수 (兄嫁) - 형수 (兄嫂) 계이소우아니요메「人倫 12b」

제수 (弟嫁) - 제수 (弟嫂) 데이소우오오도요메「人倫 12b」

맏누이 (長姉) - 묠누이즌 (姉) 시 아네「人倫 12b」

아우누이 (弟妹、男から見て) - 아웃누의민 (妹) 빠아매 이모오도
「人倫 12b」

매부 (姉妹の夫) - 믹부 (妹夫) 빠이후 이모우도온도「人倫 12b」

아들 (息子) - 아들즌 (子) 시 무스고 「人倫 12b」

양자 (養子) - 양즌 (養子) 요우시「人倫 12b」

며느리 (嫁) - 며느리 (婦) 후우요메「人倫 13a」

여식 (娘) - 녀식 (女息) 요소구무스메「人倫 13a」

사위 (壻) - 사회셔 (婿) 셰이 무고 「人倫 13a」

조카 (甥) - 족하질 (姪) 지쯔 오이 「人倫 13a」

질녀 (姪) - 질녀 (姪女) 지쯔쇼 메이「人倫 13a」

생질 (甥) - 생질싱 (甥) 셰이 고싀우도 「人倫 13a」

손자 (孫) - 손즌손 (孫) 마꼬 「人倫 13a」

증손 (曾孫) - 증손 (曾孫) 소우손히마꼬 「人倫 13a」

종형제 (從兄第) - 종형뎨 (從兄弟) 쇼우계이데이이도고「人倫 13a」

재종 (再從) - 진종 (再從) 사이쇼우사이쥬우데이「人倫 13a」

처남 (妻男) - 처남 (妻男) 셰이난고유우도「人倫 13a」

동서 (相婿) - 동셔 (同壻) 도우셰이 아이무고 「人倫 13a」

축리 (相嫁) - 축리 (妯娌) 자구리 아이요메「人倫 13a」

적실 (嫡室) - 뎍실 (嫡室) 데기시쯔혼사이「人倫 13a」

108

서얼（庶孼、庶子と孼子）- 셔얼（庶孼）쇼예쯔게샤구하라「人倫13a」
유모（乳母）- 유모（乳母）슈쯔우 메노도「人倫13a」
쳡（妾）- 쳡쳡（妾）쇼우데가계「人倫13b」
얼자（孼子、浅妾子）- 얼즈（孼子）예쯔시 소시「人倫13b」
친（親）- 친홀친（親）신 시다시이「人倫13b」

親戚に関わる44語は〈垂直関係〉、〈水平関係〉に分節される様相を呈する。〈親戚〉名称の原語彙素にあたるものとしては［친（親）］が現れており、その下位語は〈垂直関係〉と〈水平関係〉に分節されている。

(1) 친（親）신시다시이「人倫13b」

この語は｛親戚または親族｝の意味で、親戚名称の原語彙素にあたる。残りの43語は垂直関係と水平関係によってまず、一次的に区分することができるが、それを図にすると、次の通りである。

〔図1〕〈親戚〉名称の基本構造

7.5.2 〈垂直関係〉に関わる名称

〈垂直関係〉に関わる名称には、まず〈ハンオボイ[3]〉名称の4語、〈両親〉名称の9語、〈両親の世数〉名称の2語、〈息子・娘〉名称の7語、〈息子・娘の世数〉の名称の5語、〈孫〉名称の2語があるが、これを図にすると、次の通りである。

---

3 祖父と祖母を合わせて「ハンオボイ」と言う。

7.5 語彙分節構造の研究方法

〔図2〕〈垂直関係〉に関わる名称の基本構造

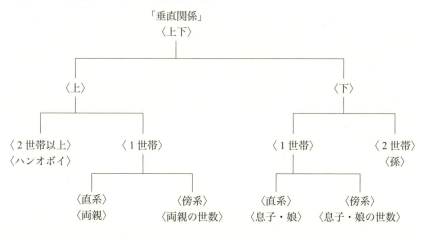

7.5.3 〈ハンオボイ〉に関わる名称

(2) 조부（祖父）소후 쎄이「人倫 12a」：{お爺さん}
(3) 조모（祖母）소쯰우 빠바「人倫 12a」：{お婆さん}
(4) 증조부（曾祖父）소우소우히오오지「人倫 12a」：{ひいおじさん}
(5) 증조모（曾祖母）소우쯰우히빠바「人倫 12a」：{ひいばあさん}

〈ハンオボイ〉に関わる名称は上記のような4語がある。これらの単語は〈2世代〉・〈3世代〉という特性と性別で区分することができるが、(2) は〈ハンオボイ、2世代、性別-男〉に、(3) は〈ハンオボイ、2世代、性別-女〉に、(4) は〈ハンオボイ、3世代、性別-男〉に区分することができる。『倭語類解』には〈ハンオボイ〉の原語彙素にあたる名称が現れない。〈ハンオボイ、上下-2世代〉にあたる〈祖父母〉という言葉も登場しない。『倭語類解』に出てくる4語の関係を図式化すれば、次のようになる。

〔図3〕〈ハンオボイ〉名称の分節構造

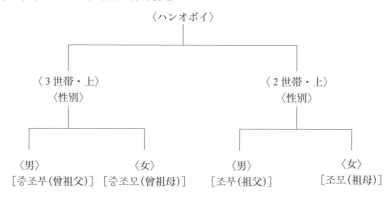

7.5.4 〈両親〉に関わる名称

(6) 어버이친（親）신 오야 「人倫 12a」：｛両親｝

(7) 아비부（父）후　지지 「人倫 12a」：｛父｝

(8) 어미모（母）뽀우 하하 「人倫 12a」：｛母｝

(9) 고비（考妣）고우히 지지하하 「人倫 12a」：｛亡くなった父母｝

(10) 양부（養父）요우후 「人倫 12a」：｛ようふ｝

(11) 양모（養母）요우뽀우「人倫 12a」：｛ようぼ｝

(12) 싀아비구（舅）규우 슈우도오 「人倫 12a」：｛しゅうと｝

(13) 싀어미고（姑）고 슈우도메 「人倫 12a」：｛しゅうとめ｝

(14) 외구（外舅）과이규우 하하까다노오지 「人倫 12b」：｛妻の父（義父）｝

〈両親〉に関連する語は上記のような9語がある。これらの単語はまず、〈形成条件〉によって〈先天性〉と〈後天性〉に分節されるが、(6)、(7)、(8)、(9)、(10)、(11) は前者に、(12)、(13)、(14) は後者に入る。〈先天性〉に関わる6語の中で、(6) は〈先天性-親家係〉にあたる単語であり、残りの5語は〈血縁の有無〉によって〈有〉に属する (7)、(8)、(9) と〈無〉に属する (10)、(11) に分節される。また、(7)、(8)、(9) は両親の〈生死の可否〉に

7.5 語彙分節構造の研究方法

よって〈生〉にあたる (7)、(8) と〈死〉にあたる (9) に分節されており、さらに (7) と (8) は〈性別〉によって分節される。〈血縁の有無-無〉にあたる (10)、(11) も〈性別〉によって分節される。一方、〈後天性〉に属する (12)、(13)、(14) は〈親家係〉と〈妻家係〉によって分節されるが、前者には (12)、(13)、後者には (14) が入る。〈親家係〉の (12)、(13) はさらに〈性別〉によって分節される。〈両親〉における分節の特徴は、〈親家係〉の分節が最も多岐にわたっており、その次が〈婚家系〉、最後が〈妻家係〉という点である。もう一つの特徴は、〈妻家係〉では〈性別〉という観点が現れないということである。これらの〈両親〉名称の間の関係を図式化すれば、次のようになる。

〔図4〕〈両親〉名称の分節構造

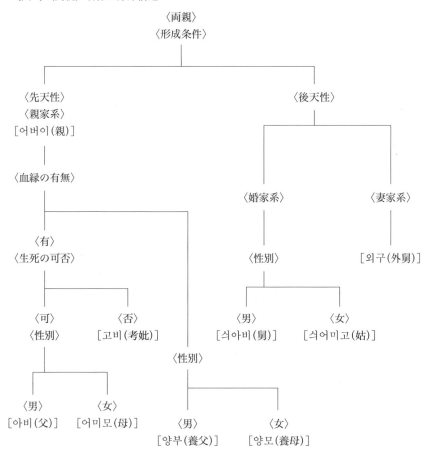

7.5.5 〈両親の世数〉に関わる名称

(15) 슉부（叔父）시구후 오지 「人倫12a」：{叔父}
(16) 슉모（叔母）시구뙤우 오바 「人倫12a」：{叔母}

〈両親の世数〉に関わる名称は上記のような2語が出てくるが、これらの単

7.5 語彙分節構造の研究方法

語は〈性別〉によって分節される。これを図で表すと次のようになる。

〔図5〕〈両親の世数〉名称の分節構造

7.5.5 〈息子・娘〉に関わる名称

(17) 아들자（子）시무스고「人倫 12b」：{息子}
(18) 녀식（女息）요소구무스메「人倫 13a」：{娘}
(19) 셔얼（庶孼）쇼예쯔계샤구하라「人倫 13a」：{庶子と孼子を合わせた言葉}
(20) 얼자（孼子）쯔시소시「人倫 13b」：{両班と賤民の女性の間に生まれた息子}
(21) 양자（養子）요우시「人倫 12b」：{養子}
(22) 며느리부（婦）후우요메「人倫 13a」：{息子の妻を指す言葉}
(23) 사회셔（婿）셰이무고「人倫 13a」：{娘の夫を指す言葉}

上記に提示されている〈息子・娘〉に関わる名称の7語は、まず〈先天性〉か〈後天性〉かという〈形成条件〉によって分節されるが、(17)から(21)までは前者に入り、(22)と(23)は後者に入る。また、(17)から(21)までは〈血縁の有無〉によって分節されるが、(17)から(20)までのものが〈有〉に当たり、(21)は〈無〉に当たる。(17)から(20)まではさらに〈配偶者の身分〉によって分節されるが、(17)と(18)は〈両班〉に、(19)は〈良民と賤民〉に、(20)は〈賤民〉にそれぞれ属する。また、(17)と(18)は性別に

第7章　『倭語類解』の語彙の分節構造研究

よって分節される。

　一方、〈後天性〉は〈婚姻〉によって形成されるが、これにより〈配偶者-息子〉と〈配偶者-娘〉に分節される。この分節の特徴は〈配偶者の身分-良民〉に該当する単語がないことと、〈非直系〉に該当する単語が〈性別-男〉にのみ現れ、〈性別-女〉には現れていないことである。この分節の形態を図で示すと次の通りである。

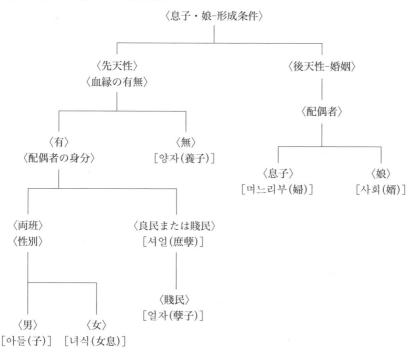

〔図6〕〈息子・娘〉名称の分節構造

7.5.6 〈息子・娘の世数〉に関わる名称

　(24) 족하질（姪）지쯔오이「人倫 13a」：{兄弟姉妹の子を指す言葉}
　(25) 질녀（姪女）지쯔쇼메이「人倫 13a」：{姪}

115

7.5 語彙分節構造の研究方法

　(26) 생질싈 (甥) セイゴシウド「人倫 13a」：{姉・妹の息子を指す言葉}

〈息子・娘の世数〉に関連する名称としては、上記のような三語が登場する。まず性別によって（24）と（25）に分節されており、〈親との関係〉によって（26）が分節される様相を呈している。この分節の特徴は〈親家係〉に属する単語だけが登場しており、〈妻家係〉と〈婚家系〉に関わる単語は登場しないという点である。また〈親家係〉においても、〈親との関係〉に〈姉・妹〉しか登場しておらず、〈姉妹〉や〈弟〉のような〈妻家係〉とかかわりのある単語は、現れていないという様相を見せている。このような分節の特徴を図で表すと次のようになる。

〔図7〕〈息子・娘の世数〉名称の分節構造

7.5.7 〈孫〉に関わる名称

　(27) 손ᄌ손 (孫) マゴ「人倫 13a」：{息子の息子、または娘の息子}
　(28) 증손 (曾孫) ソウソンヒマゴ「人倫 13a」：{孫の息子}

（27）と（28）はそれぞれ〈2世代の下〉と〈3世代の下〉に入る。この分節は何よりも〈性別〉の観点が現れないという特徴を持っている。このような分節の特徴を図で示すと次の通りである。

〔図8〕〈孫〉に関わる名称の分節構造

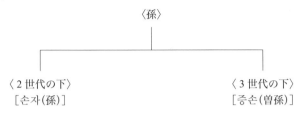

7.6 〈水平関係〉に関わる名称

〈水平関係〉は、〈対等的水平関係〉と〈序列的水平関係〉に分けられる。つまり〈夫婦〉の関係は、対等的（結合的）な水平関係に当たり、〈兄弟姉妹〉または〈兄弟姉妹の世数〉の関係は、序列的な水平関係に当たると言えるだろう。というのは、〈夫婦〉の関係は互いに姓の異なる他人間の合意によって結合される、序列を決めることのできない対等的関係であり、〈兄弟姉妹〉の関係は先天的にその上下が決まる序列的関係であり、〈兄弟姉妹の世数〉関係は、婚姻によって後天的に結ばれる〈序列的水平関係〉だからである。『倭語類解』には、〈水平関係〉に関わる名称として対等的水平関係（配偶者）〉の名称4語、〈兄弟姉妹〉の名称6語、〈兄弟姉妹の世数〉の名称6語が登場する。このような〈水平関係〉名称の基本分節構造を図式化すれば、次のようになる。

〔図9〕〈水平関係〉名称の基本分節構造

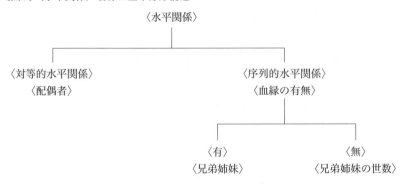

117

〔著者・翻訳者略歴〕

鄭光(チョン・クァン)
韓国 ソウル大学校 文理科大学 国語国文学科 卒業
韓国 高麗大学校 文科大学 国語国文学科 名誉教授

裵聖祐(ペ・ソンウ)
韓国 高麗大学校大学院 国語国文学科修了(文学博士)
韓国 高麗大学校 民族文化研究院 研究教授

金裕正(キム・ユジョン)
韓国 高麗大学校大学院 国語国文学科 修了(文学博士)
韓国 高麗大学校 民族文化研究院 研究教授

金京淑(キム・キョンスク)
日本 東京外国語大学大学院 地域文化研究科修了(学術博士)
韓国 德成女子大学校 日本語日本文学科 講師

This work was supported by The Academy of Korean Studies Grant funded
by the Korean Government(MOE)(AKS-2011-AAA-2101)

倭語類解研究

2016 年 6 月 30 日　初版発行

著　者	鄭光・裵聖祐・金裕正	
訳　者	金京淑	
発行者	片岡敦	
印刷・製本	亜細亜印刷株式会社	
発行所	株式会社 臨川書店	

〒606-8204
京都市左京区田中下柳町八番地
電話(075)721-7111
郵便振替 01070-2-800

落丁本・乱丁本はお取替えいたします
定価はカバーに表示してあります

ISBN 978-4-653-04333-1 C3081
©鄭光・裵聖祐・金裕正 2016

・ **JCOPY** 〈(社)出版者著作権管理機構 委託出版物〉

本書の無断複写は著作権法上での例外を除き禁じられています。複写される場合は、
そのつど事前に、(社)出版者著作権管理機構 (電話 03-3513-6969、FAX 03-3513-6979、
e-mail: info@jcopy.or.jp) の許諾を得てください。

本書を代行業者等の第三者に依頼してスキャンやデジタル化することは著作権法違反です。

影　印

韓国国立中央図書館蔵『倭語類解』

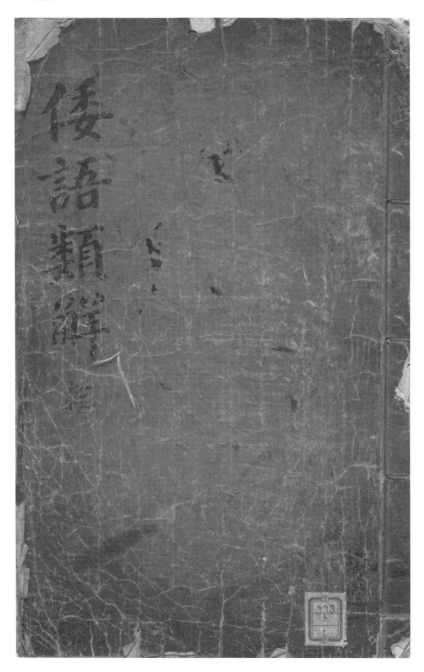

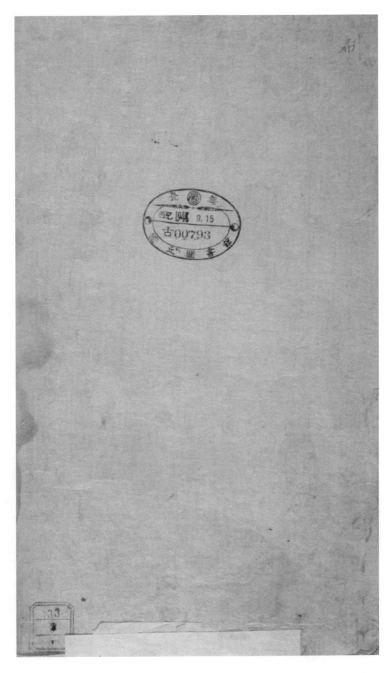

倭語類解目錄

上卷

天文　時侯 二丁　干支 六　地理 七

江湖 九　方位 十一　人倫 十二　人品 十四

身體 十六　容貌 十九　氣息 二十　性情 二十二

言語 二十四　語辭 二十六　動靜 二十八　宮室 三十

城郭 三十三　官職 三十五　公式 三十六　文學 三十七

武備 三十八　軍器 四十　婚娶 四十一　宴享 四十二

目録

倭語類解上

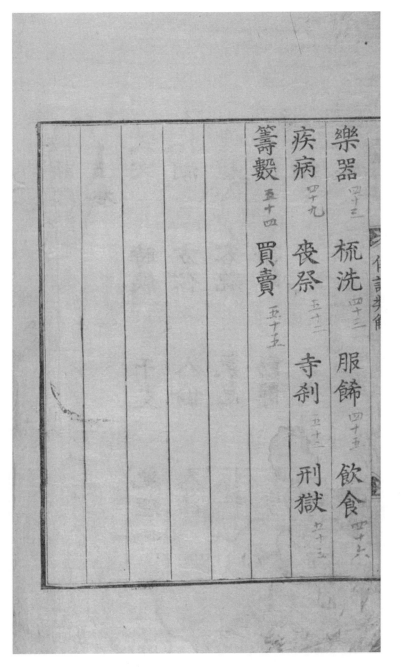

倭語類解 上

天文

天 ᄆᆡᆫ하ᄂᆞᆯ텬　○소라　○ᄃᆞᆺ아메
日 날닐　○히

月 게쯔 돌월　○즈기
日 시쯔 일 蝕 식　○닐쇼쿠

月 게쯔 월 蝕 식 쇼쿠　○팔쇼쿠
日 시쯔 일 暈 운　○히노가사

月 게쯔 월 暈 운　○즈기노가사
星 셩별성 세이　○호시

老 로 人 인 星 셩　○로우신셰이
三 삼 台 틱 星 셩　○산다이셰이

參 合 星 셩　○신셰이
七 칠 星 셩　○시쩨셰이

牽牛星 견우셩 ○인누가이호시　　織女星 디셩 ○슈쇼세이

銀河 은하 ○아마노아와　風 후우 ○가셰

東風 동 후우 ○곳지가셰　西 셔 세이 風 후우 ○니시가셰

南風 난 후우 ○하여가셰　北 북 호구 風 후우 ○기다가셰

東南 동난 風 후우 ○곳쇼시아니이　西南 셔 세이난 風 후우 ○하여니시

東北 동남 風 호우 ○곳쇼시아니이　西北 셔북 호구 風 후우 ○니시아나이

順風 슌 후우 ○모쑨뿌우　逆 역 게기 風 후우 ○무고우가셰

旋風 셴션 후우 ○즈지가셰　飄風 표 風풍 ○효우후우

天文

祈雨 귀우 기 雨우	霖雨 림린 雨우 우	驟취 雨우 시우 우	雨우 비우	電뎐 번개텬	雲 운 구룸온	殘잔산 風풍 뽝우	暴포 흐우風풍 호우
○아마고이	○나아아메	○유우다지	○아메	○못ㅎ스마 이나스마 비가리	○구모	○나에가녜	○하야데녜
曀 예 흐릴에 예이	旱 간 ᄀᆞ믈한	細세 사이雨우	惡급규우 雨우	霹벽기 靂력례기	雷 우레뢰 라이	風풍 호우止지시	惡급규우 風풍 호우
○구모루	○히데리	○고마아메	○무라사메	○가미나리	○이가스지	○가녜야얀다	○규우나가녜

倭語類解上

二

晴 갤쳥
셰이
○하루루
虹 무지게홍
○니시

雪 눈셜
세쯔
○유기
霰 싼눈션
산
○아라례

雹 우릭박
학
○히노아메
霜 서리상
소우
○시모

露 이슬로
로
○즈유
霧 안개무
무
○기리

霞 노을하
가
○가스미
瑞氣 셔
긔
○스이기

靄 아즈랑이애
아이
○모야

時候
○하루
夏 녀름하
가
○나즈

春 봄츈
슌

倭語類解　上（3a）

秋　ᄀᆞ을츄　○아기　　冬　겨을동　○후유

歲　ᄒᆡ셰 이ᄉᆡ　○사도 아시　　年　ᄒᆡ년　○도시

今年　금 곤년　○곤녠　　當年　당 ᄒᆡ년　○다우빈

翌年　익 년　○요구빈　　明年　메이 명 ᄒᆡ년　○묘우넨

去年　거 텬　○교빈　　來年　리 ᄒᆡ년　○라이빈

暮年　ᄀᆔ 년　○기빈　　周年　슈우 쥬 년　○슈우빈

豊年　풍 년　○호우빈　　凶年　흉 년　○교우넨

月　ᄃᆞᆯ월 게쯔　○파쯔 ᄯᅩᆫ과지　　正月　슈 정 월 게쯔　○쇼우ᄭᅪ쯔

時候

倭語類解上　三

二月 이 니 월 게쯔 ○니꽈쯔
三月 산 삼 월 게쯔 ○산꽈쯔

四月 시 월 게쯔 ○시꽈쯔
五月 오 요 월 게쯔 ○요꽈쯔

六月 로구 룩 월 게쯔 ○로구꽈쯔
七月 시쯔 칠 월 게쯔 ○시찌꽈쯔

八月 하 팔 월 게쯔 ○하찌꽈쯔
九月 구 규우 월 게쯔 ○구꽈쯔

十月 시우 십 월 게쯔 ○시우꽈쯔
十一月 시우 이 십 일 이지 월 게쯔 ○시모즈기 쥬우이지꽈쯔

十二月 시우 니 이 월 게쯔 ○쥬우니꽈쯔 시와스
閏月 윤 순 월 게쯔 ○우로우즈기

今月 금 곤 월 게쯔 ○곤게쯔
當月 당 월 ○도우예쯔

去月 거 월 ○교게쯔
來月 리 월 ○라이예쯔

上弦 샹현 ○요우엔　下弦 하현 ○예껜

旬 슌 열흘슌 ○쇼슌 ᄯᅩ云도우가
望 망 ᄆᆡ우 보롬망 ○즈기나가 ᄯᅩ云싀우ᄯᅵ니지

晦 회 금음회 파이 ○즈모교리
朔 삭 초ᄒᆞᄅ삭 ○즈이다지

時節 시졀 ○시셰쯔
名日 명일 며ᇰ이리쯔 ○셸구

立春 립춘 라우 ○冬云릿슌
寒食 한식 ○간소구

端午 단오 ○ᄯᅡ고
初伏 초복 ○쇼후구

中伏 듕복 ○쥬우후구
末伏 말복 마ᄶᅩ후구 ○맏부루

處暑 쳐서 ○쇼쇼
七夕 칠셕 시ᄶᅩ셰기 ○다나바다

特俠

百種 빅죵 ○햐구슈우 秋夕 츄셕 슈우세기 ○슈우세기

重陽 듕양 ○죠우요우 冬至 동지 ○도우시

臘日 랍일 ○로우시쪼 除夕 제셕 세기 ○오우죠모끼리 죠云쇼야

日 날일 ○니지 今日 금 간일 ○교우 죠云곤니지

昨日 작 삭일 ○기노우 翌日 익일 ○요구시쪼

明日 명 며이일 ○아스 죠云묘우니지 卽日 즉일 ○소구시쪼

尋昨日 지 사이 사구일 ○임사구시쪼 明後日 명 며이후우일 ○아산데 죠云묘우삐니지

項日 경 게이일 ○교우시쪼 何日 하 가일 ○임가

幾	晝	終日	平明	朝	曉	早	月夜
기의 日시쯔일	낟쥬 쥬우	종 일	평 명	아춤됴	사볘요 됴우	이를죠 소우	월ᄯᅦᆯ 夜야
○이구시쯔	○히루	○시우시쯔	○혜이메이	○아사	○아가즈기	○즈도죠하야시	○즈기요
短단 暑기구	夜야 밤야	達다쯔달 夜야	夕셕 陽기양 요우	夕나조셕 세기	暮져믈모	晩느즐만 맨	更경 點뎜
○미시까이히가혜	○요루	○요모스가라	○유우히	○유우베	○요조히쯔레	○구레가다	○고우뗀

時候

午時	辰時	寅時	子時	此時	時	昨夕	人定
오 고 시시	신 진시 시	인 인시 시	즈시 시시	시초 시시	셰시	작 세석 구 기	신 인뎡 데이
○고고노쯔도기	○이즈쯔도기	○나나쯔도기	○고고노쯔도기	○곤도기	○도기	○사구유우	○간요메
未時 미미시 시	巳時 시스 시시	卯時 묘 묘우 시시	丑時 축 진구시 시	何時 하 가시 시	其時 기시 기	今夕 금 석 긴 기	罷漏 파 하이 루 로우
○야쯔도기	○요쯔도기	○무쯔도기	○야쯔도기	○이즈고로	○소노도기	○곤세기	○곤요메

申신 時시 ○나나쯔도기
酉유 時시 ○무쯔도기

戌슐쯔 時시 ○이즈쯔도기
亥히 時시 ○요쯔도기

陰인 그늘음 ○가예
陽요우 볃양 ○히나다

明메이 볼글명 ○아기라가
朗로우 볼글랑 ○오하라까

昏곤 어으름혼 ○구례
暗안 아둑흘암 ○구라시

溫온 드스홀온 ○아다다가
暄휜 和화 ○노도가

暑쇼 더울셔 ○아즈이
燠구 熱에쯔 ○뭇쥼무시아즈이

冷레이 슐링 ○하야비야시
凉료우 셔늘랑 ○스스시이

時候

寒 츨한
○사무이
日 影 일 영 쯰 예이
○히가예

照 비칠죠 쇼우
○데루
暎 비일영 예이
○사사이

曝 ᄆᆞ릐일포 호우
○호ᄉ

干支

甲 갑 ᄀᆞ우
○기노예
乙 을 이ᄶᅩ
○기노또

丙 병 혜이
○히노예
丁 뎡 데이
○히노또

戊 무 ᄆᆞᆼ우
○ᄌᆞ지노예
己 긔 기
○ᄌᆞ지노또

庚 겸 ᄀᆞ우
○가노예
辛 신 신
○가노또

壬　임임　○미즈노에　　癸　계기　○미즈노또

子　ᄌᆞ시　○네　　丑　튝디　○우시

寅　인인　○도라　　卯　묘부　○우

辰　진신　○다즈　　巳　ᄉᆞ시　○미

午　오꾜　○무마　　未　미미　○히즈ᄋᆡ

申　신신　○사루　　酉　유우　○도리

戌　슐유　○인우　　亥　히마ᄋᆡ　○이

地理

干支地理

倭語類解上

七

地 따디
지
　○즈지
　平平地디
　○혜이지

地디震진
　○지신
山산 뫼ㅅ산
　○야마

禿도구山산
독
　○하예야마
山산 山麓록루
　○야마노우모도

峯 뫼ㅅ봉오리봉
호우
　○미네
嶺재령
레이
　○모쥬도우몌

峴 고개현
현
　○사가
巖 바회암
안
　○이와

石셕기壁벽혀기
　○뵤우뿌아와
絶졀예壁벽쯕혀기
　○다가이와

丘 두던구
규우
　○오가
原 언덕원
얀
　○하라

岸 물언덕안
안
　○기시
壑 굴형학
　○구보다

地理

野 들야 ○노바라 又云히로노
郊 들교 ○노 又云하루

洞 골동 ○호라 又云야마아이
谷 골구 ○다니

路 길로 ○미지
街 거리가(가이) ○지마다

彎路 만완로 ○마와리미지
斜路 샤로 ○나나메미지

徑路 경이로 ○고미지
陸路 룩구로 ○리구지

水路 슈로 ○스이모
石 셕기 ○이시

怪石 과이셕기 ○뿐셰기
礫 몽으리돌흑 례기 ○즈뿍데

磧 작별셕 셰기 ○미스아산오이시 又云즈미이시
土 흑로 도 ○즈지

倭吾頁卒上 八

凸	穴	窟	陷	泥 濘	灰	塵	沙
데쯔	계쯔	때이쯔		녜이 녕			샤
솔쪽텰	구무혈	구무굴	셔질함	때이	지회	틔슬진	모래사
○나가다가	○아나	○이와야	○오도시아나	○누다	○하이	○지리	○스나
					灰	埃	細沙
					과이	아이	셰 사
						몬지의	샤 삼
凹	崎 嶇	窖	塡	坎	泥		
오우	기 구	구	민	간	때이		
오록오		굴교	몃울젼	굴헝감	즁흙니		
○나가구보	○게와식이	○아나혼데 웅아나와라	○하미여례그스	○다마리미스	○도로	○호고리	○고마스나

倭語類解　上（9a）

江湖

瀑布 폭부 호	泉 심쳔 션	川 내쳔 션	島 셤도 도우	湖 마를호 고	江 물강 고우	江湖	嵐 람긔람
○ 다기 又云다기노미스	○ 이즈미	○ 가와	○ 시마	○ 미스우미	○ 예 又云미스우미		○ 아라시
潭 소담 단	源 근원원 엔	澤 몰퇴 다구	絶島 절예쯔島 도우	河 하슈하 가	海 바다히 가이		
○ 요도미미스	○ 미나모토	○ 사와	○ 오기노시마	○ 미스가와	○ 우미		

地理江湖

倭語類解上

九

倭語類解 上（9b）

井	津	溪	灣	濱	汀	淵	浦
셰이 우믈졍	신 ᄂᆞᆯ진	계이 시내계	완 물구뷔만	빈 물ㄱ빈	뎌이 물ㄱ뎡	연 못연	호 개포
○이	○즈	○호소아와	○마와리미스 또츙호도리미스	○하마	○미에와	○후지	○우라
温 온졍 井 셰이	渠 교 기쳔거	磵 간 시내간	沠 하야 물가리파	渚 쇼 물ㄱ져	洲 쓔 물ㄱ쥬	池 디 못지	灘 난 여흘탄
○유이	○미소	○다니미스	○미스ㅁ다	○나이사	○미스ㅁ배다	○이계	○세 ㅁ츠나ㅁ

水 슈 (울슈)
○ 미스
潦 로우 (비ㅅ물료)
○ 아마미스

水鈴 스이 령 (레이)
○ 미스다마
水宗 스이 종 (송)
○ 노나가

潮 죠두 水 스이
○ 미ㅅ시오 (제)
汐 셕기 水 스이 세기
○ 히시오

逆 게기 水 스이
○ 무고우시오
順 슌 (윤) 流 류 (리우)
○ 오이시오

流 리우 (흐를류)
○ 나아루루
波 하 (물ㅅ결파)
○ 나미

潰 과이 (허여질케)
○ 히루 (죠ㅅ슈루)
溢 이쯔 (너물일)
○ 아후루루

清 셰이 (믈ㅅ글청)
○ 기요시
濁 다구 (흐릴탁)
○ 니고루

深 신 (깁흘심)
○ 후가시
淺 센 (열흘쳔)
○ 아사시

江湖

澌 셩애쇠 시	注 부을주 슈	滋 부를즈 시	灑 쌜릴쇄 사이	漏 셜루 로우	涵 줌길함 간	湧 소슬용 용우	浮 뜰부 우구
○시미도계	○모리	○후여루	○소소우	○모루	○가즈우	○미스와구	○죠우가무
凝 믈엉길응 얘우	汲 기를급 규우	濕 저즐습 이우	淘 일도 도우	滴 듯믈뎍 데기	溺 싸질닉 데기	泡 겁품포 호우	沉 줌굽침 진
○가따마루	○구무	○누루루	○유루	○시다따루	○오보루루	○미슌오아와	○시즈무

前 앏젼	左 욀좌	南 남녁남	東 동녁동	方位	癢 쟝긔쟝	消 스질쇼	氷 어름빙
○마예	○히다리	○미나미	○히까시		○소우기	○기유루	○고오리
後 뒤후	右 올흘우	北 복녁북	西 셔ㅅ녁셔			滑 밀그러올을활	凍 얼통
○노지 又云우시로	○미이	○기다	○니시			○나메라까 又云스베루	○고오루

江湖 方位

倭語頁坤上 十一

倭語類解　上（11b）

上 우ㅅ샹 ○우예 又云가미	下 아래하 ○시다 又云시모
中 가온듸즁 ○나가	間 ㅿ이간 ○아이따
內 안닉 ○우지	外 밧외 과이 ○호가
表 밧표 ○오모데	裡 속리 ○우라
傍 겯방 ○소바 又云가다와라	邊 ㅿ人변 현 ○호도리
方 모방 ○가다	底 밑뎌 ○소고
隅 모롱이우 ○스미	四ㅅ方 방 ○시호우
四ㅅ面 면 ○시면	八 팔 方 호우 ○바쪼가다

人倫

曾祖父 종소후 ○히오지 (오히에시)
曾祖母 증소모 ○히빠바

祖父 조소후 ○엇이
祖母 소모 ○빠바

親 신 어버이친 ○오야
父 후 아비부 ○지지

母 모 어미모 ○하하
考妣 고비 곳아비 ○지지하하

養父 양부 ○요우후
養母 양모 ○요우맥우

叔父 슉후 ○오지
叔母 슉모 ○오바

舅 규우 싀아비구 ○슈우도오
姑 고 싀어미고 ○슈우도몌

人倫

十二

外舅 외 구
괴이 규우
○하하가다노오지
夫 후 지아비부
○을도

妻 세이 안해쳐
○즈마
後室 후 실
○고우시쯔

夫婦 부 부
○후후우
兄 게이 믈형
○아니

弟 데이 아오, 테
○오도도
兄 게이 형 弟 데이 테
○꼬우다이

同生 동 동우 성 쇼우
○오나시하라
兄 게이 형 嫂 소우
○아나요메

弟 데이 嫂 소우
○오도도요메
姉 시 몬누의ᄌ
○아네

妹 데이 아우누의미
○이모오
妹 민 빠이 夫 부 후
○이모우도읃도

子 시 아들ᄌ
○무스고
養子 양 ᄌ
○요우시

倭語類解　上（13a）

庶孽	妯娌	妻娚	從兄弟	孫	姪	壻	婦
셔企얼예쪼	자축리리	쳐셰이남	죵우계이弟테이	손	지쪼女녀요	사회셔	며느리부
○게샤구하라	○아이요메	○고유우도	○이도고	○마고	○며이	○무고	○요메
乳母유유맟우	嫡室뎍테기시쪼	同婿동도우婿셰이	再從재사이從손	曾孫증소우孫손	甥셩질셩셰이	姪죡하질지쪼	女息녀요息슉
○메노도	○혼사이	○아이무고	○사이쥬우데이	○히마고	○고이우도	○오이	○무스메

人倫　　十三

妾 쳡 쇼우
○데가게
孼子 얠꼬 시 ㅈ
○소시

親 신 친올친
○시다사이
族 겨릭족 쇽
○이지루이

戚 겨릭쳑 세기
○하한노사다시이
一 일 이쯔 家 가
○인게
○조ㅊ일가

一 일 이쯔 族 죡 쇽
○이지쇽
婚 혼 家 가
○아야기도노
○조ㅊ엔야

朋 붕 友 우 훅우
○도모다지
同 동 官 판
○도우관

親 친 신 舊 구 규우
○이관즈기
孩 회 兒 이 가이
○야야

切 졀 兒 이우 유
○따기오
姓 셩 女 셰이
○묘우이

名 몡 메이 일홈명
○나
字 즈 이
○아쟈나

倭語類解　上（14a）

人品

別號	人品						
別号 호		人 신 사룸인	君子 군 조	孝子 효 조	烈女 렬 녜	隱士 은 소	豪傑 호 걸
○뻬쯔교우		○히도	○군시	○고우시	○레즈쇼	○인시	○교우게즈
氏 시 가시시		聖人 셩 인	忠臣 충 신	烈士 렬 소	士 시 션빗소	英雄 영 웅	長者 쟝 쟈
○소엔도노 又云우시		○셰이신	○쥬우산	○렏시	○사무라이	○예이유우	○오도나슈

人倫人品　倭語類解上　十四

小人 쇼 쇼우 / 신 인　○표비도

儒生 슈 유 쇼우 성　○징고다지 / 즈ᄂ유샤

師 시 승 승ᄉ　○시쇼우

弟子 데 데이 시 ᄌ　○녜시

道士 도 도우 시ᄉ　○야마부시

仙人 션 션 신 인　○야마히도

両班 량 료우 반 한　○례기레기

常人 샹 쇼우 신 인　○시다시다

下人 하 가 신 인　○시모시모

民 민 민 빅셩민　○다미

丁 뎡 데이 장뎡　○댤샤모

童 동 도우 아ᄒᆡ동　○와라볘

小童 쇼 쇼우 동 도우　○고도모

使令 시 ᄉ 령 레이　○즈예모지

田夫 뎐 뎬 부 후 ᄯᅮ뗸뿌　○노우닌

市人 시 시 신 인　○마지닌

術者 슐쟈 ○유즈야　卜者 복쟈 ○우라나이샤

匠人 쟝인 ○사이구넌 又云쇼구넌　冶匠 야쟝 ○가시

鑄師 쥬스 ○이모노시　理馬 리마 ○빠이

鷹師 응스 ○다가쇼우　獵戸 렵호 ○가리우도

浦漢 포한 ○아마　漁翁 어옹 ○야오우

樵夫 쵸우부 ○기꼬리　步行 보힝 ○가지요리유구

飛脚 비각 ○히갸구　輕才人 경ᄌ인 ○가루와

傀儡 괴뢰[광대피] ○가루와아시　戲子 희ᄌ ○사람마구 又云교우ᅢᆫ

幻術 환엔 슐쯔 ○마호우 馬上才 빠마 숏샹 저사이 ○교구빠노티

巫 무뮛 담무 ○미고 覡 화랑이격 게기 ○간나에 又云호사

牙婆 아아 파하 ○로우쇼 又云스와이 女妓 녀요 기기 ○게이세이

僕 보부 종복 ○게라이 奴 쫑노 도 ○야즈꼬

婢 히 종비 ○께요 雇工 고고 공구 ○야도이우又 又云히요우

鰥 환 괴로올고 ○야모메 寡 과 홀어미과 ○교게

孤 고 외로올고 ○하도리미 又云미나시꼬 獨 독 홀로독 ○히도리

乞人 걸쪼 인인 기쪼 신 ○고즈지기 強盜 강구 도도우 ○즈요기누스히도

身體

한자	새김·음	일본음
身	몸신	○미
頭	마리두	○도우 고우볘 又云가마
頂	뎡바기뎡	○이다다기
額	니마익 데이	○히다이
腮	샹싁 사이	○오도가이
鬢	귀밑빈	○비예
目	눈목 모구	○메
瞳	눈부쳐동 도우	○히도미
顱	뒤골로	○죠우즈지
顏	눈안 만	○가오
頰	보죠개협	○호우사기
眉	눈섭미	○마유
白睛	흰ᄌ 졍 세이	○시로다마
眸	눈망올모	○마나고

瞼 눈두에겁　○ 메후다　又云마부다
耳 귀이　○ 미미

鼻 코비 메　○ 하나
鼻梁 비메 료우량　○ 고바나

鼻 비메 孔 공 공우　○ 하나노스
人中 신인 쥬우중　○ 닌쥬우

口 압구 고우　○ 구지
唇 입시울슌 신　○ 구지비루

舌 혀셜 예쯔　○ 시다
齦 니스무음흠 신　○ 하구기

齒 니치 예쯔　○ 하
牙 엄니아 아　○ 기빠

門 몬문 齒 치 시　○ 무고우빠
奥 오우 奥오 齒 치 시　○ 오구빠

齘 齒두우토 齜 신촌　○ 하가미
咽 인인 喉 고우후　○ 논도

倭語類解　上（17a）

鬢슈 나롣슈
○우와히예
鬢 나롣염
○시다히예

勒록 鬢슈 더럭발
○호우히예
髮 바쯔 더럭발
○가미예

白햐 髮발 빅발
○시라 에예
顱 이 독이
○아에

項 목항 고우
○구비
肩 엇게견 연
○가다

臂 풀비 히
○히이
肘 풀구미쥬 시쥬우
○힌이노후시

腋 겨드랑이윅 예기
○와기노시다
手 손슈 싱우
○데

手슈 背빗 하이
○데노고우
掌 손바당쟝 쇼우
○다나고고로 죳데노하라

手슈우 腕완 완
○데구비
指 손가락지 시
○유비

倭語類解 上 (17b)

拇 모 指 지 　○오야유비
長 쥬 指 시 　○다가다가유비
小 쇼우 指 지 　○고유비
拳 권 　주머귀 　○고부시지
乳 유우 졋유 　○지
脊 셰기 등므르척 　○셰보비
臍 졔이 빗솝졔 　○호소
臀 둔 볼기둔 　○시리

指 人指 신인 指 지 　○히도사시유비
無 名 무몡이 指 시 　○몌니사시유비
瓜 소우 손톱조 　○즈메
臆 흉우 가슴흉 　○무네
背 하이 등비 　○셰나가
腹 후구 빅복 　○하라
腰 요우 허리요 　○고시
尻 고우 옹미니고 　○시리사기

40

倭語類解 上（18a）

陽용우 物모쯔 ○마라
陰음인 囊노우 ○긴다마　오ㅎ온우구루다마

陰음인 門몬문 ○오보　오ㅎ
腿다이 ○모모

脚갼구　다리각 ○하이
膝시쯔　무룹슬 ○히사

脛게이　죵아리경 ○고뿍로
足숙　발죡 ○아시

足죡 背빙하이 ○아시노고우
足숙 掌샹숀우 ○아시노우라

跟곤　발뒤축근 ○기비스
骨고쯔 ○호네

骨골 髓슈 ○고쯔스이
皮히　갓족피 ○가와

肌기　슬긔 ○하다예
筋긴　힘쓸근 ○스ㅣ

身體

倭語類解上　十八

五臟　오　臟장　○오소우　　心신녈동심　○고고로

肝간간간　○기모　　脾비만하비　○와기모노

肺하이부화페　○지와다　　腎신콩풋신　○호쏘미먀루

六룩六록腑부후　○론뿐　　腸죠우애장　○하라와다

胃이양위　○구소후구루　　膽단쓸기담　○기모도

膀방膀호우胱광곳우　○맷우곳우　　三삼三삽膲쵸　○산쇼우

血혈게쯔피혈　○지　　脉뭑뭑　○먀구

尿뇨오좀뇨뇨후　○이빠리　　屎기똥시　○구소

糟 방긔비 히 ○혜히루

容貌

面 ᄂᆞᆺ면 멘 ○오모뎨

形 얼굴형 계이 ○가다지

樣 모양양 요우 ○요우

儀 거동의 이 ○도리나리

莊 싁싁ᄒᆞᆯ장 ᄉᆞ우 ○사가리

秀 ᄲᅡ혀날슈 시우 ○히이데루

美 아ᄅᆞᆷ다올미 ᄆᆡ ○메데도우

姸 고올연 겐 ○가오요시

好 됴ᄒᆞᆯ호 고우 ○요시 又 ᄌᆞᆫ고노무

淨 조ᄒᆞᆯ졍 셰이 ○기례이

妙 묘ᄒᆞᆯ묘 뵤우 ○묘우나

姿 ᄌᆞ틔ᄌᆞ 시 ○스가다

身體　容貌　　倭語類解上　　十九

倭語類解 上 (19b)

嬌 교릐교　교우　○고비
態 틴도틱　다이　○와사

肥 술질비　히　○고예루
瘦 여윌수　시우　○야스루

婑 뮈울치　시　○미우루시
陋 더러울루　루　○기다나이

醜 더러울취　싀우　○미니구시
皺 찡킬추　신우　○시와

百麻 면　마　○션규
痕 허물흔　곤　○기스아도

垢 씌구　고우　○아가
憔悴 죠　쉐　○쇼우스이

長成 쟝죡　셩　세이　○오유루
老 늘글로　로우　○오이　굿도시요리

少 져믈쇼　쇼우　○와가이
稚 어릴치　지　○오사나이

倭語類解　上（20a）

壽 목숨슈 ○이노지 夭 일죽을요 ○하야구시슬루

影 그림자영 ○가예 跡 자최적 ○아도

氣息

氣 긔운긔 ○기예 力 힘력 ○지가라

命 목숨명 ○이노지 息 쉴식 ○야스무

精 졍 神 신 ○셰이신 津 진 液 익 ○신예기

呼 호 吸 규우 ○이기즈가이 呵 가 欠 간 ○야구비

汗 땀한 ○아세 淚 눈믈루 ○나미따

容貌 氣息

倭吾頁꾸上

二十

涎 옌 춤연 ○즈바기 流 류 涎 옌 연 ○즈바기요따레

嚏 다 춤받들타 ○즈바기하구 嚔 데이 즈최음테 ○굔샤미

鼾 간 코고을한 ○이비기 鼻 메 비 洟 데이 례 ○하나시루

擤 힝 공우 鼻 메 비 洟 데이 례 ○하나후구 腹 복 후구 鳴 메이 명 ○하라나리

嚬 힌 싱밀빈 ○히소무 笑 쇼우 우움쇼 ○와라우

咄 도쯔 혀츨돌 ○시다우쯔 歎 단 탄식탄 ○나예기

音 인 소리음 ○오도 聲 세이 소리셩 ○고예

響 꺙 울이일향 ○히비구 呼 고 부를호 ○요뿌

驚 경 놀날경	暢 쟝 싀훤홀챵	悅 예쯔 깃글열	冤 원 셜울원	忿 훈 분홀분	怨 왼 원망원	憂 이우 근심우	喧 훤 숟두어릴훤
○오도로구 又云다마아루	○하례야가 又云기미요우	○우레시이	○가나시무	○이기도우루	○우라무	○우레이	○쏫가마시 又云가마비스시 愁 시우 근심수
快 파에 쾌홀쾌	畏 이 두릴외	鬱 우쯔 답답ᄒᆞ올울	憐 련 어엳블련	惠 이 인도로에	恨 곤 호ᄒᆞᄒᆞ요	悶 맨 민망민	○기즈까이
○고로요시	○오소례	○又云우사가루	○아와레무	○구저오시 又云무녠	○우라무루	○몌이와구	

氣息 긔식

二十一

興 흥 미흥 ○교우
感 감 는깃붐 ○가다믜계ᄂᆞᆡ이 又云간스루

太 대이 息 식 소구 ○다메이기
思 시 성각ᄉ ○오모우

念 변 념려틈 ○넨오이례
戀 련 그릴련 ○유가시우 又云ᄂᆞ즈까시우

懷 파이 품을회 ○후도고로
忘 모우 니즐망 ○와스루

悟 오 씨칠오 ○사도루
耐 다이 ᄇᆡ딀버 ○간넌

忍 심 ᄎᆞᆷ을인 ○고라여 又云신노부
悔 파이 뉘운츨회 ○구야무

恥 지 붇그릴치 ○하즈까시
困 믄 일불믄 ○구다매례

勞 로우 슈고로올로 ○신로우

性情

性 련뎡셩 셰이　○우미즈기　　情 뜰졍 셰이　○나사게

志 뜰지 시　○고골로아시　　意 뜰의 이　○고꾜로이

聖 셩인셩 셰이　○한지리　　賢 어질현 껜　○가시고시

仁 어질인 신　○요시　　義 올흘의　○에

禮 례도례 례이　○례이에　　智 지혜지 지　○지예

德 큰덕　○도구　　行 힝실힝 굥　○교우세기

忠 츙셩츙 쥬우　○쥬우세쯔　　孝 효도효 고우　○고오고오

倭語類解 上（22b）

誠 셩셩	○셰이신	信 믿을신	○다노미	
謙 겸손겸	○혜리구따루	讓 스양양	○신샤구	
廉 쳥렴렴	○셰이렌	貞 데이 곧을졍	○만스우	
敬 공경경	○우야마우	慎 삼갈신	○즈즈시무	
才 저조지	○사이	能 노우	○요구	
勇 놀낼용	○이사무	猛 밍녈밍	○다게시	
謀 꾀모	○하가루	慧 슬긔혜 게이	○리고우	
聰明 총명	○소우메이	穎悟 영예이오교	○하즈메이	

純슌　朴학구　○스나오　又云슌맥구　純슌　直쬭　○쇼우도우

端단　正졍　○다따시이　小企　心심신　○즈즈시무

和화　○야와라악　順슌　○고우슌

寬관　너를판　○오우이나　又云유다가나　柔슈　부드러울유　○야와라가

剛고우　굳셀강　○죠요시　敏맨　민쳡민　○사도시

詳쇼우　조세샹　○구와시우　又云즈마비라가　察산쯔　술필찰　○산스루

喜기　깃글희　○요로고비　怒노　농을노　○하라다테　又云이가루

哀아이　슬플이　○나요리　又云아와레시　樂락　즐길락　○오모시로꾸　又云다노시무

性情

愛 亽랑 외 ○이도오시　憎 믜올증 ○니구무

慾 욕심욕 ○요구신　貪 탐홀탐 ○무사뫼루

吝 린홀린 ○시마쯔　惜 앗길셕 ○오시무

善 잘홀션 요시 又云요이　惡 모질악 ○니구시 又云아시시

壯 장홀장 송우 ○사간나루　健 건장건 ○스고야가

強 강홀강 ○고와시　弱 약홀약 ○요와시

倫 검소홉 ○겐야구　奢 샤치샤 ○오꼬루

誠 셩셩이 欵 판관 ○도리모즈　固 고고 執 집 ○이즈스나

性情

確實 확갗실실 ○다시까나
木 목맑뿔 強 강갑우 ○긴시구

倨慢 교거만만 ○오헤이나
透 우 澗 괄 ○스이산

唐突 당도두돌돌 ○다이기나
汎 범한 濫 람 ○오우뼤나

殘忍 잔인 ○아사마시
姦 간 惡 악 ○가다마시이

公 공 正 졍 ○스나오
偏 편 僻 벽 ○예고히기

勤 간부즈런롤근 ○즈도무루
懶 란게으를란 ○오고다루

愚 우어릴우 ○오로가
拙 졸졸홀졸 ○즈다나시

迷 아득홀미 ○마요우
惑 호굴혹 ○호례 又云마요우

倭語類解 上（24b）

躁 조궁를조 ○고고로미의까이
鈍 둥를둔 돈 ○돈나

巧 공교교 고우 ○다구미
術 지조슐 ○슈즈

恣 방즈즈 시 ○고고로마마
姦 간사간 ○와루아시포이

愎 팍흘팍 후구 ○단끼나
癡 어릴치 지 ○오로소가
○오云오지

虛 허人될허 교 ○무나시이
悖 하이 패
惡 악 ○오우또우나

淫亂 음 란 ○인란

言語 ○고도바
辭 말솜今 시 ○모노아다리

言 엔 말솜언

酬 슈우 酢 삭구	開 가이 口 구 공우	議 의에 論 론	告 고홀고	聞 들을믄 맨	稟 품홀품 헌	諫 간홀간	問 무를믄
○유이고다여	○구지오히라구	○따고우 又云소우딴	○즈예 又云시라셰	○가이 고유ㄹ	○목시아예	○이사무	○도우
可 가 否 후	開 가이 諭 유	公 공 論 론	訴 할소 소	白 ㅎㅏㄱ우	請 쳥홀쳥 셰이	誡 경계계 가이	答 디답답
○요시아시	○사도스	○고우론	○소시루	○유이와게 又云고도와리	○구세에 又云고도와네구	○이마시며	○고다예

倭語類解 上 （25b）

提데이 起긔 ○오쓰스 當동付후부 ○이이즈게

傳뎐현 喝갈쯔 ○도리즈에 分분付후부 ○이이즈게 又云무시즈게

指지시 揮휘긔 ○사시스 知지委위이 ○시라셰 又云후례

紹쇼우 介가이개 ○나가사빠구 許허諾낙냑 ○우게고우

譽요 기릴예 ○호메루 勸관 권호권 ○스스무 又云시유루

盟밍셔밍메이 ○지이리 約약 언약약 ○야구소구

閑한간 談담단 ○시쥬가니가다루 空공言언예 ○소라망도

弄롱루 談담단 ○오우단 嘲죠동우弄롱루 ○아야게루

言語

倭語頖解上

二十六

付후 耳이 語어	○소소나구 讒션語어 ○우즈즈고도빠
訟송소숑	○구이 嗅쵸걸주소우 ○히소까나유우 又云소소나구
爭드톨징	○아라소우 詰기쯔힐나흐힐 ○나이루
叱시쯔수지즐즐	○시가루 誘이우달나비유 ○다라스
讒숑소참	○안소우、諫간유 ○혜쯔로우
毀혈휘기	○구스례 譏기비우슬긔 ○나부루
矜파우쟈랑긍	○호고루 辯변말잘둘울변 ○변녜쯔
默모묵좀좀묵	○야하리 訥도쯔말구들눌 ○구지또모루

倭語類解 上（26b）

頗	返	而	凡	語辭	妄	語	假
하 줕믈파	현 돌로혈반	이 말니을이	한 무릇범		망몯 詫 발바쯔	어 溂 시우습	가 托 탁 가다구
○고도니	○가여데	○시공우시테	○오요소		○맏우하	○구지시부루	○다구슬루
將 쟝촐쟝 쇼우 ·	須 슈 모로미슈	於 늘어 요	以 이뻐이 요		漏 루루 泄 세쯔셜	自 이ㅈ 稱 쇼우칭	稱 쇼우칭 頌 다쯔탈
○하다즈계	○가마여데	○오이데	○몯데		○모라스	○이만	○가끄즈계

倭語類解　上（27a）

所쇼　바소
〇오루　其기
〇소노

尤더욱우
〇나오　自스스로ᄌ
〇미즈가라

又ᄯᅩ우
〇마다　更다시ᄀᆡᆼ
〇가사ᄂᆡ데

但다만단
〇다시　惟오직유
〇다ᄯᅡ

猶오히려유
〇나오시　最ᄀᆞ장최
〇이고우

寧출하리녕
〇세메데　徒ᄒᆞᆫ굿도
〇히도여니

姑아직고
〇마즈　得어드득
〇예루

幾기
〇다분　何엇지하
〇나니
又云ᄯᅩ우시ᄯᅦ

語辭

倭音真釋上

二十七

倭語類解　上（27b）

故 짐즛고	因 인ᄒᆞᆯ인	特 특별특	宜 맛당의	爲 ᄒᆞᆯ위	卽 즉져즉	若 만일약	方 바야흐로방
○고도사라	○욘데	○도구삘즈	○몰도모	○나루	○스나와지	○만니지 又云모시	○사이쥬우ⁿ
然 그럴연	竟 ᄆᆞᄎᆞᆷ져ᄀᆡ이	敢 감히감	每 ᄆᆡ양ᄆᆡ	皆 다기	幸 힝혀힝	曾 일즉증	或 혹혹
○시가레바	○오와루마데	○아여데	○마이	○미나	○모시 又云사이와히	○가즈떼	○아루이와

倭語類解　上（28a）

棶	必	使	曰	是	應	旣	遂
교구 극공론국	히쯔 반듯필	시 하여곰스	예쯔 ᄀᆞᆯ왈	시 이시	요우 벅벅응	기 임의긔	스이 드딜슈
○싱고구	○가나라스	○셰시메	○노다모우	○고례	○실까도	○스데니	○즈이니
可 가 올흘가	雖 스이 비록슈	與 요 다못여	云 윤 니룰운	此 시 이ᄎ	誠 셩이 진실노셩	況 쾅 하믈며황	適 데기 마춤뎍
○베기 又云베구	○다도예	○아다유루 又云도도리	○유우	○고노	○마고도	○이완야	○오리후시 又云다마다마

二十八

自 시 부틀ᄌᆞ ○요리　願 원ᄒᆞᆯ원 ○닝굒우

空 굥우 속절업슬공 ○이다ᄌᆞ라　忽 믄득홀 ○다지마지

聊 료우 애오라지료 ○이사사가　專 올ᄂᆞ전 셴 ○몰바라

都 도 모돌도 ○스볘데　各 각각 갹 ○오노오노

別 볘쯔 다를별 ○가구뼤즈　并 아올병 혜이 ○소예테

要 욘우 죵요요 ○가나몌　諸 모들제 요 ○모로모로

動靜 ○ᄌᆞ츠간요우

坐 사 안즐좌 ○이도루　起 닐긔 기 ○오기루

倭語類解 上（29a）

立 셜립
립우
○다지
歩 거름보
호
○아유미

行 녈힝
고우
○아루구
走 둘을주
소우
○하시루

動 움즉일동
도우
○우교구
徘 비
하이 徊 회
과이
○다지마와루

去 갈거
교
○유구
來 올래
라이
○기다루

還 도라올환
관
○가예루
歸 도라갈귀
기
○모또루

進 나올진
신
○스슴우
退 므를퇴
다이
○서리소구

出 날츌
슈쯔
○이스루
入 들입
뉴우
○이루

俯 구블부
후
○구로맥구
仰 우러랑
꾱우
○아오구

動靜

委吾頁꾸上

二十九

倭語類解　上（29b）

顚	登	拜	隨	屈	靜	顧	眄
뎐	도우	졀비	슈이	구불굴	셰이	고	멘
업더질뎐	올올등		ᄯᆯ를슈		고효졍	도라볼고	흘흴볼면
○다오레후시	○노보루	○하이	○시다고우	○가마마루	○시즈가니	○가여리미루	○후리가여리미루
沛	云아가라루	揖	逐	伸	留	望	窺
졀바질패	降	읍ᄒᆞᆯ읍	쪼출튝	펄신	머믈듀	ᄇᆞᆯ를망	열볼규
	고우				리우	맨우	
	ᄂ릴강						
○아오노구	○구다루	○이즈	○올가게	○노베	○도노마루	○노소무	○우가고우
	又云사아리						

動靜

擔 멜담 단	攜 잇글휴 계이	擁 쥘옹 요우	搦 쥘국 국	持 가질지 지	指 ᄀᆞᄅᆞ칠지 시	瞬 눈곰쟉갈슌 슌	見 볼견 견

見 볼견
○미루　瞥 눈곰쩌길별 ○시바라구미루

瞬 눈곰쟉갈슌
○메다다기　瞑 눈구물명 ○몌오후사우

指 ᄀᆞᄅᆞ칠지
○사시　揮 두름휘 ○데마비구

持 가질지
○모즈　操 잡을조 소우 ○도루

搦 쥘국
○스구우　搔 긁을소 소우 ○가구

擁 쥘옹
○와기하사무　抱 안을포 호후 ○이따구

攜 잇글휴
○다즈사예루　扶 붓들부 후 ○도릭즉구

擔 멜담
○니나우　扣 두두릴고 고우 ○다다구

倭語類解

捏 녜쯔 뱌빌녈 ○모무
拂 후쯔 뻘칠불 ○하라우 又云후리스데

推 슈 밀츄 ○오스
搖 요우 흔들다 ○유사즈구

控 고무 둘흴공 ○고무
捫 몬 모질문 ○나즈루

擡 다이 들다 ○아따루
撐 도우 피올티ᇰ ○사사예루

打 다 칠타 ○우즈
拭 식 쓸식 ○누우우

拾 슈우 주을습 ○히로우
抖 도우 떨두 ○후리스즈루

捲 겐 걸을권 ○마구
掃 소우 쓸소 ○하와구

拯 요우 건질증 ○스구우
拱 공 꼬즐공 ○고마누구

倭語類解　上（31a）

攀 한 ᄇᆞ들반
○나슬루
躍 약 ᄯᅱᆯ약
○오도리

蹲 준 준구릴준 손
○주바우
踞 교 거러안즐거
○고시가게루

跪 기 ᄭᅮᆯ게
○히사마즈
蹶 궬 거칠궬
○즈마즈구

蹴 슉 ᄎᆞ츅
○게루
踏 도 ᄇᆞᆲ을도
○후무

踰 유 넘을유
○고시
倒 도 걱구러질도
○사가사마

臥 와 누을와
○후셰
伏 복 업ᄃᆡᆯ복 후구
○후시

眠 민 ᄌᆞᆯ면
○네무리
宿 슉 잘슉
○네루

夢 몽 ᄭᅮᆷ몽
○유메

動靜

倭吾頁꾸 上

宮室

宮 집궁 규우 ○미야 　闕 집궐 계쯔 ○긴리

大 대 内 너 따이 따이 ○오오우지 　殿 집뎐 뎐 ○도노

樓 다락루 로우 ○너가이 　亭 뎡즈뎡 데이 ○데이시

家 집가 가 ○이예 　房 구들방 후 ○후사 又云혜야

閨 도쟝규 게이 ○구즈로 又云네야 　舍 샤 샤 ○마시기　廊 랑 로우

廳 집텽 텽 ○데이 　厨 부억쥬 쥬우 ○구리야

廊 횡랑랑 로우 ○나아야 　茅 띠모 모 屋 집옥 옥 ○와라야

棚 호우 가가붕 ○가리야　厩 규우 외양구 ○무마야

厠 소우 뒤ㅅ간측 ○가와야　炭幕 탄막 ○스미묘야

樑 룡우 들ㅅ보량 ○우즈빠리　桁 항 도리힝 ○게다

梲 쯔 뒤공졀 ○고우료우　棟 동 마룰동 무르동 ○무나기

柱 쥬 기동쥬 ○하시라　礎 소 쥬츄초 ○이시즈예

椽 뎐 셔연 ○다루기　葦위이 苫박 箔학 ○고마이

簷 뎸 쳠하쳠 ○노기　簾 몽우 기슭몽 ○하후

尾 쌔 지셔와 ○가와라　門 몬 품문 ○가도

宮室

倭音眞字卄上

三十二

壁	板子	欄干	鋮	户	窓	開	柴扉
혜기 ᄇᆞ룸벽	한 판 子 시 ᄌᆞ	람 欄 干 간	슈쓰 빈목슐	고 지게호	소우 창창	가이 열기	사ᄃ 扉 히 비
○ 가볘	○ 아마도	○ 란간	○ 즈보ᄒᆞ미	○ 도	○ 마도	○ 아ᄒᆡ라구 계루	○ 시바마가기
櫺 례이 둥근령	抹 말 마쪽 樓 롱우	障 장 子 ᄌᆞ	釘 료우 결새료	樞 수 지도리츄	窓 창 櫺 령 례이	閉 혜이 다드페	攤 산 빈쟝산
○ 누기	○ 다가도노	○ 쇼우ᄉᆡ	○ 가게아미	○ 구루루	○ 나가기	○ 도스루 ᄌᆞᆺ다데루	○ 판누기

倭語類解　上（33a）

埃 도쯔 굴독돌 ○계무리따시
竈 조 송우ㅁ 구 ○혜즈이뀌지 즁가마도뀌지
遮陽 샤챠 양 요우 ○긷가계
遮面 샤챠 면 멘 ○가오가구시
懸板 현권 판 한 ○가계이다
椳 이 회이 ○이고우
架 가 시령가 ○다나
卓子 탁달주 서 자 ○즈구예
簾 렴 발렴 ○스다례
珠簾 쥬슈 렴렌 ○다마스따례
梯 테이 사드리테 ○가계하시
基 기 터긔 ○야시기
園 엔 동산원 ○소노
庭 태이 들명 뎡 ○니와
臺 다이 뎌듸 ○우데나
陛 혜 섭폐 이 ○기아하시

宮室

委吾頁 … 上

三十三

花階	墻	籬	城郭	國	宗廟	官	城
파화 階가이게	담쟝 쇼우	울섭리 리		나라국 곡	종 廟묘	구의관 관	셩셩 셰이
○파딴	○가기	○마아기	○	○구니	○소우맥우	○구보우	○시로
薄할박后셕기	等직긱벌쥭	修싱우理리		京셔울경교우	社샤稷직	府마을부후	郭반셩곽팍
○우스이시	○이시애기	○슈리		○미야고	○샤소구	○즈가사	○호가시로

堞 텹 셩가회텹 ○시로노가볘　　濠 호 히쿠조호 ○호리

關 판 모개판 ○세기몬　　墩 돈 臺 뒤 ○돈다이

烽 봉 燧 슈 호우과 ○굿도우메　　橋 교 두리교 ○하시

矼 갑 돌드리갑 ○이시바시　　境 계 지경겸 ○사가이

郡 군 고을군 ○고오리　　邑 읍 고올읍 ○사도

鎮 진 진졍진 ○시즈무루　　館 관 집관 ○다테

驛 역 ○예기　　站 산 참참 ○도마리

外 외 파이 方 방 호우 ○이나가　　邊 현 변 方 방 호우 ○벤맨우

城郭

鄕 싀글향 ○후루사도 故鄕 고향 ○고꾜우

村 무ᄋᆞᆯ촌 손 ○무라 居 살거 교 ○오루

隣 이웃린 린 ○도나리 里 무ᄋᆞᆯ리 리 ○사도라

社 샤단샤 샤 ○야시로 閭閻 려염 ○료연

鐘樓 솒우로후 죵루 ○슈로우 倉 고ㅅ집창 솧우 ○구라

庫 고ㅅ집고 고 ○고구라 市 져제시 시 ○이지

場 터쟝 쟝죵우 ○빠 店 숫막뎜 뎐 ○다나 미처 쥼하다닙야

塲 쟝승후 고우 ○즈가 牧塲 목죵우 뱻우 ○마기

官職

皇帝 황톄 ○고우데이	皇后 황후 ○고우꼬우
太子 태즈 ○다이시	東宮 동궁 ○도우구우
王 님금왕 ○오우	世子 셰즈 ○셰이시
諸侯 졔후 ○쇼고우	君 님금군 ○기미
大君 대 다이군 ○오오기미	宗室 종실 ○소우시쯔
公主 공쥬 ○고우슈	駙馬 부마 ○후빠
朝廷 됴뎡 ○됴우데이	臣 신 신하신 ○신가

漢字語	諺文	倭音
丞相	승샹	○쇼우쇼우
宰相	지샹	○사이쇼우
大将	대쟝	○다이쇼우
監司	감ᄉ	○간시
府使	부ᄉ	○후시
守令	슈령	○슈레이
御使	어시	○가구시메즈게
使臣	ᄉ신	○쇼우시
勅使	쳑ᄉ	○죠구시
信使	신ᄉ	○신시
接慰官	졉위판	○셰즈이판
問慰官	문위판	○도가이판 又云 예기시
官員	판원	○관인
堂上官	당샹판	○도우쇼우관
訓導	훈도	○훈도우
別差	별사아	○볘사아

官職

差備官 쳐비관 ○사비관
籌員 쥬원 ○산샤

醫員 의원 ○이샤
畫員 화원 ○예시 즉云예가기

軍官 군관 ○얀관
錄事 록소 ○로구소

通事 통소 ○쥬우시
書吏 셔리 ○가기야구

職 벼슬직 ○쇼구
仕 벼슬소 ○즈가유루 又云슌시

位 벼슬위 ○구라이
品 太례픔 ○시나

掌 ᄆᆞ음알쟝 ○즈가사돌루
任 맛들임신 ○마가스

政 졍ᄉᆞ졍 ○마즈리꼬도
令 령홀령 ○레이메이

褒煦 　功名 　公式 　書契 　禮單 　禮物 　問情 　手本

手 슈·심우　本 본·혼
問 문·뭉　情 정·세이
禮 례이　物 물·모쯔
禮 례　單 단
書 셔　契 게
公式
功 공　名 명
褒 포　煦 혼우·현·펌

○슈뽄　○몬쇼우　○인모쯔　○례이단　○긔게이　　　○고우메이　○노리히기빠시

啓 계　聞 문
傳 뎐·젼　令 령
約 약·야쯔　條 도
方 방·호우　物 물·모쯔
別 별·삐쯔　幅 복·후구
祿 로구
薦 쳔·셴　擧 교·거

○게이뿐　○덴레이　○야구죠우　○도산　○벤부구　　　○지꺄우　○스스메아우루

倭語類解　上（37a）

文　글월문
　뫈
　　○후미
學　빈호ᄒᆞᆨ
　갹구
　　○마나ᄲᅮ

文學

圖書　도셔
　　○인뫈
爻周　효쥬
　　○게스

荅狀　동우장
　　○현도우
印　인
　　○인즈이

謄　벌길등
　도우
　　○우즈스
書簡　셔간
　　○데아미

文籍　문젹
　　○뫈쟈구
記錄　긔록
　　○시루스

目錄　목록
　　○모구로구
件記　겐긔
　　○가기쯔게

關子　관즈
　　○관뫈
單子　단즈
　　○단간

公式　文學
倭語類解上
三十七

倭語類解　上（37b）

教 ᄀᆞ를・칠교
　○오시유루
訓군 ᄀᆞ를칠훈
　○오시예

工夫 공우후
　○게이고 ㅈ云구후우
誦와올송
　○ㅈ云소라니요무

習 시우 닉길습
　○나로우
講강ᄒᆞᆯ강고우
　○고우샤구

讀 독독 불을독
　○요무
吟을플음엔
　○인스루

題 데이 글데데
　○따이
註주날주
　○쥬우

風月 풍월
　○후우에쯔
次시ᄎ
韻운인
　○와인

篆 뎐 뎐ᄌ뎐
　○고몬의
寫샤 슬샤
　○가기

畫 그을획
　○과구
點뎜뎜
　○덴

正書 쇼우쇼 ○신　　草書 쵸쇼우셔 ○소우싀

半行 한힝 ○구즈시　　能筆 능필 ○노우히즈

法帖 호우협튜우 ○태혼　　記 긔기 草 쵸소우 ○시다아기

日記 샤쯔기 히죠우 ○죠오냘기　　曆 려기 書 셔쇼 ○고요미

諺文 엔믄 ○온믄　　畫 그림화과 ○예

水 스이 墨 먹무 ○스미예　　冊 척척샥 ○쇼모쯔

卷 레권권 ○마기　　紙 죠희지시 ○가미

紋紙 본시지 ○가라가미　　色 시기 紙 지시 ○이로가미

文學

筆 블필 히쯔 ○후떼　　墨 먹묵 ○스미

硯 벼로연 겐 ○스스리　　硯箱 연샹 쇼우 ○스스리바고

硯滴 연뎍 겐뎍 ○미스이레　　書案 셔안 쇼안 ○즈구예

書鎮 셔진 쇼진 ○피 사산

武備

武 호반무 뫅 ○ㅈ쥬뫅시　　兵 군스병 혜이 ○ㅈ와모노

起兵 긔병 기 혜이 ○혜이오오고스　　伏兵 복병 후구 혜이 ○후세세이

陣 진칠진 진잔 ○신잔　　整齊 졍 세이 제 세이 ○다다시우

號호 令령레이 ○이이즈계 嚴옌 ○기비시이

威이 위엄위 ○이기오이 戰전場쟝 ○셴죠우

對디 敵틱 ○다이레기 賊도적적소우 ○누스뻬도

戰셴 쌓홀젼 ○다다고우 又云이구사 挑도戰동우전셴 ○이도미다다고우

鬪두 쌓울투 ○又云겐파 伐칠벌바쯔 ○우즈

侵신 침노침 ○오가스 掠노략략량구 ○가스무

圍이 에울위 ○도리가고무 匹두를잡소우 ○마와루

襲시우 엄습홀습 ○오소우 逼핍봉우迫한구박 ○세마루

武備

倭語類解上 三十九

救구援원 규우 엔
○가셰이
守슈 직흴슈
○마로루

防호후 방비방
○후세우
戌슈 슈사리슈
○벤벗우니마모루

失실瞭료 시뽀 료우
○미오도시
亂란 어즈러올란
○미따루루

怯굡 겁흘급 공우
○오비야가스
擒금 사로잡을금
○이게돌루

拔하쯔 싸힐발
○누구
降고우 항복할항
○고우산

敗패 하이 패흘패
○야부레
破하 깨틀파
○야부레루

滅멸 며쯔 멸흘멸
○호로부루 又云멘스
亡모우 망흘망
○호로부

坑굉 고우 뭇지를겡
○무메루
叛한 반돌일반
○소무가

倭語類解　上（40a）

背叛 하이반
비 반 한
○무혼

和親 화 과 신 친 한
○와단
報讎 보 호우 슈 시우
○아다우호우스루

軍器

甲 갑올갑 공
○요로이
胄 투구쥬
○가부도

劒 환도겸
○가다나
寶劒 보겹
○호우겐

刀 칼도 도우
○고가다나
利刀 리도 도우
○리겐

刃 놀인 신
○야이빠
刀本 도 본 도우 혼
○구까다나노시데

鐺 마기답 동우
○즈바
鞘 갑풀쵸 슈우
○사야

武備 軍器　倭語類解上　四十

鈍 무될둔 ○기려누 ㄷ즌ㄴ부이　弓 활롱 ○유미

强弓 강궁 ○즈요유미　弦 시위현 엔 ○유미즈루

彎 찰혈만 완 ○유미오히구　射 샤 ○유미이루

矢 살시 시 ○야　筈 오늬팔 과쯔 ○야하스

鏃 살밑족 솔죡 ○야노비　髇 고도리박 하구 ○히기메

貫革 관 혁 관궈 갓구 ○다데이다 즈ㅊ마도이다　帳 솔후 고우 ○호마도

中 맛칠즁 쥬우 ○아다루　斧 부후 鉞 월 예쯔 ○셰쯔예쯔

干 방패간 간 ○다데　戈 창과 파 ○호고

倭語類解　上（41a）

掌 쟝 甲 갑 공	標 표 信 신 신	牌 패 하이 패	纛 둑 독 녹	旗 긔 기	火 화 藥 약	鳥 됴 銃 죵	彈 탄 子 ᄌᆞ
○고데가계	○와리후	○사예후다	○하ᄯᆞ마	○하다	○구지ᄋᆞ스리	○뎔보우	○다마
角 각 指 시 지	鞴 ᄑᆞᆯ지구 공	兵 병 符 부	蓋 개 가이	鉦 징 세이	火 화 繩 숭	鐵 뎔 丸 똰	放 방 砲 포
○유비ᄶᅩ	○이마계	○혜이후	○긴구아사	○또라	○히나와	○뎔본노다마	○히즈ᄉᆞ미

軍器

倭語類解上

四十一

械 긔게게
가이
○도우구

婚娶

中 듕후
媒 민빠이
○나가다지
婚 혼곤
姻 인인
○곤레이

處 쳐쇼
女 녀쇼
○고무스메
八 팔하
字 ᄌ시쪼
○시아와셰

配 ᄇᆡ하이
○묘우도
嫁 가
셔방마칠가
○요메이리

娶 쟝가드릴취슈
○며도루
經 경계이
水 슈이
○즈기야구

孕 ᄋᆡᆼ욕우
○하라무
胎 ᄐᆡ다이
○하라믜무루

生 ᄉᆡᆼ쇼우녜이
○무마루
産 산나흘산
○우무

男 난 소나희남 ○오도고

女 계집녀 ○온나

禓保 ○시며시 又云무즈기

離異 ○사마다매

宴享

宴 찬치연 ○사가모리 又云유하자

下船宴 ○사례이

進上宴 ○후우신연

中宴 ○나가유하지

路次宴 ○노보리유하지

上船宴 ○쇼우쉐연

主人 인슈 ○데이슈

客 손ᄋᆡᆨ ○갸구

迎 마즐영 메이 ○무가이

接待 ○지소우 又云쉔다이

婚娶宴享

辦 쟝만홀름판
○요우이
又云고시라예 供 이바지공
○소노우
又云마가나이

茶 차다
○쟈
飲 마실음
○노무

酌 샥쥬 酒 슈
○사계즈□
使 ㅅ 酒 슈
○스 이교우

醉 취홀쥐
○요우
又云요이
醒 셩 셰이
○사 몌루

歌 노릭가
○우다
唱 부를챵
○우도우

舞 춤출무
○오도리
又云마우
遊 돌뉴 이우
○아소뿌

勸 권관 食 식 쇼우
○메시오시에루
膳 션 退 퇴 다이
○스 몌루

辭 하직ᄉ
○이도마끼이
饌 쳔송
○하나무게

送 소우 보낼종 ○오구루

樂器

樂 악구 풍류악 ○하야시
曲 푲됴 풍류곡됴우 ○후우시

琴 긴 거문고금 ○고도
瑟 시쯔 친악고슬 ○미와 이우녀뎐

琵 비
琶 하 파 ○비와
稽 히 琴 금 ᄒᆡ금 ○고규우

箏 징징 숭우 ○희곤
絃 현 줄현 ○즐루

彈 단 튿탄 ○히구 ᄯᅩ云단ᄉ루
笙 숭우 셩황셩 ○히지리기

鐘 슈우 쇠북종 ○ᄯᅩ云가비즈ᅀᅳ미
鼓 고 북고 ○즈ᅀᅳ미

宴享 樂器 ◀ 倭吾頊꾸上 四十三 ◀

長鼓 쟝고 죡우고 ○간고
石磬 셕경 셰기게이 ○린

角 갈구 쥬라각 ○다계스스 ㅈㅅ
喇叭 라발 라하쯔 ○슈라이

嘯 슐우 슈ᄅ름쇼 ○우소후구
太平嘯 태평쇼우 다이헤이쇼우 ○고슈라이

洞簫 동쇼 동쇼우 ○샤구하지
吹螺 취라 스이라 ○가이

笛 뎍 뎨기 ○후예
篥 리률 피리룔 ○오추기모노

口笛 구뎍 공구뎨기 ○구지뿌예
筎 가 초금가 ○시바뿌예

拍 학구 빅북 ○오도기
吹 불취 스이 ○후구

梳洗

梳소	鬂판	髻게이	梳소소	梳소	梳소	沐목	盥판
頭두	마리환	상토계	빗소	箸셩 세이	貼뎝 텹	浴욕	돗씨슬관
○가미유우	○가미노와예	○다부사	○구시	○구시하라이	○맨꼬리	○교우스이	○다라이
剃례 頭두	髢데이	丫아게 髻게이	櫛시쯔 어러빗즐	梳소 角각	頭두 屑셜 셰쯔	又云미아라이 洗셰아	漱송 양치질돋로수
○가미소루	○네소예	○가라고와예	○구시히기	○구시노아가도리	○후게	○안로우	○구지스스여

梳洗

漱수 木목 송우맫구 ○요우싀

膩이 子조 ○아라이고

臙연 脂지 ○뼤니

蠟랍 油유 ○멘즈게

塗도 바를도 ○누루

糝삼 ○계쇼우 俗云 끄낭가기

粧 단장홀장 ○시다구 俗云 요소오이

餙 꾸밀식 ○가사루

簪잠 빈혀 ○간사시

珥이 귀엿골히 ○미미가네

釧쳔 풀쇠 ○우데가네

佩패 하이 ○사구루

指지 環환 ○유비가네

鏡경 거울졍 ○가가미

鑷섭 子조 ○계누기

倭語類解　上（45a）

道布　長衣
天青黑　冬衣
赤衫 단삼　汗衫 동령
湯巾

服餙

冠 관관　○간무리　紗帽 샤샤모　○샤호우

帽子 모모시 즈云게스긴　○계보시　笠 갇립리우　○가사

頭巾 두두건긴　○스긴　煖帽 난단모우　○미미오오이

團領 단단령레이　○단료우　青褙 청흥비　○교우하이

笒 홀홀을고쯔　○샤구　衣 옷의이　○기르모노

表衣 표표후이　○우와이　袍 도포포호우　○하오리

褻衣 슈우슈우이　○계교로모　襖 한올오오우　○와다이례

倭語類解 上 (45b)

裁 모롤지 사이	袴 바지과 고	腰 요용帶 더이	簑 사衣 의 이	雨 우裝 장 쇼우	汗 한衫 삼	疊 뎝동衣 의	裘 갓옷구 규우
○다즈	○쥭하가마 받지	○고시오비	○미노	○아마우	○하따이	○다다무	○가와에루모노 單단衣의
領 끝령 려이	褌 곤 고의끈	裳 치마샹 쇼우	帶 더이 이	簑 사笠 립 루	油 일油衫 산 유삼	衫 젹삼 산	○히도예모노
○예리	○시다오비	○모스소 쥭마예가게	○오비	○미노가사	○갇바	○가다삐라	

倭語類解　上（46a）

袖 스매 시우 ○소테	幅 폭보 후우 ○하바
襞 주룸벽 혜기 ○히다	縫 홀봉 후우 ○누우
衲 누더기납 동우 ○사시에루모노	纓 신영 에이 ○간무리노오
紐 돌막이뉴 쥬우 ○모단	襻 글롬반 한 ○히모
巾 슈건건 긴 ○데누구이	袒 멜단 단 ○가다하다
衾 니블금 고 ㅅ ○요이 又云후스마	褥 요욕 슉 ○후돈
枕 벼개침 신 ○마구라	行纏 힝뎐 공 ○한녠
襪 보션말 뻐쯔 ○다비	靴子 과휘ᄌᆞ시 ○후가ᄆᆞᆽ

服飾

倭語類解上　四十六

倭語類解　上　（46b）

漢字	諺解	일본어
鞋 신혜 어이	○구즈	草鞋 초혜 속아이 ○소우리
屐 격직극 혜기	○메다	脫 버슬탈 따쯔 ○누구
着 닙을챡 쟈구	○기루	
飮食		
飯 밥반 한	○메시	早飯 조솝 한반 ○아사메시 又云아사이우이
午飯 오반 한	○히루이이	夕飯 셕세기 한반 ○이우메시 又云이우우이이우이
熟水 슉유 슈구 스이	○유	羹 국강 쿠우 ○아즈모노 又云슈루
饌 반찬찬 션	○메시노사이	粥 쥭쥭 시우 ○가유

飲食

酒 술쥬 ○사케 ‖ 清酒 청쥬 ○셰이슈

濁 탁酒쥬 ○니요리사케 ‖ 燒酒 쇼酒쥬 ○쇼우쥬우

肴 안쥬요 ○사가나 ‖ 麴 굿구 ○고우이

釀 빗슐양 ○사계즈구루 ‖ 漉 거를록 ○고스

滓 즈의저 ○가스 ‖ 肉 고기육 ○시시

膾 회회과이 ○나마스 ‖ 餅 떡병혜이 ○모지

麵 국슈면 ○소우멘 ‖ 刀麵 도둣면 ○기리소우멘

饅 만두만 ○만슈우 ‖ 豆腐 두부 ○도우후

倭音類解上　四十七

酡 타
酪 다락 락
○우시노지
清醬 셔ᇰ청 醬쟝쇽
○쇼우유우 이

甘 간감
醬 쟝 쇽
○미소
苴 쇼 팀치조
○기미스이

藍 젼히
가이
○시오가라
塩 엔 소곰염
○시오

醋 초조
소
○스
油 이우 기름유
○아부라

屑 세쯔
ᄆᆞᄅ셜
○교 고스
蜜 미쯔 꿀밀
○미쯔

蜜 밀
미쯔
果 과 파
○미즈스게
飴 이 糖당동 엿이
○아메

砂 사
糖 당
○샤도우
雪 세쯔 糖당동 셜
○시로사도우

氷 빙후
糖 당 도우
○고오리사도우 五오
花 화 糖당
○요파도우

倭語類解　上（48a）

橙등 둥우	橘귤 끼쯔
丁뎡 데이 ○뫅슈간	餅병 혜이 ○뫅시관
葛갈 가쯔	
粉분 훈 ○구스	烹 솔믈핑 ○니루
蒸셩 셜증 슈우 ○무스	炒 복글쵸 소우 ○이루
炙 구을젹 세기 ○아부루	煮 지질쟈 슈 ○니여루
煎젼 달힐젼 ○아후루 又云션스루	湯 글을탕 도우 ○와구
爛란 우로녹을란 ○다다루루	凝 얼 영뀔옹 우 ○고무루
淸 식을졍 셰이 ○히유루	生 눌것성 슈우 ○나마
熟슉 니글슉 ○우무	盛 담을셩 세이 ○모루

飮食

倭語類解上　四十八

漢字	訓·音	和音	和訓
嘗	맛볼샹	슌우	○나무루
食	먹을식	슉우	○구우
飼	먹일ᄉᆞ	시	○구와스
味	맛미	몌미	○아시와이
甘	둘감	간	○아마시
苦	쓸고	구	○니가시
辛	밉올신	신	○가라시
酸	실산	산	○스이이
醎	쫄함	간	○시오하유시
淡	슴거울담	담	○미쯔구사이 又云아와이
薰	향긔훈	군	○고우노니오이
臭	내취	시우	○가구
腥	비릴셩	셰이	○나마구사이
葷	누릴훈	군	○가구사이
羶	노릴젼	젼	○도로구사이
腐	석글부	후	○구사루

腐부 臭후 취 싀우 ○구소구구사이（오쵸구사쎄구사이）
尿뇨 臭 취 싀우 ○슈우쎄구사이

嗅맏틀후 갸우 ○너오이가우
吞숨킬트 돈 ○노무

吮샐연 센 ○스우
舐할틀뗴 테이 ○비부루

齕너흘흘 고 ○가미기루
喰씨블금 고 ○구와예루

含머음을함 안 ○후구무
哑잡 소우 口구 고우 ○구지ㄴ메 먀ㅂ

噴쌜을분 훈 ○하구
吐토훌트 도 ○도갸구

咽인 塞소구 식 ○논도후사알루 콩云논도즈마루
喉후 乾간 ○논도가와구

嗜즐길기 기 ○다시무
飽비브를포 호우 乾간 ○하라가후도이 又云아구

次食

四十九

餀 슬을을에 ○구이니구이 又云이곈 厭 슬흘엽 ○스가누 又云이도우

飢 주릴긔 ○우예루 又云가즈레루 渴 갈흘갈 ○가와구

火 불화 ○히 炭 숫탄 ○스미

焚 훈 ○다구 爨 불지들산 ○히다구

燒 슬을쇼 ○야구 炊 밥지을취 스이 ○몌시다구

烟 녀연 ○비무루 烟 연연 鎖 쇄사 ○게무리마구

熄 불서질식 소구 ○히기유루

疾病

病혜이 병병 ○야마이 痛도우 알흘통 ○이다미

失음 시쯔 실음 ○고예가레 外파이감 간 외감 ○又云가이게 가세

傷샹寒한 ○쇼우간 時시病혜이 시병 ○하야리야마이

痰담病혜이 담병 ○단뵤우 霍곽亂란 ○파구란

嘔구噦역 ○오우예기 泄셰쯔瀉샤 ○하라야군다리 又云샤스루

痢리疾시쯔 질 ○리뵤우 瘧야구疾시쯔 학질 ○오고리

中즁風후우 풍 ○쥬우부 頭두風후우 두풍 ○스후우

眩현暈운 ○볜운 頭두痛도우 두통 ○스죠우

疾病

育痛 흉동 ○표우즈우　腹복痛동 ○후구즈우

唉痺 후비 ○고우히　消쇼渴갈 ○쇼우가쯔

帶下 딕하 ○다이예　黃황疸달 ○오우딴 又云가루우얀마이

癎疾 간질 ○덴간　狂미칠광 쿄우 ○기찌아이

痰담 ○가스하기　喘쳔만쳔 ○셰기

腫죵 부을죵 ○하루루　脹챵만챵 ○죠우만

麻木 마목 ○시매례　脚麻 갹마 ○스베시부리

足麻 죡마 소구 又云아시나예　夢몽泄셜 ○모우소우

倭語類解　上 （51a）

疾病

痘疹 두 도우 진 진 ○호우송우
麻疹 마 마 진 진 ○하시가

瘡 창질창 소우 ○가사
疥 옴개 가이 ○히옌마사

癬 버즘션 션 ○가례야마이 又云하다게
痱 듬쯰불 호쯔 ○아세보

癜 얼루러기뎐 뎐 ○나마스
痣 기위지 시 ○이보

疣 혹우 이우 ○마메 又云이누노메
癧 샤마귀염 엡 ○호구로

瘰·癧 라 력 례기 ○루이례기
癩 룡병래 라이 ○가즈다이

癢 려울양 요우 ○가유이
膿 농 노우 汁즙 시우 ○우미시루

痂 더데가 가 ○가사부다
痊 암글젼 션 ○이유루

禿頭 독두 도우 ○하에아다마　聲 루우 귀억을롱 ○즘보우

眼膜 안 막구 ○메노호서　惱肉 노 니구 뇌육 ○도니구

斜眼 샤 안 ○승공우　一目 일 목 이쯔모구 ○가다메

聾 고 슝엉고 ○메구라　啞 아 벙어리아 ○오시

缺唇 결 신 슌 게쯔 ○이쑉지　龜背 귀 빈 하이 ○세무시

矮子 왜 시 ○인슌썹우　閣 뎬 고쟈엽 ○후ᄫᅳ리나시 즘ᄂᆞ이관

縮脚 슉 갹구 슈구 ○이시리　塞 젼 뎬 ○진빠

氣絶 긔 절 ○기예쯔　甦 소 셔여ᄂᆞᆯ쇼 ○소셰이 ᄌᆞᆫ기스구

倭語類解　上（52a）

救 구 우 病 혜이 병
○스구우
命 명 藥 약
○메이야구

藥 약 약우
○구스리
鍼 침쳡 신
○하리다데

灸 규우 뜸질구
○야이도
療 쥬우
○야마이이유루

調理 됴두 리 리
○요우죠우

喪祭
○

喪 상수상 소우
○모
死 죽을ᄉ 시
○즈云후고우
○시스 又云시누루

尸 죽언시 시
○가바네
魂魄 혼 빅 한국
○다마시이

棺 관지관 관
○히즈기
服 넙을복 복
○쇼우신

哭 울곡
○나구
弔 됴문됴 됴후
○도무라이

埋 뭇들믹 빠이
○우스무
葬 무들장 소우
○소우레이

墓 무덤묘
○하가
又云즈가
碑 비셕비 히
○다데이시
又云세기히

祠堂 祠 시 堂 당 도우
○마즐우이예
神主 神 신 신 主 슈 쥬
○간누시

忌日 忌 긔 긔 日 일 싀쯔
○쏘우신비
又云이미비
祭 졔수졔 셰이
○마즈리

齋 지계졔 사이
○모노이미

寺刹 寺 졀사
寺刹
○데라
刹 졀찰 사쯔
○고데라

菴 암ㅈ암 안　○이오리　塔 탑탑　○도우

壇 단단　○단　佛 부쳐불 보쪼　○호도계

菩薩 보살　○호사쯔　靈 신령령 례의　○례이면

祈 빌긔　○이노리　長老 쟝로　○죠우로우

僧 즁승　○슌계 又云몓우스　尼 승니 싀　○미고니 又云아마

沙彌 샤미 몌　○고소오　僧帽 소우모 뽁　○모우스

袈裟 가사 샤　○계사　長衫 쟝삼 쵸우산　○나아이기루모모

鬼 귀신귀 기　○오니 又云가미　夜叉 야차 야사　○무구몌 又云우무몌

寺刹

五十三

刑獄

刑 형벌형 ○계이빠즈　法 법법 ○노리

治 다스릴치 ○오사마루　罪 허물죄 사이 ○도아

犯 범블은범 한 ○오가스　過 허물과 파 ○기스 又云아야마지

罰 죄줄벌 바쬬 ○즈미　偸 도젹질훔틀투 ○누스무

拏다 자바드릴나 ○도라히구　結 게쯔 縛 학구 ○시바루

囚 가돌슈 시우 ○도라와레　禁 구룸을금 긴 ○긴스루

拘 걸릴투 구 ○가가루　獄 옥옥 옥구 ○요구야 又云로우

倭語類解　上（54a）

笞 티장티
다이
○고즈예
杖 막대쟝
쯋우
○즈예

訊 젹줄신
신
○셰메
捧 봉
호우
招 쵸
소우
○구지까기

查 사
覈 갇구
회
○인미
推 츄이
쇄
刷 샤이
○오시즈메

屬 속
수우
公 공
고우
○겔쇼
○꼬도리아예
皷 발
明 명
○하즈메이

決 결
겟쯔
斷 단
○나지아기
恕 요
졉을셔
○하가루

放 놀릴방
호우
○하나즈
赦 샤
샹흘샤
○유루스

黜 내칠츌
쥬쯔
○시리오구루
꼿쯔따스
謫 죄줄젹
다구
○나아스

黥 주지경
계이
○이례스미
刺 시
지를즈
○사스

五十四

倭語類解　上 (54b)

殺 죽일살　○고로스
絞 교글교　○시메고로스

斬 버힐참 산　○기루
集 효우 示 시 서　○교우슈

籌數

籌 헴듀　○산료우
數 헴수　○가스

一 호일 이쯔　○히도쯔
二 니 두이　○후다쯔

三 석삼 산　○밀쯔
四 시 녁ᄉ　○욤쯔

五 다ᄉ손오　○이즈쯔
六 여ᄉ록 록　○뭇쯔

七 닐곱칠 시쯔　○나나쯔
八 여ᄃᆞᆲ팔 하쯔　○야쯔

倭語類解　上（55a）

筭數 세기

九 아홉구　○고고노쯔　十 열십 시우　○도우

百 일ᄇᆡᆨ빅　○햐구　千 일쳔쳔　○셴

萬 일만만　○만　億 억억　○오구

斤 근근　○긴　兩 량량　○료우

錢 돈젼　○몸메　分 푼분　○훈

石 셤셕 셕기　○입뵤우　斗 말두 도우　○도

升 되승　○소우　正 필필 히쯔　○히기

尺 자쳑 셰기　○샤구　寸 치촌　○슨

倭音類解上

五十五

一（일） 握（악） 아구 ○히도니히리
一（일） 이쯔 攍（찰） 사쪼 ○히도즈마미

一（일） 隻（쳑） 세기 ○히도고오리
一（일） 馱（태） 다어 ○이지따

買賣

買（매） 빠이 ○고우
賣（매） 풀매 빠이 ○우루

物貨（물과） 모과 ○시로모노
價（가） 갑가 ○아다이

直（직） 갑직 쪽구 ○네딴
市直（시직） 시 쪽구 ○소우빠

講價（강가） 갑 공우 가 ○네우미
易（역） 예기 밧글딱 ○가예루

販（판） 한 흥판판 ○아기나이
本（본） 밀본 혼 ○모도

倭語類解　上（56a）

利 리훌리 ○리 興利리 ○퓨우리

借 빌챠 ○가루 貸살디 ○가시

債 빌채샤 ○가게 典뎐 當당동우 ○시지모쪼

質 볼모지신 ○시쩌 明메이文문 ○데아다

證증人인신 ○우게닌 保볼모호우보 ○다모즈

邉변리변헌 ○뿌인 倍갑절비하이 ○빼이

償가플샹쇼우 ○즈와노우又云스마스 債세낼님 ○진

家가가 貰세셰이 ○야진 推슈이徵조우싱 ○와기마예이따스

五十六

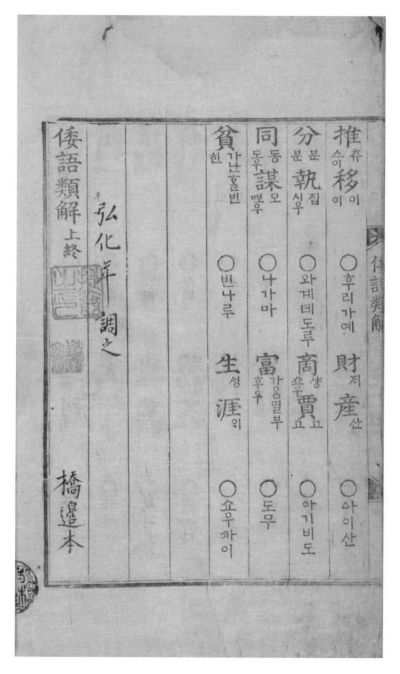

倭語類解 下

倭語類解 下

倭語類解目録

下卷　二字類四十三

國號　壹丁目
田農　貳丁目
禾穀　四丁目
菜蔬　五丁目
果實　六丁目
珍寶　八
布帛　九
彩色　十一
器具　十二
鞍轡　十七
舟車　十八
技戲　二十
飛禽　二十
走獸　二十二
水族　二十五
昆虫　二十六
樹木　二十八
花草　二十九
雜語　三十一
日本官名　四十
信行所經地名　五十二

四通字類四十九

目録

倭語類解 下

國號

○虞 우나라우　우고구
○夏 하나라하　가　가고구
○殷 은나라은　인고구
○周 쥬나라쥬　시우　슈고구
○秦 진나라진　신고구
○漢 한나라한　간　간고구
○蜀 쵹나라쵹　쇼우　쇼구고구
○晉 진나라진　신　신고구
○隋 슈나라슈　스이　스이고구
○唐 당나라당　도우　가라
○宋 송나라송　소우　소우고구
○元 원나라원　엔　엔고구

國號

明 명나라명　○몃이고구

魯 로　로나라로　○로고구

鄭 졍나라졍　데이　○데이고구

陳 진나라진　진　○진고구

吳 오나라오　고　○고고구

楚 쵸나라쵸　소　○소고구

燕 연나라연　옌　○옌고구

魏 위나라위　이　○이고구

淸 쳥나라쳥　셰이　○셰이고구

衛 위나라위　예이　○예이고구

曹 조나라조　소우　○소우고구

蔡 채나라채　사이　○사이고구

越 월나라월　예쯔　○옏고구

齊 졔나라졔　셰이　○셰이고구

韓 한나라한　간　○간고구

趙 죠나라죠　쥬우　○쥬우고구

漢字	訓/釋	음	倭音
杞	거나라긔	기	○기고구
許	허나라허	퍄	○교고구
滕	등나라등		○도우고구
薛	셜나라셜	셜 셰쯔	○솀쯔고구
師	픽나라픽	괵	○과구고구
朝鮮		죠션	○됴우셴
三韓		삼한	○산간
新羅		신라	○신로우
百濟	향구 세이	뵉 제	○향구사이
高麗		고려	○고우라이
遼	료나라료	료	○료우고구
金	금나라금		○긴고구
日本	시쯔 혼	일 본	○니혼
安南		안남	○안난
琉球		류 구	○리우기우
蒙古		몽고	○모우고

國號

倭語類解 下 (2b)

獉子 달쯔 시 즈
○단단
南蠻 남만
○난만

北狄 북 덕
○호구데기
胡 오랑캐호 고
○예몌스

田農

田 밭뎐 뎐
○다
畓 논답 도우
○하다게

畝 이랑묘 호우
○우비
町 밭거리뎡 테이
○마지

堤 데이 뎨　堰 언 옌
○즈즈미셰기
農 녀름지을농 노우
○노우사구

耕 밭갈경 고우
○다아예스
犁 보십리 리
○가라스기

耒 따뷔뢰 라이
○스기
鋤 호미서 쇼
○구사도리

倭語類解　下（3a）

栽 져
植 식
사이 植 쇼우
○우예즈게
種 슈
씨쇼우
○다녀

苗 묘
이삭묘
○나예
穗 스이
이삭슈
○호

培 빅
붇도들빅
맥이
○즈지고우
耘 윤
기음밀우
○구사도루

結 결
께쪼
실
○쏘云미노루
나리난다
不 불
호쏘
實 쇠쪼
○나리나이
又云미나라스

陳 진
묵을진
○후루이
荒 황
거츨황
○아라시

鎌 렴
낟렴
○가마
刈 애
뷜애
○가루

藁 후
딥고
○와라
束 소구
묵글속
○즈간누루

耖 가
도리채가
○이너우즈
擣 도
두드릴도
○다다구

田農

碓 다이 방하틀 ○가라우스　臼 확구 ○즈기우스

杵 죠 공이져 ○기비　眷 슈우 찐흘용 ○즈구

磑 가이 매의 ○히기우스　磨 마 골마 ○도예 又云스리

箕 기 키 ○미　簸 하 까불파 ○히루

稃 흑 벼겁풀부 ○모민누가　糠 구우 겨강 ○누가

收 시우 거들슈 ○오사무루　納 도우 드릴납 ○오사무

儲 죠 져축져 ○모우게　積 셰기 쌀흘젹 ○즈무

蔵 소우 곰출장 ○다시나무　野 쇼 농소셔 ○노우사구꼬야

田農　禾穀

貢　밧칠공　고우
○ 미즈기
稅　공세세　예이
○ 가다인

糧　량식량　료우
○ 한마이

禾穀

禾　벼화　파
○ 아라이네
穀　곡식곡　곡
○ 고구모쯔

稻　벼도　도우
○ 모미　又云이비
米　쏠미　메이
○ 고메

粳　경　곡우
米　미　메이
○ 우루시꼬메
糯　舂쏠나　나
○ 모지꼬메

黍　기장셔　쇼
○ 기비
稷　피직　슈우
○ 히예

麰　보리모　맥우
○ 무에
耳　이　시이
麰　모　맥우
○ 야마무이

麥 밀믹 　○고무에 　大대다이豆두도우 　○마메

小쇼소우豆두도우 　○아스기 　菉록루豆두도우 　○마사라

蕎 모밀교 　○소빠 　粟 조속 　○아와

蜀쑉黍슉 　○기뻬 　玉옥쿠黍셔 　○도우기비

真진荏임신 　○얘마 　水슈이荏임신 　○예고

薏이의苡신이 　○요구이 又云스스따마 　麥뫼쿠芽아아 　○무이메여

菜 누믈처 사이 　○야사이 　菜疏 　疏쇼 누믈소 　○구사메라 又云소사이

倭語類解　下（5a）

菜蔬

萵	菘	胡	黄	薤	葱	薑	蘿
부루와 과	비치ᄉᆞᆼ 슝우우	瓠 고호 호 고	황 곤苽과 과	부치ᄒᆡ 가이	파총 소우	싱강강 교우	蔔 라 복 호후
○지사	○다갇나	○맨우ᄲᅡ라 又云가ᄆᆞ쟈	○기우리	○나라	○네이	○쇼우아 又云하싀가미	○다이곤
蕨 고사리궐 게ᄍ	葵 아옥규 기	茄 가지가 가	冬 동 苽과	苽 외과 과	蒜 마늘션 산	芥 계ᄌ개 가이	菁 쉰무우쳥 셰이
○와라메	○아오이	○나스메	○도우꽈	○우리	○닌ᄂ구	○가라시	○호소네

倭語類解下　五

蘋 셰이 낭이졔　○ 나ᄉᆡ나　莧 간 비름현　○ 히유

菌 긘 버슷균　○ 나빠　筍 슌 듁ᄉᆞᆫ슌　○ 다게노고

香 향 향심 蕈 심　○ 시이다게　石耳 셕 셰기이어 ᄉᆡ　○ 이와다게

松耳 숑 송이 ᄉᆡ　○ 마즈다게　薯 쇼 마셔　○ 야마이모

蓼 신 더뎍合　○ 도도기　苦蕈 길 공 ᄭᅳ기　○ 기교우

茉 슈쯔 삽쥬츌　○ 오게라　蘱 려이 도ᄃᆞ로ᄉᆞ려 蕢 공　○ 아가사

芋 우 토란우　○ 사도이모　蘇 소 方초기소　○ 시소

野 야 야 蔥 송우 총　○ 히루　紫 시 ᄌᆞ 蔥 송우 총　○ 네ᄆᆞ가

蹄 소로쟝이테 　○시노네　酸산醬쟝슈　○이다도리 又云스이시ᄭ

芹 긴미나리근　○셰리　首목蒿슈　○모구슈구

蓼 료우 열귀료　○다볘　菱료우말음릉　○히시

甘감藿곽곽　○와가며　海가이帶뎌다이　○곤뿌

海히가이衣의이　○노리　甘감苔티다이　○아마노리

黃황공角각갂우　○도고로덴우사芽까엄아　○메아시

果실實과파　○고노미　實시쯔열믹실　○미

果實

菜蔬　果實　倭語類解下　六

한자	음	일본어
龍眼	룡안	○료우안
荔茇	려지	○례이시
橘	귤	○다지빠나
柑子	감 시ㅈ	○구빈뽀
橘柑	귤감	○긴간
蜜柑	밀ㅉ감	○미간
柚子	유 시ㅈ	○유스
榲子	간 시ㅈ	○가야노미
栢子	빅 시ㅈ	○마즈노미
梨	리	○나시
柿	감 시	○가기
乾柿	간 시	○구시아기
石榴	셕기 류우	○ᄉ구로
杏	솔고힝 교우	○안스
銀杏	은 힝	○긴안
樶	복성화도 동	○모

倭語類解　下 (7a)

果實

胡호桃도 ○구루미
櫻잉桃도 옻우桃도우 ○유스라

李리 외온리 ○스모
林림檎금 간 ○린고

柰ᄂᆡ이 먼ᄂᆡ ○가라나시
木목瓜과 과 ○젠보하나시

栗밤률 리쯔 ○구리
榛신 개옴진 ○하시빠미

棗대쵸조 소우 ○나즈메
黃황栗률 공 리쯔 ○가찌구리

棠아가외당 도우 ○아마나시
梅미實실 ᄆᆡ이 쇠쯔 ○무메노미

橡샹實실 쇼우 ᄉᆡ쯔 ○가시노미
葡포萄도 호 도우 ○뿌도우

山산萄도 동우 ○야마뿌도우
莓ᄯᆞᆯ기미 마이 ○이지고

紅고 姑고
곳우 고 娘랑
로우
○호오스기
櫻 드리연
센
○시라ᄭᅡ미

五오 味미 子ᄌᆞ
○ᄭᅡ미시
胡호 椒ᄎᆈ
○고쇼우

川쳔 椒ᄎᆈ
○셴쇼우
山산 椒ᄎᆈ
○산쇼우

真진 苽파
과
○맛파
西셔 苽셰이 과
○스이파

核ᄒᆡᆨ 갓구
○사네
蔕ᄭᅩᆨ지례 데이
○호쏘

珍寶

寶보비보 호우
○다가라
金쇠금 긴
○고마네

泥니 金금
○네이긴
銀은은 인
○시로가네

珍寶

水銀 슈은 ○미스가비	錢 셴돈젼 ○쉐니
珠 구슬쥬 ○다마	珍珠 진쥬 ○아와뻬노다마
無孔珠 무공쥬 ○아고야노다마	玉 옥유 ○ᄌᆞᆺ이시다마
琥珀 호박 ○고하구	珊瑚 산호 ○산고
瑪瑙 마노 ○메노우	蜜蠟 밀랍 ○미쯔로우
玳瑁 다이모 ○몐고우	琉璃 류리 ○몐이또로
水晶 슈셰이 ○스이숑우	螺鈿 라뎐 ○아오마이
貝 자개패빠이 ○가이	銅 구리동도우 ○아가하네

倭語類解貝部下　八

錫 쥬셕셕 샤구
○신쥬우
鍮 놋유 쥬우
○사하리

鑞 납랍 로우
○스스
鉛 연연 엔
○나마리

鐵 쇠텰 데쯔
○구로가네
烏 오 銅 동 도우
○샤구도우

生 셩 銅 도우 쇼우
○아라아가아네
熟 슉 銅 동
○슈구도우

尺 척 샤구
銅 동 도우
○죠우도우
含 함 錫 셕 샤구
○도단

鑄 지을주 슈
○이루
鎔 노길용 용우
○도라가스 又云가베와우

鍊 닉길련 련
○비루 又云기도우
犀 셔 角 각 세이각
○사이가구

象 샹 牙 아 쇼우아
○오우예
朱 쥬 砂 ㅅ 슈샤
○슈샤

緞 비단단	錦 비단금	布帛	阿膠 아 교우	蠟 로우	硫黃 리우 황	白礬 빅 한	硼砂 봉 사
○단모노 즈운돈스	○기누		○니가와	○미쯔가스	○유오우	○묘우반	○호우샤
粧 장송 段 단	帛 갑빅 한구			白 빅 蠟 로우	焰 염 焇 쵸	硇 비 礵 상	磁 뎌 石 셕
○니시기	○오리모노			○기노야니	○옌쇼우	○히소우	○이샤구

布帛

倭語類解 下

九

緞段 (션단) ○란계　冒段 (모무단) ○마기니시기

閃段 (셤단) ○슈스　金線 (긴션) ○긴란

紋 (어른두글문·몬) ○아야　繡 (슈질슈·시우) ○누이

廣織 (광직) ○히로슈스　方紬 (방·호우유우) ○몬나시

花紬 (화·파·유우) ○사야　走紗 (주·소우·샤·사) ○지리면

杭羅 (항·공·라) ○로샤 又云로　綾 (룡·깁릉) ○린스

紗 (깁사) ○샤　羅 (라·깁라) ○우스모노

綿紬 (멘·면·유우·쥬) ○즈무이　交織 (교·공·직·쇽) ○손나이

布帛

機 기 틀긔	繅 소우	紡 방 車 거 교	壓 압 車 거 교	生 싱 布 포 호	黑 흑 麻 마 布 호 포	木 목 綿 면	潤 윤 布 포 호
○하다	○마와다	○이도히기구루마	○와다ᄉᆞ아비도리	○기히라	○아뿌라누노	○모멘	○윤뿌
梭 북사	絲 실ᄉ	繭 고티견	綿 소옴면	許 허 子 사	布 호 뵈포	苧 쇼우 布 포 호	三 삼 升 쇼우 승
○오사	○이도	○이도마기	○와다	○도로멘	○누노	○사라시	○삼소이

筬 셰이 부덕셩 ○히　紡 질삼방 호우 ○하다오리

織 쭐직 슉우 ○오루　經 놀경 계이 ○다데

緯 씨위 이 ○요고　真紅 신진 고우 홍 ○혼모미

大紅 다이대 고우 홍 ○모미이로 又云히　桃紅 도 도우 고우 홍 ○모모이로

油綠 유 이우 룍루 ○미루쟈　豆綠 두 두우 룍루 ○도리노고이로

藍 란 족람 ○아이이로　草綠 초 송우 룍루 ○모요이

鵝青 아 아 셩세이 ○루리몬　紫芝 시 쟈 시 지 ○무라사기이로

沈香色 신 첨 향 고우 셕슉 ○고우이로　茶色 다 다 셕슉 ○쟈이로

倭語類解　下（11a）

松숑용花화파色식셕　○우ᅀᅡ이스쟈

染셴 ᄆᆞᆯ드릴염　○소메루　　軟뎐연 草초소우 色식쇽　○도구사이로

彩色

　潤슌 저즐윤　○후예루

彩ᄎᆡ ᄉᆡ이　○이로도루　　色식쇽　○이로

紅공우 블글홍　○아가　　朱슈쥬 紅공우홍　○슈

黃공우 누를황　○기나　　桃도도우 黃공우황　○니즈지아로

石셕세기 雄웅유우 黃공우황　○오오우　　石셕세기 雌시ᄌᆞ 黃공우황　○기이로

黃황 丹단단　○오우ᄯᅡ　　黃공우황 漆칠신표　○슌게이

布帛彩色　十一

白 흰빅 학 ○시로 粉분분 훈 ○시로이 又云고운훈

靑 세이 프를쳥 ○아오 二이 靑쳥 세이 ○하ᄂᆞᆫ쇼우

三삼 靑쳥 세이 ○곤쇼우 回회 과이 回회 파이 靑쳥 세이 ○소메즈케우스리

靑쳥 花화 세이 파 ○아오하나이로 荷하 葉엽 요우 ○구사소메

黑거믈흑 고구 ○구로 漆옻칠 시쯔 ○우루시

綠프를록 료구 ○미도리 銅동 동우 綠록 료구 ○로구쇼우

三삼 綠록 료구 ○이와로구쇼우 霍민빗이 花화 파 ○가메

鉎셩솓 垢구 고우 ○사비 塗도 도 漆철 시쯔 ○누루

倭語類解　下（12a）

器具

漢字	한글	倭音
蒔繪	시, 파이(회)	○마기에
光	빗광, 고우	○히가루
淡	물글글담, 다	○우스이
斑	얼룩반, 한	○마따라.
器	그릇긔, 긔	○우즈와모노
皿	그릇명, 몌이	○사라
欌	장장, 장	○도다나
樻	궤궤, 긔	○히즈
籠	롱롱, 로우	○즈스라
皮籠	피히, 롱로우	○가와앀(가우리)
檻	함함, 함	○함메쯔
層栖	층춍, 간	○슈우빠고
栖	갓, 갓	○함메쯔
雙掛	솽상, 가이패	○가와앀
千眼厨	쳔현, 안안, 쥬우	○단스
硯	겐연	○승끠슈우

彩色器具

掛硯 가이 연 ○가게스리 皮 히 掛硯 가이 연 ○가와스리빠고

箱子 숀우 시 조 ○하고 鎖子 사 시 조 ○뇨우

鑰 약 쿠 열쇠약 ○가이 鎖之 사 지 시 ○오로스

床 숀우 상 ○유가 又云셴 繩床 숀우 상 ○쇼우에

交椅 문우 이 교 의 ○교구로구 几 최상궤 기 ○오시마스기

屏風 헤이 훈우 병 풍 ○먀우부 簇子 숀우 시 족 조 ○가게모노

席 돗셕 셰기 ○무시로 又云꾜사 疊席 두우 셰기 텹 셕 ○다다미

方席 호우 셰기 방 셕 ○시도네 地衣 디 이 지 의 ○우스뻬리

倭語類解　下（13a）

簟 산뎜
○샤지
氊 셴 달뎜
○모우셴

日傘 일 시쯔 산
○히야사
雨傘 우 산
○가라가사

遮日 샤 챠 日 일 시쯔
○히오이
幕 막 쟝막 막
○죠우마구 又云덴마구

帳 쟝 장 죠우
○노렌
蚊帳 문 훈 쟝 죠
○가죠우

鋪 펄포 호
○시기모노
陳 버풀진 진
○히로예루

扇 부쳬션 션
○오오기
煙竹 연 연 듁 쥭
○기세루

火鐵 화 파 텰 데쯔
○히우지
輪圖 륜 리 도 도
○신빠리

器具

自鳴鐘 시 즈 명 메이 죵 쇼우
○도게이
千里鏡 쳔 셴 리 리 경 게이
○도우메야네

十三

倭語類解　下（13b）

鉦盤	盤	杯	酒榨	盒	瓶	鎈	眼
졍한 쇼우한	반반 한	잔빈 바이	쟈 슈쥬 사	합합 공우	병병 혜이	ᄃ림츄 즈이	안 안 鏡 게이 경
○가나뽄	○마루뽄	○사가스기	○사가무비	○슈우	○도구리	○오모리	○메아네
椀 자완완	四角盤 시 ᄉ 갹 각 한 반	勺 구기쟉 샥	酒煎子 슈젼ᄌ 셴 시	罇 술준준 손	畵甁 화 병 혜이 마	籤 살쳠 셴	稱 졀올칭 쇼우
○완	○오시기	○샤	○사계약판	○사계다루	○과힌	○가요	○하가리

器具

鉢 바리발 하쯔 ○하지 砂 샤 鉢 발 하쯔 ○사하지

楪 뎝시뎝 두우 ○사라 鐘 죵 子 즈 솥시 ○죠구

匙 술시 시 ○사이 箸 져져 죠 ○하시

鬵 솥뎡 데이 ○나뻬 釜 가마부 후 ○가마

鏊 노고오 구우 ○고나뻬 이러우 煎 젼 센 鐵 텰 떼쯔 ○고뿌나뻬

鑵 단지판 판 ○약관 盖 가이 무에개 ○후다

盖 개가이 지 之 시 ○후다오기셰루 爐 화로로 ○히빠지

風 풍 爐 후우 로 ○후이오 水 슈 이 風 풍 爐 후우 로 ○스이후우로

十四

倭語類解　下（14b）

神신　仙션　爐로　　○노뿌로
香향　爐로　　○고우로

香향　盒고우　합　고우　　○고우빠고
鎗션　다야션　　○가나따라이

陶도우　질덥도　　○야기모노
甕옹우　두로옹　　○가메

甑소우　시르증　　○교시기
盆분　동히분　　○가나오기

缸항　항우　　○즈맫
桶동우　동통　　○오게

水스이　桶동우　슈통　　○미스하스
籠고　레고　　○다게노와

水스이　斗두　슈이도우　　○즈뿌례
瓢효우　박표　　○굿云히사고

葫고　蘆로　호로　　○효우단
俎조　도마조　　○마나이다

倭語類解　下（15a）

篩 시 쳬ㅅ ○후루이　　竹 쥭 직구 篩 시 ㅅ ○메도오시

筭 소우 죠릿조 ○고며유리 ꭎ云이까기　　箸 셰이 ○빠렌

燈 등 등잔등 ○안도우　　燭 쵹 ○로우소구

燭 쵹 臺 더 다이 ○도우따이　　燈 등 火 화 ○듀우의야시라

挑 도 燈 등 듀우 ○히가기다즐루　　滅 멸 며죠 燈 등 듀우 ○히게스

筐 광조리광 고우 ○하나가고　　笥 읽ㅅ ○오오고리

苫 둠둠 돈 ○도마　　草 초 송 簾 렴 ○아기다와라

橐 주머니낭 노우 ○긴쟈구　　袋 부대더 다이 ○후구로

器具

倭語類解下

十五

林 말뚝말 마쯔	篲 뷔슈 시우	研 연연 몐	砧 다드미침 진	緪 줄흥 궁우	釣 낙시됴 됴우	綱 그믈망 모우	橐 쟈릭탁 댜구
○따꾹이	○호우기	○야옌	○긴누다	○스나	○즈리	○아미	○후구룩
串 곳치쳔 셴	簀 삼래뉘 기	炬 홰거 교	木槌 목뿔 회거 두이	繩 노승 요우	竿 낙대간 간	綱 벼리강 구우	袱 보복 후후
○호꾸시	○덴몬고	○다이마즈	○긴누다다기	○나와	○즈리소오 又云사오	○아미오오슈나	○후로시기

箟 홈홍
고우
○도이
槽 귀우조
송우
○하미이례

冶 야
풀무야
○후이고
鎚 쇠마치퇴
다이
○가나스지

鐵 뎔 데쏘
推 퇴
쳐다이
○싈데이
鉗 집게겸
겐
○히빠사미

鑢 쫄려
료
○야스리
鉅 톱거
교
○노고

鏟 자괴분
훈
○됴우노오
鉋 대파포
호우
○가나

斧 도치부
후
○굿굿오노
鑿 쓸착
샥우
○노미

錐 송곳츄
스이
○기리
鑽 비비찬
산
○마여에리

釘 못뎡
데이
○구에
蛭 질釘뎡
시쯔釘데이
○가스마이

器具

倭吾眞眸下

十六

鍬	枚	鏝	環	鈴	斫	針	熨
비쯔	뎬	만	판	례이	샥두	신	울 우쯔
광이쳘	가래흠	쇠손만	골희환	방올령	刀 도 도우	바늘침	斗 두 도우
○구와	○고스기	○사비	○와	○스스	○구사기리	○하리	○히노시
鍫 솝	鐵 뎔 뎌쯔 杷 하 파	鉤 구 갈구리구	鏡 노령뇨 노우	挾 협 刀 도 공우 도우	剪 뎐 子 시	烙 락 락우 鐵 뎔 뎌쯔	鈒 갈 썰한
○스기	○구사가ㅣ	○가이	○후우례이	○약도우	○하사미	○고데	○소소구리

倭語類解　下（17a）

器具 鞍轡							

馬빠마　銜간함
○구즈와

轡혁비히
○다ᄂᆞ나

胸곱흉　帶다이대
○무나아이

勒굴에륵로쿠
○가미가게

韂두래쳠
○아오리

鐙동등子ᄌᆞ시
○아뿍미

鞍안안甲곱갑
○구라오이

肚두태帶다이대
○하라오비又云하루비

鞍기르마안
○구라

駄다이태鞍안
○니ᄭᅮ라

鞍轡

斫ᄭᅡᆨ글쟉샤구
○게ᄂᆞ루

鑚산찬之지시
○모

柄ᄌᆞ로병
○즈가

礪려이숫돌려
○도이시

韁 강 쥬리울강
○구지스나
韃 쳔 연치쳔 ○빠센
又云다오이

鞦 시우 고둘개츄
○시리까이
鞭 편 채편 벤 ○무지

鞁 히 기르마지을피
○구라시기
卜복 物물 모쯔 ○니모즈

荷 하 栫 존 손
○니꼬시라예
卸 샤 부리울샤 ○니오로스

崔 가 馬 고 마 빠
○따진
또야도이우마

舟車

船 션 빈션
○후네 又云부네
大션 船 더 ○다이션

小쇼우 船 쇼 션
○고부비
快쾌 과이 船 션 ○하야후네

倭語類解　下（18a）

舟車	龍룡繩슝 룡쥴슈우	碇데이 달뎡	艣노로	帆한 돗범	船션 梢쇼우	槎사 승사사	漁어船션	商샹船션	飛船비션
	○미나와	○이가리	○로	○호	○후네노도모	○우기히	○우오즈리부네		○히션
	艙창房방 쇼우호우	碇텡이纜람 란	篙고우 사환대고	檣돌대쟝 쇼우	柂치타 다	船頭션두 도우	筏떼벌 바쪼		
倭語類解下	○야꾸라	○이가리스나	○미사오	○호바시라	○가시	○후네노오모테	○이가다		○아기나이뿌네
十八									

船板子 션판ᄌ서 ○스이다
扂 고 포래호 ○아가도리

格軍 갇한군 ○스이후
沙工 사공 ○센또우

船倉 션쇼우창 ○센산 又云야라이
出船 츌션 ○슌션

點船 뎜션 ○후나게뫃
扯篷 시봉 ○호오히구

掛篷 괘봉호우 ○호가게
卸篷 샤봉호우 ○호오오로스

拋碇 포뎡 까이어데이 ○쥬ᇰ이가리이례
揆碇 발뎡 하쯔데이 ○이가리아예루

盪舟 탕슈우도우 ○후비오스
撓 더울요 똥우 ○오사

渡 도건ᄂᆞᆯ도 ○와다루
泊 학부를박 ○도마루

倭語類解　下（19a）

舟車

漂風 표풍 효우 후우
○효우리우
漂泊 효우 박
○효우하구

暈船 운션 후네니요우
○ㅈ云ㅎ후네노요이
破船 파션
○하션

泅 헤음슈 싱우
○오요우
迷 메 무ㅈ미미
○가즈미

修葺 슈즙 싱우싱우
○후나슈리 ㅈ云후나ㅁ신
煙 연 燻 훈
○후네다떼

輦 련 련련
○데ㅇ루마
車 교 슐릐ㄱ
○구루마,

轎子 교시 교우 ㅈ
○고시
小轎 쇼교우 쇼교우
○노리모노

輪 윤 박회륜 린
○구루마노와
駕 가 명에가
○노리가삐

轉 뎐 구을젼
○우다다
輪 유 슈운ㅎ르슈
○하고뿌

十九

倭語類解 下 (19b)

載 시를지 ○노스루 乘 도승 ○노루

曳 글을예 예이 ○히구 牽 일글껴 ○고이

技戲

雜技 잡 에 ○나ᇰᅡ사미고도 戲 노롬희 ○교우엔

碁 기 바독긔 ○괴 局 판국 ○괴만

碁桶 기 통 도우 ○괴예 碁子 기 시 ○괴이시

著碁 챡 긔 ○교우즈 奕 쟝긔혁 예기 ○쇼우에

雙六 쌍 륙 소우 ○스ᅵᆯ로구 紙 서 지 牌 해이 패 ○가루다

假가　碁긔기
○하사미슈ᄭᅴ　撃훈슈방
○쇼인

睹도　나기도
○가게　闍규우졉의구
○구시

毬규우죽방올구　蹴텬션
○데마리　鞬건셔기건
○마리

鞦츄　鞴심우션
○몌샤고　勝쇼우이긜승
○가즈

負후우질부
○마구루

飛禽
○

鳥됴새됴
○도리　鸞란됴란
○란

鳳봉황봉
○호우　凰봉황황
○오우

技戲　飛禽

鶴 학 가구 ○즈루　孔雀 공쟉 샥구 ○구샥구

鴛鴦 원 앙 오우 ○오시도리　翡翠 비 취 ○히스이

鸚鵡 윙 무 ○오우무　鵬 새붕 호우 ○다이호우

鷲 슈 수리츄 시우 ○와시　白鷺 빅로 학로 ○시라사미

鵠 곡 고해곡 곡우 ○곡우　驚 맹부 ○노안

鸛 한새관 판 ○오오도리　鸕鷀 로로시 ○우노도리 又ᄒᆞᆫ우레사기

鷈 시 두루미즈 ○노즐루　鷗 옥 ○가모메

鴈 안 기러기안 ○가리　鷹 매응 요우 ○다가

倭語類解　下（21a）

鸇 션 새매젼　○하이다가　鶻 고쯔 송골매골　○하야뿌사

鳶 연 쇼로기연　○도삐　鷁 이쯔 보롬가비일　○후나도리

鶹 휴 규우　鶹 림우　○요다가（左云미、누구）　鷦 쟈　鴣 고　○샤고

鶴 창 송우　鶊 경 고우　○히매리　杜 두　鵑 견 도　○호도도에스

鶄 쵸 숑우　鶹 료 룡우　○미소사이　鶴 쳑 세기　鴒 령 례이　○이시다다기

鶚 오우 필고리잉　○우무이스　鶬 도요새훌　○기쯔

鷖 게이 비오리게　○가와세미　鵝 마 게유아　○도우만

鳧 시 벅국새시　○갈고도리　梟 교우 올바미효　○후구로

飛禽

倭音頁解下　二十一

倭語類解 下 (21b)

鷰 져비연　○즈빠메、　胡호鷰연　○아나즈빠메

鶗례쯔 달텨구리렬　○기다다기　雉 셩치 지　○기이

鷄 둙계 계이　○니와도리　鳩 비들기구 규우　○하도

烏 가마괴오　○가라스　鵲 가치작 샥우　○가사사미

鴨 오리압 옥우　○가모　鶉 몰ᄎ르기슌 슌　○우스라

蝙편 현 蝠복 훅우　○공우무리　雀 춤새쟉 샥　○스스메

雛 삿기추 슈우　○히요고　雀쟉 샥 噪조 소후　○스스메사와우

羽 짓우 우　○하네　翼 ᄂ개익 욕우　○즈바사

嘴 부리 쉬 　○구지빠시　距 교 며ᄂ,리롭거 　○즈메

卵 알란 　○다마고　刷 쇄 새이 우　羽 우 　○하무시도루

飛 놀비 히 　○도부　鳴 울명 메이 　○누구

啄 조을탁 다구 　○예히로우　攫 더위칠확 쌈이 　○즈가무

巢 깃드릴소 소우 　○스즈구루　樓 세이 깃드릴셔 　○스무

鳥 도 됴 餌 식이 이 　○도리노예

走獸

獸 즘승슈 시우 　○지구쇼우　麒 긔 麟 린 　○기린

獅 ᄉ ○시시
象 코기리샹 쇼우 ○소우

虎 범호 고 ○도라
豹 표범표 호우 ○효우

馬 ᄆᆞᆯ마 빠 ○ᄆᆞ마
駿馬 쥰 빠 마 순우 ○슌몌

騘馬 총마 빠 ○소우빠
赤馬 젹 빠 마 셰기 ○아가ᄆᆞ마

白馬 빅 학 빠 마 ○시로ᄆᆞ마
雛馬 슈 빠 마 스이 ○가스몌

駁馬 박 학 빠 마 ○마다라ᄆᆞ마
騸馬 션 빠 마 센 ○긴누기ᄆᆞ마

駒 구 ᄆᆡ야지구 ○고마
駝 따 약더라 ○다구다

牛 쇼우 ᄆᆡ우에우 ○우시
犢 독 쇠야지독 ○우시노고

驢 나귀려
　○우사이에무마
騾 노새라
　○로무마

熊 곰웅 유우
　○구마
羆 곰비
　○시야마

犀 무쇼셔 세이
　○사이
豹 사슴비 승량이싀
　○야마인누

狼 일히랑 로우
　○오오가메미
鹿 로쿠
　○시가

麝 샤 샤향노로샤
　○야고우
獐 노로쟝
　○구싀가

猿 엔
　○사루
狐 여으호 고
　○기즈네

狸 슭리 리
　○쓰래 다ᄂᆞᄭᅵ
羊 양양 요우
　○히즈싀

羧 염쇼고 고
　○히즈싀노고
貂 돈피툐 됴우
　○기ᄂᆞᅦ스미

走獸

二十三

倭語類解 下 （23b）

山 산　달
獺 다쯔
○다누기〔안마우에〕
水 슈 獺 달 다쯔
○가와우소

猵 오소리단　단
○먀미
獾 담뷔환　훤
○톈〔간〕

鼯 드람이오　요
○리스
鼶 두더쥐분　훈
○무우라

鼠 쥐셔　소
○네스미
猰 족졉이랑　곳우
○이다지

兎 톳기로　도
○우사에
蝟 고솜돌위　아
○기즈

猪 돗졔　죠
○뿌다
山 산 猪 죠　산졔
○이노시시

狗 개구　구
○이누
狴 더멀개방　호우
○계뿌구인누

猫 괴묘　우
○네고
雌 암조　시
○메스

倭語類解 下 (24a)

走獸	驅 몰구 구	狃 버를뉴 쥬우	觸 찔를촉 오구 셰	吠 하이	蹏 즈즐폐 데이	毛 터럭모 맛우모우	角 뿔각 갓구	雄 수웅 유우
	○오우	○구셰	○후루루	○호유루	○계루	○게	○즈노	○오스
	馳 둘닐치 지	騎 둘기 기	馴 길드릴슌 슌	噬 물쎠 셰이	嘶 울시 셰이	蹄 굽톄 데이	尾 꼬리미	鬣 갈기렵 료우
二十四	○가계루	○노루	○누례 又云누루루	○가무	○이咽우	○히즈메	○오	○다데아미

水族

龍 미르룡 료우 ○다즈
魚 고기어 교 ○우오
鯔魚 시 최 어 교 ○이셰까이
鰱魚 련 렌 어 교 ○사계
鱸魚 로 로 어 교 ○스스기
大口魚 대 대이 구 고우 어 교 ○다라
民魚 민 인 어 교 ○니베우오

蛟龍 교 룡 료우 룡 ○아마료우
　메스다
鯉魚 리 리 어 교 ○고이
鯊魚 사 사 어 교 ○사메
魴魚 방 호우 어 교 ○뿌리
　日本에셔가헤미라오
八梢魚 팔 핫쯔 쵸 소우 어 교 ○다고
銀口魚 은 인 구 고우 어 교 ○아유
家鶏魚 가 게 게이 어 교 ○다이

水族

鮒魚
부후어皿 ○후나　廣魚망푸어皿 ○가례이

鮪魚유이어皿 ○시베　洪魚공홍푸어皿 ○메이

芒魚망뽀우어皿 ○사와라　鰔껄찌魚어皿 ○아사지 又云다나皿

鱣魚젼션어皿 ○우나이 日本則후기　烏우賊젹소우魚어皿 ○이가

古고道도도우魚어皿 ○사바　松숑솔우魚어皿 ○마스

鮸병혜이魚어皿 ○마나가즈오　河하魨돈가돈魚 ○후구

鮎렴넨魚어皿 ○나마즈　鏡경계이魚어皿 ○예비가비

石셕세기魚어皿 ○이시모지 又云무지　鰍츄샹우魚어皿 ○또죠우

倭吾頁坪下 二十五

鯖(쳥)魚(어) ○셰이
乾(간)古(고)魚(어) ○갇즈우부시
小(쇼)八(팔)梢(초슈) ○미나다고
鱗(비눌린) ○우로구ᄉ 又云우로고
鰾(부레표) ○니볘
鯨(그ᄅ경) ○구ᄉ라
龜(거복귀·기) ○가메
鼈(쟈라별·벼쯔) ○스본
倒(도)虫(츙·쥬우) ○이시하니
螺(라·쇼라라) ○사ᄉ예
蛤(죠개합·곱우) ○하마ᄯ리
紅(홍)蛤(곱우·합) ○이까이
海(회·가이)蔘(신·合) ○나마고 又云다와라ᅀᅡ
生(성)鰒(복·쇼우훅우) ○아와비
就(슉슉)鰒(복·훅우) ○이데아와비
全(쳰·전)鰒(복·훅우) ○호시아와비

蟹 게히
가이 ○가니 螷 셩이셰이 腸 쟝죵우 ○셰이쇼우

石 셕셰기 花 파화 ○고아기 鰕 새오하가 ○예비

魚 어이 餌 이시 ○우오노예 ○

昆蟲

蟲 버레츙쥬우 ○무시 蟒 구렁이망모우 ○우와빠미

蛇 비얌샤샤 ○혀비 毒 독독 蛇 독샤 ○ㅈ云마무시 하라구지

蝘 도마비얌언연 ○야모리 蝶 나븨뎝 ○됴우

螢 반도형계이 ○호다루 蠶 누에줌안 蝅 ○가일꼬

水族 昆虫 倭音頁꾸下 二十六

蜂 벌봉
호우
○ 하지
蟬 션 미얌이션
○ 셰미

蜓 젼자리텽
데이
○ 돈뽀우
蝦 욀도기작
사구
○ 이나고

螳 당 도우 蜋 랑 롱우
○ 가마기리
蜉 부 후 蝣 유 어우
○ 후유우

蟋 실 시쯔 蟀 솔 소쯔
○ 기리에리스
蛬 뵈쌍이공 공우
○ 하다오리무시

蛄 고
도로래고
○ 게라
蠅 푸리승 요우
○ 하이

蚊 훈 모긔문
○ 가
蝱 등의밍 모우
○ 아부

蝸 파 돌팡이와
○ 긋云파유우
蝗 황 蟲 츙 공우 쥼우
○ 이나무시

蛭 시쯔 거머리질
○ 히루
蟻 개 가얌이의
○ 아리

倭語類解　下（27a）

蚯구蚓규우　蚓인
○미미스
蚚쳑蠼확　셰기팡구
○샤구도리무시

蝸오蛞　蛞공우
○무가떼
蛛쥬　거뢰쥬
○구모

蚕　벼록조송우
○노미
臭취虫츙　싀우쥬우혀괴
○나구메

蝨싀슬　니슬
○사라미
蟻　혀괴기
○시라미노고

蠹도　좀두
○시미
蝦가蟆마　하마
○가와스

蟾션　두텁이셤
○와구뚱우
蟾셤蜍쇼　셤여
○히기가에루　굿도히기

蛙와아　개구리와
○가예루
蝌파蚪두　파도우
○가예루고

蜈히　진뒤비
○따니
蛆소　커더기져
○우싀

昆虫

倭語類解下

二十七

倭語類解　下（27b）

蠐세이　○스구모무시　蠢구무거릴쥰숀　○우믜우쯔스루又云무우메구

蚊기　○하우무시　蟠셔릴반한　○와따가마루

虫츙우損손　○무시구이

樹木

樹나모개　○기우에　桂계슈계　○가즈라노기

松솔숑우　○마즈　竹대듁　○다게

梧오오桐도우동　○기리노기　栢잘빅한구　○마즈노기

側측栢뵈빅　○소구바구　桑뽕나모상소우　○구와노기

楓 호우 신나모풍	檀 단 박달단	槐 파이 회화피	楮 죠 닥져	楸 시우 ᄆ래슈	檜 파이 젼나모회	杜 두 冲 튱	杉 산 의개삼
○가이뎨	○뱌구딴 又云마유미	○옌슈노기	○가싀노기	○히사이	○히노기	○도쥬우	○스이
蘇 소 木 목	樺 파 봇화	椵 가 피나모가	漆 올나모칠	橡 샹 도토리샹	榆 유 느릅나모유	柳 류 버들류	棕 종 櫚 려 소우 료
○소뱍구	○가빠노기	○히노기	○옷쇼하셰	○도지노기	○니레노기	○야나이	○슈로

樹木

檜 겸핑겁 ○무구노기 藤 둥둥 ○후싀

枳 기 팅즈기 ○가라다지 杻 쥬우 쌀리뉴 ○하이

荊 게이 가싀형 ○이또라 松子 소우 亽 시 ○마즈즈우리

寄 긔 生 성 소유 ○야또리기 丹 단 단우 楓 풍 후우 ○모만지 미

株 쥬 날쥬 ○구이셰 根 곤 불회곤 ○너

枝 시 가지지 ○예따 梢 소우 나모씃쵸 ○고스예 줓고여따

蘗 쯔 초리얼 게 ○예따사기 葉 요우 납엽 ○하

板 한 널판 ○이다 材 사이 저목지 ○아이모구 리기

牡 모

朽 우 서글후 ○ 구지기 즉云구지루 槎 ·사 등걸사 ○ 기리가부

林 린 수플림 ○ 하야시 簇 소우 덤불수 ○ 구사무라 즉云야뿌

薪 신 섭신 ○ 다기히 又마기 柴 샤이 木 목 뫼뿍 ○ 시바

花草

花 파 픈화 ○ 하나 蓮 렌 花 화 파 ○ 하스노하나

牧 맥 목 丹 단 ○ 몃쭈단 又몃판니 芍 쟉 藥 약 ○ 샤구야구

梅 마이 花 화 파 ○ 무메노하나 菊 국 花 화 파 ○ 기구노하나

葵 규 花 화 파 ○ 아오이노하나 海 히 가이 棠 당 花 화 동우 파 ○ 가이도우노하나

樹木 花草　　諺音貞罕下　　二十九

薔薇 장미 ○쇼우매
華黃이花 신이화파 ○고묵신노하나

山丹 산단 ○유리
杜鵑 두견 ○즈즈이

蹢躅 텩쵹 ○사즈기
暎山紅 영산홍 ○기리시마

金錢花 금젼화 ○긴셴파
鳳仙花 봉션화 ○호우셴파

鷄冠花 계관화 ○게이도우노하나
紅花 홍화 ○베니

蓼花 료화 ○다떼노하나
石竹花 셕쥭화 ○세기지구파

槿花 근화 ○무구혜노하나
芙蓉 부용 ○후요우

茱萸 슈유 ○구미
柳絮 류셔 ○야나기노하나

花草

冬　동
栢　동ᄇᆡᆨ　학ᄇᆡᆨ
○즈ᄆᆡ기
梔子　시 ᄌᆞ
○구지ᄂᆞ시

千　쳔
葉　엽
花　화
○야에노하나
單　단
葉　엽
花　화 마
○히도예노하나

假　가 가
花　화 파
○즈구리하나
花　화 파 盆　분 혼
○하나바지

開　필ᄭᅵ지 파이
○히라구
落　질락 라쿠 여히에
○오즈루

英　ᄭᅳᆺ부리영 예이
○즈ᄆᆞᆮ미
藥　ᄉᆞ이 여히에
○시볘

花　화 파
朶　ᄯᅡ 타
○하나노후사
花　화 파 蔕　례 테이
○하나노ᄉᆞ구 又즈예ᄉᆞ가

香　ᄭᅳᆮ다올향 ᄭᅮ
○곰우ᄲᅢ시
艶　곰을염 옌
○우즈구시

芳　ᄭᅳᆮ다올방 호우
○곰우ᄲᅢ시
凋　이울죠 듀
○시보무

三十

倭語類解　下（30b）

枯 고　ᄆᆞᄅᆞᆯ고
○가례루
草 플ᄎᆞ
○구사

蘭 란　란초란
○아라라이
萱 훤초훤
○완스례구사

人蔘 인 신　ᅀᆞᆷ
○닌신
芝 지초지 시
○무라사기

芭蕉 파 쵸
○빠쇼우
菖蒲 숑우 포 호
○쇼우부

蘇 소　鐵 뎔
○소데쯔
射 샤　干 간
○가라스오히

薜 벽　荔 려　혜기 례이
○즈다
萆 히 피　麻 마　子 시
○도우꺄마

莞 판　요향판
○이약사
茵 인　부들인
○고모

苧 죠　모시져
○오
麻 마　삼마
○아사

倭語類解　下（31a）

花草　雜語

葛 흑갈 가쯔	蘢 달란 란	艾 쑥애 야이	莎 씩사 샤	苔 잇기틔 다이	莖 게이 줄기경	蕃 번셩울번 한
○가스라 葦 골위 이	○요시 蓬 호후 다복쑥봉	○모우사 茅 섁모 맛우	○스예 菊 쏠추 슈	○고게 萍 평초평 혜이	○구기 蔓 너출출만 만	○시예루 叢 퍼기기총 송우
○아시	○요모이	○지가야	又云하미 마구사	○우기구사	○즈루우사	○구사무라 又云가부

倭語類解　下　（31b）

倭語類解

大 큰대 ○오호이　　　小 쇼우 ○지사이

輕 가비야올경 ○가루이　　重 무거울즁 쥬우 ○오모미꾸

潤 파쯔 너를활 ○히로이　　狹 좁을협 우 ○세바이

長 긴쟝 쟈우 ○나아이　　短 져를단 단 ○미싀까이

厚 둗거올르후 공우 ○아즈이　　薄 열울박 학구 ○우스이

麁麤 굴글추 소 ○후도이　　細 マ놀셰 사이 ○호소이

多 만흘다 다 ○오우구　　少 쟈글쇼 쇼우 ○스구시

全 온젼젼 션 ○만다구　　半 반반 한 ○나가라 나가바

片 조각편 ○가다즈라　塊 덩이괴 파이 ○즈지구레

尖 뾰족첨 셴 ○도아리　圓 둥글원 연 ○마루이 조곰마와루

遠 멀원 연 ○도우이　近 갓가올근 근 ○지가이

疎 성긜소 ○우도기　密 빅빅홀밀 미쯔 ○미기 매시

盈 출영 예이 ○미즈루　虛 뷜허 교 ○앙구 조요무나시

餘 남을여 요 ○아마리　縮 줄츅 슈 ○지싀마루

加 더홀가 가 ○구와유루　減 덜감 간 ○혜루

充 치올츙 유우 ○즈며루 마루　損 손홀손 손 ○야부루

雜語

倭語類解下

三十二

倭語類解　下（32b）

事	公	貴	尊	懸	頻	聚	添
ᄉᆞ 일ᄉᆞ	구 구의공	귀 귀홀귀	존 노플존	현 돌현	빈 ᄌᆞ즐빈	파 쏠파	텬 보탤텸
○고도	○오우야게	○메즈라시	○다가이 又云단도시	○가계루	○사이사이 又云시기리니	○즈즈무	○소예루
物 모 ᄭᅥᆫ물	私 시 ᄉᆞᄉᆞ시	賤 쳔 쳔홀쳔	畀 히 누즐비	隔 ᄀᆞ 막힐ᄀᆞ	稀 기 드믈희	封 호우 봉홀르봉	補 호 기올로보
○모노	○와다구시	○이야시어	○히기시	○혜다즈루 又云혜다다루	○마례	○후우스루	○오이노우

雜語

我 아 나아 ○와례
汝 여 너여 쇼 ○소찌 又云난이 又云소노오우

君 군 그뎨군 ○소나다
伊 이 뎌이 ○소노미

誰 슈 누구슈 스이 ○다례
某 모 아모모 뎡우 ○나니아시

彼 피 뎌피 히 ○又云가노 가례
他 타 다를타 다 ○요노

翁 옹 하라비옹 오우 ○오기나
媼 오 할미오 오우 ○빠빠

雙 상 쌍쌍 소우 ○又云나라벽 즈이
隻 쳑 쌱쳑 셰기 ○소우

侍 시 뫼실시 시 ○오도모 又云한떨三
轝 솔 거느릴솔 소쯔 ○즈례노우

奉 봉 받들봉 호우 ○다데마즈루
事 스 셥길스 시 ○즈가예루

倭語類解　下（33b）

慰 이 위로위 ○나구사미 메루
護 앙 구호호 ○도리모조

睦 맏구 화목목 ○와맏구 모ㅊ무ㅈ마시
養 칩양 요우 ○야시노우

恩 온 은혜은 ○메구무
罷 고일총 죠우 ○죠우아이

榮 예이 영화영 ○예이파
辱 욕ᄒ울욕 요우 ○못云하시 지요구

禍 과 지화화 ○와ᄉ와이
福 복ᄒ울복 후구 ○사이와이

吉 기쯔 길ᄒ울길 ○요시
凶 흉ᄒ울흉 교우 ○아시

盛 세이 셩ᄒ울셩 ○사가예루
衰 쇠ᄒ울쇠 ᄉ이 ○오도로예 무

安 안 평안안 ○야ᄉ이
危 기 위ᄐ위 ○아뿌나이 又云아야우세

倭語類解　下　（34a）

得 득
어들득
○ 예떼루

失 일홀실
시쯔
○ 우시나아

有 이실유
이우
○ 아루

無 업슬무
뿍무
○ 나이

是 올홀시
시
○ 나가나가
　또요시

非 그를비
히
○ 아야마리

曲 구블곡
곡
○ 마아루

直 고들직
쪽
○ 스구나
　또나오시

異 다를이
이
○ 고도나루

同 호가지동
동
○ 오나시구

優 낫을우
이우
○ 유다가나루

劣 용렬렬
렬
○ 오도루

真 춤진
신
○ 마고도니

偽 거줄위
미
○ 이즈와리

誤 그를홀오
오
○ 오로아
　또오아야마루

妄 망녕될망
모우
○ 맛우갸구

雜語

安吾員罕下

三十四

古 고 녜고 ○이니시예　　今 군 이지금 ○이마

新 신 새신 ○아다라시　　舊 녜구 ○무가시

始 시 비로솔시 ○하이메데 又云하이마루　　終 시우 ○오와루 又云시마우

初 쵸 처음초 ○하이며　　末 마쯔 ○스예 又云사기

遲 지 더딀지 ○오소시　　速 솟 ○스미야가

久 규우 오랠구 ○히사시이　　暫 산 잠깐잠 ○시바라구 又云좀도

難 난 어려올난 ○무즈까시　　易 이 쉬올이 ○야스이

緩 완 눅을완 ○유루이 又云유루루야가　　急 규우 큰홀을급 ○이소우

嫌 혐의혐 ○기로우　猜 싀긔싀 ○소베무

忌 긔 싀릴긔 ○이무　諱 긔일회 ○이미시

欺 긔 소길긔 ○아사무구　超 의심의 긔 ○우다하이

侮 뫃 업슈이너길모 ○나이가시루　驕 교만교 ○오얻루

猥 외 외람외 ○미따리　傲 거오오 ○아나또루

嚇 갸 저힐하혁 ○오또로구　虐 전슝올건 ○하바가리

姤 도 루긔루 ○비다무　害 해흐해 ○소교노우

眈 탐 즐길탐 ○스기 긔 又ㅊ무ㅐㅜ　羨 션 부러호올션 ○우라야마시이

雜語

菱岳真解下　三十五

倭語類解　下（35b）

煩 한　번거번　○고도시예시　苦 구　피로올고　○구로우

秘 히　숨길비　○히소까　怪 파이　괴이홀괴　○아야시무

翫 관　구경완　○겐뿌즈　試 시　시험시　○고고로미루

效 굥우　본바들효　○시루시　驗 벤　효험험　○시가이미루

逞 계기　거스릴역　○사고우　遠 이　어길위　○지가이

會 파이　모들회　○아즈마루　合 끙우　합홀합　○아와세-

棄 기　브릴기　○스테루　取 슈　취홀취　○도루

廢 하이　폐홀폐　○하이스루　置 지　둘치　○오구

倭語類解　下（36a）

解	維	連	承	受	求	給	遞
풀히	얼글유	련홀련	니을승	바들슈	구홀구	졸급	로례 톄이
가이	유이	렌	쇼우	시우	규우	규우	
○도게	○구무루	○즈스게	○우게다마와루르	○우구루	○모도메 무	○다모우 又云야루	○가와루 傳 쳐홀뎐 뎐 ○즈다예 우예
結 믤결 께쯔	續 니을쇽 소구	絕 신흘졀 쪠쯔	乄 팁진홀팁 보우	授 맛질슈 시우	許 허홀허 교	奪 아슬탈 다쯔	
○무스뿌	○즈스게 又云즈스구	○기레루	○즈기루	○아스게루 사	○유루스 又云교따구	○우바이도루	

雜語

硬 셩ㅎ
공우
○가다이
軟 셴
연홀연
○야와라ㄱ

堅 견
구들견
○가다구
殘 산
잔혹ㄹ잔
○노고리

疊 텹
포필텹
○가사나라루
累 루이
여러루
○아마다

彌 미
ㄱ독미
○이요이요
重 듕
죠우
○가사누루

傾 계이
기우러질경
○가다무구
頹 다이
문허질퇴
○구스례루

奬 혜이
ㅎ야질폐
○소우사
戱 기
이즈러질휴
○가구루

變 혠
변홀변
○혠쯔
改 가이
고칠기
○아라다메

散 산
흣들산
○자라셰
又云 지루
移 이
옴길이
○우즈루

橫 빈길횡
고우
○요고아
斜 빈길샤
샤
○나녜

毳
스이
○다루루
翳
예이
○사예이루

飄 불립표
효우
○히사괴 여외리가예
翻 번드림번
혼
○히루아예루

森 박믜휼솜
신
○모리
列 벌렬
례쯔
○나라몌 又즁즈라나루

綻
텬
○호고로 부몌
裂 셜렬
레쯔
○사구

衝 질올솽
쇼우
○사스 又스구
貫 셸판
판
○즈라누기

盡 다홀진
신
○즈구스
悉 다실
시쯔
○고도곤도쿠

均 고를균
괴
○무라모노우 又즁히도시에
平 평홀평
혜이
○다이라가

雜語

倭吾頁解下

倭語類解　下（37b）

擇 ᄲᅳᆯ횔퇴　○예라ᄶᅮ　差 치송쳐　○사시소예루

定 텽ᄒᆞᆯ뎡 테이　○사다며데 가루　使 브릴시 시　○즈가이

趍 ᄯᆞ롤진 진　○올ᄐᆡ 오ᄉᆡ오요ᄆᆡ　及 미ᄎᆞᆯ급 규우　○오요ᄲᅮ

務 힘쓸무 우　○즈도무　示 뵐시 이　○시메스

權 권세권 뀐　○ᄭᅡᆫ셰ᅵ　勢 형셰셰　○셰ᅵ 에이오이

災 ᄌᆡ화ᄌᆡ 사이　○와ᄉᆞ와이　厄 지왁왁　○야구

幽 그윽유 이우　○가스까 나루　隱 숨을은 인　○가구스

避 피ᄒᆞᆯ피 히　○노ᄒᆞ루　遯 도망도 도우　○니예루

役 역ᄉ역 ○구야구 業 업우 ○와ᄉ

科 파거마 ○규우ᄯ이 切 용공 ○교우

聞 드를문 ○기구 知 알지 ○시루

量 혜아릴량 ○하가로우 覺 ᄭᆡ다를각 ○사메

閒 한가한 ○간표우 暇 겨ᄋᆯ가 ○이도마

漁 고기잡을어 ○스나ᄯ리 獵 산ᄒᆡᆼ렵 ○가리

探 더듬을탐 ○사ᄀ루 掘 ᄑᆡᆯ굴 ○호루

採 ᄏᆯ치 ○도루 折 ᄭᆨ글졀 ○오리

雜語

捕 잡을포 호 ○도라유루 挾 실협 팟우 ○하사무

掛 걸패 ○가게루 擲 더질쳑 데기 ○나예우즈

掩 마리울엄 엽 ○오오우 構 얼글구 고우 ○다와무루

繞 두를요 묘우 ○메우루 撲 부듸칠박 복 ○하라후

負 질부 후우 ○오우 戴 닐딕 다이 ○이다따기

引 언 ○히기 執 잡을집 시우 ○도루

兼 겸홀겸 껜 ○가네데 叅 참예참 산 ○마이리

等 무리등 두우 ○라 待 기드릴디 다이 ○마지

丈 길장
죠우
○낭가시
又다게
級 드틉
규우
○렌

枚 낟미
마이
○마이
件 벌건
규단
○구단

組 인신조
소
○구미
条 오리됴
됴우
○스이
○혼빠고

秩 ᄎ례질
지쯔
○이지ᄆᆞᆨ
畫 겁질갑
구우
○혼빠고

際 즈음졔
세이 사이
○又云기와
하ᄉᆞ
限 ᄒᆞᆫ홀혼
엔
○가에리

稜 모릉
룡우
○가도
隙 들극
계기
○스기
又云히마

領 한
반포반
○이이후라스
賞 샹쥴샹
숑우
○호우비

遺 기칠유
이
○노고라스
賂 션물로
로
○마아예
又云오구리모노

雜語

三十九

賑 신 진휼홀진 ○니에와 스라 窮 궁홀궁 ○기와마루

標 표 표홀표 효후 ○시루시 顯 날타날현 곈 ○아라와례

致 지 니뤨치 ○이다스 檄 격셔격 에기 ○후다

建 견 셰울건 ○다즈루 節 무딧졀 세쯔 ○후시

交 교 사괼교 ○皿이예 與 더블여 요 ○즈려테

容 용 용납ᄒᆞᆯ용 고우 ○이루루 對 딕ᄒᆞᆯ딕 ○다이스

常 샹 덛덛샹 쇼후 ○즈비 俗 풍쇽쇽 ○후우쇼구

修 슈 닷글슈 시우 ○미야기 行 ᄒᆡᆼᄒᆞᆯᄒᆡᆼ 고우 ○오구노우

倭語類解　下　（40a）

魁 괴슈괴
파이
○도오도리

元 을뜸윈
엔
○모도

正 바롤졍
쇼우 ᄌᆞ히이
○마사
오즈다다시

副 버금부
후우 ᄌᆞᄌᆞ소례로이
○소이

稱 일크를칭
쇼우
○나비구
오즁오메루

謝 샤례샤
샤
○샤스루

爲 위홀위
이
○다메

輔 도을보
호
○다스게

作 지을작
사구
○즈구루

旅 나그너려
료
○다비

費 허비비
히
○즈이예

饒 넉넉홀요
요
○유다가

御 어거어
교
○히기마와스

仇 원슈구
규우
○아다

欲 호고져홀욕
욕
○다이

報 갑흘을보
호우
○호오ᄉᆞ루

雜語

倭語類解下　四十

預 미리예 ○가비데 又云아즈가리 先 온져션 ○사기니 又云마즈

抵 다두를뎌 ○이다루 又云오이데 過 지날과 ○스와루

企 져기드딀기 ○구와쌰즈 至 니르지시 ○이다루

止 그칠지시 ○야무 接 부칠졉 슈우ㅅ셔루 ○즈게루

忙 밧블망 맛우 ○이소하시 甚 심울심신 ○하나하다

緊 긴홀긴긴 ○간요우 切 일졀졀 셰쯔 ○일셴즈

具 ᄀ촐구우 ○소로예루 由 말믜유 이우 ○히마또리

報 보훌보 호우 ○쥬우신 呈 뎡울뎡 테이 ○사사예

雜語

臨 린 림호림　○노소미

便 변 인편편　○다요리

逢 호우 만날봉　○오우

期 긔 긔약긔　○기야구

徐 쇼 나로여셔　○소로소로

向 향 향홀향　○무고우

景 별경　○계이

處 쇼 곳쳐　○도고로

欹 기 기울긔　○유하무

倚 이 의지홀의　○요리가가루

乾 간 무를간　○가와구

險 험 험흔험　○게와시

強 강 강잉홀강　○시기리닉

免 면 면홀면　○마누가례

普 후 두로보　○히로구

賴 라이 힘닙을뢰　○고우무루

倭吾頁解下　四十一

倭語類解　下（41b）

壓	迸	惹	偕	恰	比	齊	共
두를압	버들병	일쿨야	참람참	마치흡	견졸비	ㅈ즉졔	호가지공
오우	호우	야	신	ㅽ우	히	셰이	ㅽ우
○오소우	○호도바시루	○히기이ㄸ스	○오시이마마	○죠우또	○오ㅈ듀다구라뿌	○도도노예	○도모니
					구라부루		相 서른샹
碎 ᄇ아질쇄	設 버플셜	擾 요란요	雜 섯길잡	似 マ틀ㅅ	如 マ톨여	偕 홈쁴히	○또ㅠ아이
사이	셰쯔	요우	오우	이	요	가이	다하이
○구ㄸ구	○호도꾜시	○미ㄸ례	○마ㅅ예루	○니다리	○요도구	○이지쏘니	또도우니
	ㅈ듀모우구루					또도우니	

倭語類解　下（42a）

雜語

不 후쯔
모든으를블
○ 미이센
勿 말물 모쯔
○ 나가례

未 아닐미
미
○ 아라ㅅ
没 믈출몰 믈쯔
○ 뿔스루

堪 견딜감
간
○ 고다예루
又云다에다리
當 당혼당 ㅅ야출ㅁ도우
○ 아다루

慣 니글관
관
○ 고우샤
通 통홀통 경혼홀정
○ 도우루

群 물군
군
○ 도모하라
又무라가르
精 경혼홀정 세이
○ 구와시구

夥 만을화
파
○ 오바다시거
足 족홀족 소구
○ 다루

僅 겨요근
간
○ 요우요우
又云와스가
用 뻐용 요우
○ 즈고우
又云모지유

憑 빙고빙
효우
○ 쇼우요
又다요르
究 궁구홀구 규우
○ 기와무

倭語類解下　四十二

倭語類解　下（42b）

排 하이　버릴빈　　○ 못云소나예루　　行 쥴항 ㅋ우　　○ 군따리

次 시　버금ㅊ　　○ 즈이　　第 데이 ㅊ례뎨　　○ 신다이

親 신　친이홀친　　○ 이기니　　竊 셔쪼 굼욱졀　　○ 히소까니

准 윤　쥰ᄒᆞ쥰　　○ 나소라우　　檢 겐 검찰겁　　○ 사시스

剪 션　코길젼　　○ 기루　　剖 호우 사길부　　○ 와루

彫 됴우　아로사길됴　　○ 호루　　刻 ㅋ우 사길ㅋ우　　○ 기ᅀᅡ무

搜 시우　뒬수　　○ 사아스　　尋 인 ㅊ즐심　　○ 다즈데

摘 다구　쓸뎍　　○ 즈무　　發 바쯔 발ᄒᆞᆯ발　　○ 아라와루

二字類

屬 부틸속 〇企구스ᄹ 又云즈구
類 동류류이 〇다ᄋᆞ이

編 역슬편현 〇아무
成 일울셩이 〇ᄂᆞ스

〇

大 더 縣 개 〇다이까이
當 동초 初 쇼 〇소노도기

如 여 斯 시ㅅ 〇가구노ᄑᆞ도시
而 이 已 이 〇노미

嚮 향구 者 쟈샤 〇사기ᄭᆞ로 又云셴도
俄 아 者 쟈샤 〇니와가

在 지 前 젼 〇사이셴
近 간근 間 간 〇고노ᄀᆞ로

昨 작 令 금간 〇기노우ᄭᆞ우
卽 쇽 令 금간 〇다ᄯᅡ이마

雜語

倭語類解　下（43b）

頂 졍 게이 刻 국 곡
○산사
湏 슈 유 吏 유
○시바라구

縹 표 효우 紗 묘 맛우
○하루빠루 又云효우묘우
蒼 창 쇼우 茫 망 멋우
○소우멋우

朦 몽 무우 朧 롱 로우
○오뫄로
依 의 이 俙 희 기
○다시가나라ㅅ

生 싱 솽우 光 광 곽우
○히가리나나루
德 덕 도쿠 色 식 식구
○기보

明 명 메이 白 빅
○메이하구
爽 상 솽우 快 쾌 과이
○기산싀나

文 문 뭔 彩 채 사이
○사이애
燦 찬 산 爛 란
○산란

名 명 메이 聲 셩 세이
○샤다
狼 랑 로우 藉 쟈
○로우샤

輝 휘 기 煌 황 쾅우
○가아야구
繁 번 華 화
○한과

雜語

恍황惚흘
○꾸ᄯᅩ즈구
玲령瓏롱 레이 로우
○스기도우루

怊쵸悵쟝 됴우 죠우
○이다와시
慷강慨개
○꾜우가이

慭은懃근
○인엔
齟서齬어
○소ㅁ

奔분走주 소우
○가계맏와루 又云도리엄미
汨골沒몰 ꮀ죠
○이소가시

機긔會회
○기과이
張쟝大대
○고도오고스

逗두遛류
○도우리우
遲지滯체 데미
○도ᄯᅩ포오리

蹢쥬躇져
○후미마요우
趑즈趄쇼
○ᅌᅡ시즈구

出츌行힝
○가도이데
避히近후
○다마다마오우

四十四

離別 리별 ○리볘쯔　和會 화회 과이 ○나가나오시

我等 아등 도우 ○와례라　汝等 여등 도우 ○난되라

這漢 져한 ○고야즈　邦漢 나한 ○아야즈

原來 원리 ○옌라이　將來 쟝래 라이 ○사기사기

全然 젼연 셴 ○네가라　迥然 형연 계이셴 ○고도노오가

沛然 패연 셴 ○하이옌　果然 파연 셴 ○예너모

恍然 황연 뿌셴 ○하례야가　依然 의연 이셴 ○아다까모

自然 즈연 ○시옌　偶然 우연 우셴 ○다마사가

雜語

攔出 란 슈쯔 / 란
○사가이오코메루 露出 로 로
○로겐

地圖 디 도 / 지 도
○예즈 路程 로 뎡 / 데이
○로시

貴國 귀 국 / 기
○기고구 館所 관 소
○관효

支離 지 리 / 시 리
○나아히구 遷延 쳔 연
○오소나오리

窮屈 궁 굴
○규우구쯔 蹉跎 차 다 / 사 타
○그글로도케스

珎重 진 / 듕
○진죠우 奇特 긔 특
○기도구

有福 이우 유 / 후구 복
○과호우 多幸 다 힝
○다고우

缺然 결 겐쯔 / 연 엔
○노고리오이 公然 공 / 연 뮨
○무나시구 오모데무가

倭音頁翠下 四十五

倭語類解　下（45b）

進진　排빙하이
○사시아애　出슐슈쯔　歛렴
○따시아와세

祥샹　瑞셔스이
○메데다이　兆죠　朕진
○기ᄉᆞ시

好호　樣양용우
○요이요우　符부　作ᄉᆞ구
○마ᄉᆡ나이

圖도　謀모
○하가라우　謀모　害해가이
○오도시이루

野야　俗쇽
○사무시이　強ᄀᆞᆼ　忍인가이
○죠요구시노ᄲᅮ

抑억　勒로우
○오시떼　齮기　齘ᄒᆞᆯᄀᆛ
○이게ᄌᆖ쿄로시ᄉᆞ

曖애　眛ᄲᅡ이ᄆᆡ이
○무시즈　雪셜　耻치지
○하ᄉᆡ오ᄉᆞᆨ

掣텰　肘쥬우
○무즈까시우　狼랑　狽패ᄆᆡ이
○도모야ᄲᅮ레

倭語類解　下（46a）

雜語

崇尚 슝우 샹우	斑駁 한 학우	滲漏 신 루	從容 쭁 용우	熹迷 희기 몌이	一般 일 반	有益 이우 예기	淡薄 담 한구
○단도몌	○서와게루	○메모리	○유루리또	○가미 마예가데루	○도우쎈	○예기아아루	○유이하로우
功業 풍 업	參差 신춈 치시	潺湲 잔산 원관	凄凉 쳐 량	稀罕 희 한간	一樣 일 양요우	無益 무뿌 익예기	苟且 공구 샤챠
○고우교우	○가다다아이	○야리미스	○쉬이료우	○마레모노	○이지요우	○예기나이	○후싀유우

倭呂類解下

四十六

分분분 棟간간 ○와게루
糟조소우 粕박할우 ○아라가다

獘폐 端단단 ○혜이단
亂란란 雜잡손우 ○란사즈

周시우셴 旋션 ○슈우셴 又云가이오우
彌미매 縫봉호우 ○고도유예나시

倉창소우 卒졸쏘우 ○데바시고이 이소하와시
辛신 苦고 ○신구

切세쪼절 迫박학구 ○사시즈가예
未미 安안 ○야스가라스

顯현옹 望망뽀우 ○마지와스로우
信신신 聽텽데이 ○신요우

背비하이 約약약 ○야구오소무구
蔑별베쪼 視시시 ○나이아시로

的덕데기 當당도우 ○몬도모
停텽데이 當당도우 ○기와메루

倭語類解　下（47a）

效 효 교우 他 타 다	非 비 히 常 샹 셩우	可 가 惜 셕 셰기	消 쇼 쇼우 息 식 식	曲 곡 꼭 折 졀 셰쯔	尋 심 常 샹 숑우	叮 뎡 嚀 뎡	支 지 當 당 도우
○마비	○즈비나라스	○오시이	○오도스례	○와계아이	○요노즈네 又云우가또	○테이네이	○고다예루 又 사사메구루
襯 친 신츠 著 챡 쟉우	非 비 히 輕 경 게이	可 가 가 憐 련 렌	連 련 렌 絡 락 라쿠	太 태 다이 過 과 파	緣 연 엔 故 고 고	附 부 후 囑 쵹 소우	獨 독 독두 當 당 당도우
○즈끼우시다	○갈루가라스	○마와렌이	○우지즈소기	○호우라스	○사시아이	○又云다요루	○미니우게루

雜語

四十七

戲희 弄롱루 ○다와무레
絶졀 倒도우 ○오가시이 다와이나구

漁어 火화과 ○이사리여
分분 明메이 ○훈묘우

萬만 籟라이 ○요로스노고예
寂젹 寞막 ○셰기바구

一일 定테이 ○이지묘우
因인 緣연 ○요리

權권 道도우 ○미하가로우
如여 何하가 ○이가가

擲텩 奸간 ○겐머
方방 張쟝 ○호우죠우

不불 可가 ○요로시가라스
嚴엄 肅슉 ○엔슈구

催최 促촉 ○사이소구
差차 錯샤구 ○마지아이노하서

倒懸 도독 현겔 ○현까예루 沙汰 샤사 다태어 ○쏘야마시오 사다

預度 예요 탁닥 ○가비테하가루 幾介 기긔 개가이 ○남보까 이개호도

猶豫 유이우 예요 ○후게즈요우 停止 뎡데이 지시 ○됴우지

橫行 횡공우 힝공우 ○오우고우 何處 하 거쳐요 ○이묵

檻穽 함간 졍세이 ○간데이 세 不幸 불후쯔 힝공우 ○후시아와세

平生 평혜이 성쇼우 세이 ○혜이세이 見拙 견게 졸쏠세쵸 ○사예시무

即效 즉속우 효공우 ○속고우 撙節 존손 졀세쵸 ○호도요우

任意 임신 의이 ○고고로마마 變通 변 통 ○현즈우

雜語

倭吾類解 下

四十八

倭語類解　下（48b）

作言類

妙묘 理리　○묘우리　生성 踈소송우소　○후고우

專젼 主쥬슈　○몸빠라쥬산도로　改기 撰찬　○가이센

落락 漏루로우　○오도스　幾기 何하　○이구라

業업 巳이얼우이　○못云모하야　經경 營영계이예이　○이도나미

無무 窮궁뭐우규우　○又云사이앤나이 ○기와마리나이　畢필 役역　○히쬬예기

疊字類

耿경 耿경　○굥우굥우　蕭쇼 蕭쇼　○쇼우쇼우

重즁 重즁쥬우쥬우　○가사네아사비　層층 層층소우소우　○소우소우

倭語類解　下（49a）

疊텹疊텹
疊텹우疊텹우
○아만다아만다縷루縷루　又云가산데라시네
○루루

倏홀
倏홀倏쬬
○슈구슈구　세
忩총忩총
○소우소우

隱은隱은
○인인
飄표飄표
○효우효우

皓호皓호
○고우고우
皎교皎교
○표우표우

冥명冥명
○메이메이
昏혼昏혼
○곤곤

欝을欝을
○우쯔우쯔
細세細세
○사이사이

彬빈彬빈
○힌맨
揚양揚양
○교우교우

藉자藉자
○샤샤
寂젹寂젹
○세기세기

雜齋

倭吾頁解下　四十九

悠유 悠유 ○이우이우 寥료 寥료 ○료우료우

蒼창 蒼창 ○송우소우 渺묘 渺묘 ○맫우맫우

茫망 茫망 ○맫우맫우 忽홀 忽홀 ○고쯔고쯔

落락 落락 ○라구라구 姜셰이 姜셰이 ○무라무라

憧동 憧동 ○도우도우 轔린 轔린 ○지루이지루이

遑황 遑황 ○가루이가루이 峨아 峨아 ○아이아

嫋묘 嫋묘 ○도구도구 綿면 綿면 ○멘멘

藹애 藹애 ○아이아이 漠막 漠막 ○빠구빠구

倭語類解　下（50a）

雜語	潺잔 潺잔	颾풍 颾풍	泠령 泠령	濛몽 濛몽	紛분훈 紛분훈	歷력 歷력	丁뎡 丁뎡	霏비 霏비
	○유루리유루리	○후우후우	○레이레이	○모우모우	○미따레미따레	○례기레기	○테이테이	○도매도매
	快쾌 快쾌 자요로지요로	涵흄 涵흄	滾곤 滾곤	淙종 淙종	溶용 溶용	颯삽 颯삽	漸졈 漸졈	消연 消연
	파이 파아이							
	○산바리	○퓨우퓨우	○혼혼	○소우소우	○요우요우	○산사즈	○시따이시따이	○솔로리솔로리

五十

裁지判판	大대差치使스	留류守슈	大대名명	關판白빅	日本官名	憾척憾척	區구區구
○사이한	○산판시	○루스이	○따이묘우	○관빠구- 又云구맛우		○셰기셰기	○마지마지
送종使스	館관守슈	奉봉行힝	執집政정	太태守슈		凛름凛름	闇암闇암
○소우시 又云소사	○관슈 又云관모리	○뿅꾜우	○신셰이	○다이슈		○린린	○안안

倭語類解　下（51a）

日本官名

正官 정관　○쇼우꽌　都船主 도션쥬　○도우센쥬우

二船主 이션쥬　○니센쥬우　留船主 류션쥬　○류센쥬우

封進 봉진　○후우신　侍奉 시봉　○시봉우

押物 압물　○니나모리　第一船 데일션　○따이임센

以酊菴 이뎡암　○이데안　特送 특송　○즉소이

萬松院 만송원　○빤소우인　副特送 부특송　○후즉소이

禁徒 금도　○메즈게 又云요고메　代官 되관　○따이꽌

傳語官 뎐어관　○뗀고관

日本官名　倭語類解下　五十一

信行所經地名

佐須浦 좌슈포 ○사스나　　鰐浦 악포 ○와니우라

豐崎 풍키 ○도예사기　　西泊浦 셔박포 ○니시도마리

芳浦 방포 ○요시우라　　鴨瀬 압뢰 ○가모셰

對馬島 디마도 ○즈시마　　一歧島 일기도 ○이기노시마

勝本 승본 ○가마모도　　筑前州 츅젼쥬 ○지구셴

藍島 람도 ○아이노시마　　長門州 쟝문쥬 ○나아도

赤間關 적간관 ○아가마아셰기 又云시모노세기　　元山 원산 ○모도야마

倭語類解　下（52a）

信行所經地名

鞱_도浦_포	田_뎐島_도	忠_츙海_히	安_안藝_예州_쥬	津_진和_화	上_샹關_관	室_실隅_우	宮_궁州_쥬

○도모　○다시마　○쥬우가이　○아기　○즈와　○가미노세기　○무로스미　○미야즈

白_빅石_셕　備_비後_후州_쥬　高_고島_도　鎌_렴刈_이　加_가老_로島_도　賀_하室_실　周_쥬防_방州_쥬　向_향浦_포

○시라이시　○메묘　○다가시마　○가마까리　○가로우도　○가무로　○스오우　○무공우라

倭語類解　下（52b）

備中州 빈쥬우 〇빈쥬우　下津 하진 〇시모즈

備前州 비젼쥬 〇매ᄰᆫ　日比 일비 〇닌비

牛窓 우챠ᇰ 〇우시마도　幡麻州 번마쥬 〇하리마

室津 실진 〇무로쯔　明石浦 몌ᇰ셕포 〇아가시우라

攝津州 셥진쥬 〇즈노구니　兵庫 병고 〇ᄒᆈ우에

河口 하구 〇가와ᄆᆞ지　和泉州 화쳔쥬 〇이ᅀᅳ미

大坂城 대판셩 〇오오사가　河內州 하닉쥬 〇가와지

平方 평방 〇히라가다　淀浦 뎌ᇰ포 〇요도

倭語類解　下（53a）

信行所経地名

伏견見城성 ○후시미시로　　山산城성州쥬 ○야마시로

倭왜京경 ○교우도　　近근江강州쥬 ○오우미

大대津진 ○오우즈　　森森山산 ○모리야마

八팔幡번山산 ○하찌반　　美미濃농州쥬 ○미노

彦언根근城성 ○히끄뎌　　今금須슈 ○이마스

大대垣원 ○오우아기　　洲쥬股고 ○스노마다

名명護호屋옥 ○나고야　　鳴명海히 ○나루미

知지鯉리鮒부 ○지리우　　岡강崎긔 ○오가사기

倭吾頁觧下

五十三

倭語類解　下（53b）

川 쳔 源 원	清 쳥 見 견 寺 ᄉ	駿 쥰 河 하 州 쥬	藤 등 枝 지	懸 현 川 쳔	天 텬 流 류 河 하	荒 황 井 졍	赤 젹 坂 판
○가와모	○셰이쳰이	○스루아와	○후시예따	○가계아와	○뗀류우아와	○아라이	○아가사가
冨 부 士 ᄉ 山 산	冨 부 士 ᄉ 川 쳔	江 강 尻 고	岡 강 部 부	金 금 屋 옥	見 견 付 부	濱 빈 松 숑	吉 길 田 텬
○후시야마 ○오ᄎᆞᇦ후시산	○후시가와	○예시리	○오가뼈	○가나야	○미즈게	○하마마ㅈ	○요시따

信行所經地名　倭音頁解下　五十四

吉原〈길 원〉○요시와라　三島〈삼 도〉○미시마

箱根〈샹 근〉○하고네　小田原〈쇼 뎐 원〉○오다와라

大磯〈대 의〉○오우이소　藤澤〈등 틱〉○후시사와

金川〈금 쳔〉○가나아와　富士澤〈부 ᄉ 틱〉○후시사와

戸塚〈호 총〉○도즈가　品川〈품 쳔〉○시나아와

神奈川〈신 내 쳔〉○시나아와　江戸〈강 호〉○예도

日光山〈일 꽝 산〉○닝고우산　權現堂〈권 현 당〉○완견도우

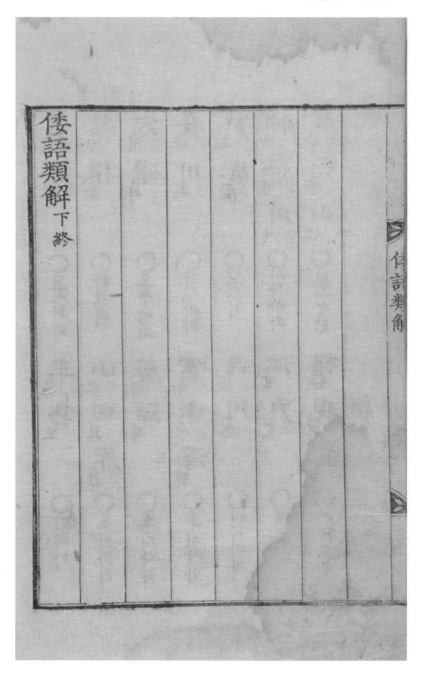

口訣

釤	刀	卧	厓	可	伊	隱	口訣
샘	도	와	이	가	이	은	
○ノ三	○モ	○ド	○二	○カ	○ガ	○ワ	
羅隱	代	大	五	乙	世	萬	
라는	디	디	오	을	야	만	
○二ワ	○トモ	○ヨツチ	○ヅ	○ツ	○マツ	○バカリ	

乙奴 으로 ○カヲ 刀彔 도롯 ○ホト

爲尾 호니 ○タガ 爲也 호야 ○シテ

爲面 호면 ○スレバ 爲古 호고 ○トナ

爲料 호료 ○ゼウゾ、 爲邦 호나 ○スレトモ

爲厓 히 ○ヤ 爲羅 호라 ○セイ

乎代 호디 ○シナモ 故奴 므로 ○ユゑ

爲隱只 호지 ○スルヤウ 爲乙可 호ㄹ가 ○ゼウカ

爲乙也 호ㄹ야 ○スルカ 爲乙西 호ㄹ셔 ○スルナフ

倭語類解　下（口訣 2a）

爲加尼 ᄒ려니　○シタニ　爲多可 ᄒ다가　○イタシナ

爲巨乙 ᄒ거를　○イタシタツ　爲巨等 ᄒ거든　○シタ・ラバ

爲刀多 ᄒ도다　○シニシタ　爲巨那 ᄒ거나　○ナリトモ

爲里五 ᄒ리오　○スルゾ　爲里羅 ᄒ리라　○スルトナリ

爲時多 ᄒ시다　○ナサレタ　爲時古 ᄒ시고　○ナサレテ

爲時尼 ᄒ시니　○ナサルニヨリ　爲時那 ᄒ시나　○クッセラレモ

爲巨飛 ᄒ거늘　○シタツ　爲小西 ᄒ쇼셔　○ナサレニセイ

爲邑所 ᄒ읍소　○サッシャレイ　爲五里 ᄒ오리　○イタシ〜セウ

口訣

伊於乙 이어를 ○スルシ

為時隱大 ᄒᆞᆫ신대 ○ナサルルトコロニ

為時刀伊 ᄒᆞᆫ시되 ○シタモスレニスレトモ

為時巨乙 ᄒᆞᆫ시거를 ○ナサルルツ

為邑加尼 ᄒᆞᆸ더니 ○イタシテタヨリ

為也叱多 ᄒᆞᆫ얏다 ○イタシタ

為乙注乙 ᄒᆞᆯ줄 ○スカワケツ

為巨尼臥 ᄒᆞ거니와 ○イタセトモ

為乙巨時尼 시니 ○イタシニゼウニヨリ

為時隱大 ᄒᆞᆫ신대 ○ナサルルトコロニ

為乙士伊 ᄒᆞᆯ셔 ○シテコソ

為也時尼 시야 ○イタシタニヨリ

為里奴多 ᄒᆞ로다 ○スルナァロウ

為巨隱馬隱 마ᄂᆞᆫ ○シニシタレトモ

為乙之羅刀 라도 ○スルトイウナモ

讐整官　前判官韓廷脩
書寫官　前奉事閔昌運 正書入梓
　　　　前衆奉丁樂升
　　　　前直長皮文會
監印官　副司勇李養儀

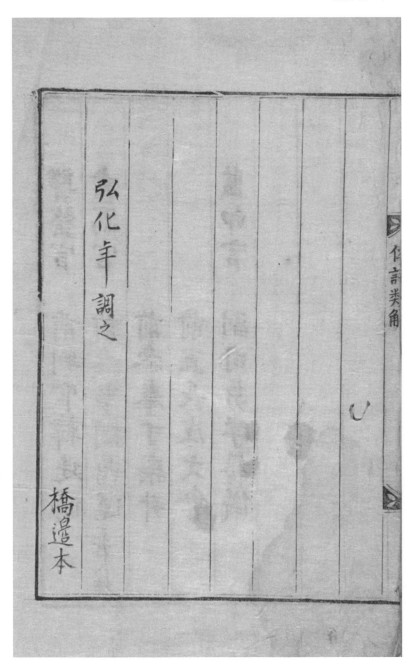

倭語類解 下

Wissenschaftliche Buchgesellschaft, Darmstadt.

Ivić (1970), M. Ivić, *Trends in Linguistics*, Mouton/ Co. N. V. , Publishers, The Hague.

Schneider. (1995), F. Schneider, *Der Typus der Sprache*, Munster

Schwarz (1966), H. Schwarz, "Gegenstand, Grundlagen, Stellung und Verfahrenweise der Sprachinhaltsforschung, eroertert an den Gegebenheiten des Wortschatzes" *Bibliographisches Handbuch zur Sprachinhaltsforschung Lieferung* 7

Song (1978), Song, Ki-Joong, *Mong Ŏ Yuhae-Categorical Explanation of Mongolian Language-*, Unpublished Ph. D. dissertation, Inner Asian and Altaic Studies, Harvard University.

Trier (1931), J. Trier, "Ueber Wort- und Begriffsfelder", Wege der Forschung (1973), *Wissenschaftliche Buchgesellschaft,* Darmstadt.

Trier (1934), J. Trier, "Deutsche Bedeutungsforschung", Wege der Forschung (1973), *Wissenschaftliche Buchgesellschaft*, Darmstadt.

Weisgerber. (1929), L. Weisgerber, *Muttersprache und Geistesbildung*, Goettingen.

Weisgerber. (1962), L. Weisgerber, *Grundzuege der inhaltbezogenen Grammatik*, Duesseldorf.

Weisgerber (1963), L. Weisgerber,. *Die Vier Stufen in der Erforschung der Sprachen*, Paedagogischer Verlag, Duesseldorf.

Weisgerber. (1964), L. Weisgerber, *Das Menschheitsgesetz der Sprache*, Quelle/ Meyer Verlag, Heidelberg.

Weisgerber (1965), L. Weisgerber, "Die Lehre von der Sprachgemeinschaft", *Frankfurter Hefte Zeitschrift fuer Kultur und Politik,* Duesseldorf.

安田章（1985）、「捷解新語の木版本」『国語国文』第 54 巻第 12 号。

安田章（1986）、「韓国国立中央図書館蔵『倭語類解』」『国語国文』第 55 巻第 4 号。

安田章（1987）、「捷解新語の改修本」『国語国文』第 56 巻第 3 号。

安田章（1988）、「捷解新語の木板本（続）」『国語国文』第 57 巻第 12 号。

山中襄太（1976）、『国語語源辞典』、東京：校倉書房。

欧米文献（著者アルファベット順）

Coseriu（1971）, E. Coseriu, *Sprache, Strukturen und Funktionen*, Tuebingen.

Coseriu（1973）, E. Coseriu. *Probleme der Strukturellen Semantik*, Tuebingen.

Courant（1894）, Maurice Courant, *Bibliographie Coréenne*, Paris, 1894.

Courant（1901）, Maurice Courant, "*Supplément à la Bibliographie Coréenne*（jusqu'en 1899）", Paris

Geckeler（1973）, H. Geckeler, Strukturelle Semantik des Franzoesischen, Max Niemeyer Verlag, Tuebingen.

Gipper（1965）, H. Gipper. "Whilhelm von Humboldt als Begruender Moderner Sprachforschung" *Wirkendes Wort* 15

Gipper.（1969）, H. Gipper, *Bausteine zur Sprachinhaltsforschung*, Paedagogischer Verlag, Schwann, Duesseldorf.

Gipper（1974）, H. Gipper, "Inhaltbezogene Grammatik" *Grundzuege der Literatur und Sprachwissenschaft*, Band 2. Deutsche Taschenbuch Verlag.

Gipper.（1984）, H. Gipper. "Der Inhalt des Wortes und die Gliederung der Sprache", *Duden Grammatik, Duden Verlag*, Wien/ Zuerich.

Helbig（1961）, G. Helbig, "Die Sprachauffassung Leo Weisgerbers – Zum Problem der 'funktionalen' Grammatik –", *Der Deutchunterricht*（Sprach-lehre III）, Stuttgart.

Helbig（1974）, G. Helbig,. *Geschichte der neueren Sprachwissenschaft*, Rowohlt Taschenbuch Verlag, Leipzig/ Muenchen.

Humboldt.（1979）. W. Humboldt, Werke Band 3. *Schriften zur Sprachphilosophie*, Cott' asche Buchhandlung, Stuttgart.

Ipsen（1932）, G. Ipsen, "Der neue Sprachbegriff", Wege der Forschung（1973）,

平泉澄（1926）、『中世に於ける社寺と社会との関係』、東京：至文堂。1982 年、図書刊行会より刊行。

福島邦道（1952）、「『捷解新語』の助詞「を」について」『国語国文』第 21 巻第 4 号。

宮崎市定（1946）、『科挙』、東京：秋田屋。

宮崎市定（1987）、『科挙史』、東京：平凡社。

文部省（1910）、『日本教育史』、東京：弘道館。

桃裕行（1947）、『校訂解説北条重時の家訓』、奈良：養徳社。

桃裕行（1949）、「隣邦史書に現われた日本」『新日本史講座』第六回配本。

桃裕行（1983）、『上代学制の研究』、東京：吉川弘文館。

森田武（1955）、「『捷解新語』成立の時期について」『国語国文』第 24 巻第 3 号。この論文は森田武（1985：69〜72）に「捷解新語成立の時期」と改題され再録される。

森田武（1957）、「捷解新語解題」『捷解新語影印』、京都大学文学部国語学国文学研究室編。この論文は森田武（1985：61〜129）に「捷解新語考」と改題され再録される。

森田武（1985）、『室町時代語論攷』、東京：三省堂。

李元植（1984）、「朝鮮通信史に随行した倭学訳官について―捷解新語の成立時期に関する確証を中心に―」『朝鮮学報』第 111 号、日本朝鮮学会。

安田章（1960）、「『重刊改修捷解新語』解題」、京都大学国語学国文学研究室編『重刊捷解新語影印本』、京都。

安田章（1961）、「『全浙兵制考日本風土記』解題」『日本風土記』。

安田章（1965）、「朝鮮資料覚書―『捷解新語』の改訂―」『論究日本文学』第 24 号。この論文は安田章（1980：157〜173）に「捷解新語の改訂覚書」と改題され再録される。

安田章（1967）、「類解攷」『立命館文学』第 264 号。安田章（1980）に再録される。

安田章（1970）、「『伊呂波』雑考」『国語国文』第 39 巻第 3 号。

安田章（1977a）、「朝鮮資料における表記の問題―資料論から表記論へ―」『国語学』108 号。

安田章（1980）、『朝鮮資料と中世国語』、東京：笠間書院。

安田章（1984）、「已然形終止」『国語国文』第 53 巻第 5 号。

駒澤大学図書館（1987）、『濯足文庫目録』、東京：駒澤大学図書館。

佐瀬誠実（1890）、『日本教育史』上・下、東京：文部省総務局図書課。（1903）同修訂版（全一冊）、東京：大日本図書。

仲新・酒井豊（1973）、『日本教育史』上・下（校訂版）、東京：平凡社。

高橋俊乗（1923）、『日本教育史』、永沢金港堂。再刊（1971）、京都：臨川書店。

高橋俊乗（1943）、『近世学校教育の源流』、永沢金港堂。再刊（1971）、京都：臨川書店。

田中健夫（1975）、『中世対外関係史』、東京：東京大学出版会。

辻星児（1975）、「原刊「捷解新語」の朝鮮語について」『国語国文』第44巻第2号、京都大学文学部国語学国文学研究室。

土井忠生（1985）、室町時代語辞典編修委員会編『時代別国語大辞典室町時代編』、東京：三省堂。

中田祝夫編（1983）、『古語大辞典』、東京：小学館。

中村栄孝（1961）、「『捷解新語』の成立・改修および『倭語類解』成立の時期について」『朝鮮学報』第19輯、日本朝鮮学会。これは「捷解新語と倭語類解」と改題され、中村栄孝（1979）に再録。

中村栄孝（1969）、『日鮮関係史の研究（上・中・下）』、東京：吉川弘文館。

中村幸彦・岡見正雄・阪倉篤義編（1982）、『角川古語大辞典』、東京：角川書店。

日本大辞典刊行会編（1975）、『日本国語大辞典』、東京：小学館。

浜田敦（1946）、「国語を記載せる明代支那文献」『国語国文』第10巻第7号、京都大学文学部国語学国文学研究室。

浜田敦（1952）、「弘治五年朝鮮板『伊路波』諺文対音攷―国語史の立場から―」『国語国文』第21巻第10号、京都大学文学部国語学国文学研究室。これは浜田敦（1970）に再録される。

浜田敦（1958）、「倭語類解解説」『倭語類解影印』（本文・国語・漢字索引）、京都大学文学部国語学国文学研究室編、京都。これは浜田敦（1970）に再録される。

浜田敦（1959）、「『伊路波』解題」『影印伊路波』、香川大学開学十周年紀念。

浜田敦（1963）、「『捷解新語』とその改修本―日本と看品―」『国文学攷』第30号。

浜田敦（1970）、『朝鮮資料による日本語研究』、東京：岩波書店。

久木幸男（1968）、『大学寮と古代儒教―日本古代教育史研究―』、東京：サイマル出版会。

日本文献（著者五十音順）

石川謙（1949）、『古往来についての研究』、東京：講談社。

石川謙（1950）、『庭訓往来についての研究―教科書の取扱方から見た学習方法の発達―』、東京：金子書房。

石川謙（1953）、『学校の発達―特に徳川幕府直轄の学校における組織形態の発達―』、東京：岩崎書店。

石川謙（1956）、『日本学校史の研究』、東京：小学館。

石川謙（1960）、『寺子屋―庶民教育機関―』、東京：至文堂。

石川謙・石川松太郎（1967～74）、『日本教科書大系』第1～15、東京：講談社。

石川松太郎（1978）、『藩校と寺子屋』、東京：教育社。

稲葉岩吉（1933）、「朝鮮疇人考―中人階級の存在に就て―」上・下『東亜経済研究』第17巻第2・4号。

大友信一（1957）、「『捷解新語』の成立時期私見」『文芸研究』第26集。

小倉進平（1934）、「釜山に於ける日本の語学所」『歴史地理』第63巻第2号。

小倉進平（1940）、『増訂朝鮮語学史』、東京：刀江書院。

小倉進平・河野六郎（1964）、『増訂補註朝鮮語学史』、東京：刀江書院。

岡村金太郎（1922）、『往来物分類目録』、東京：啓文会。（1925）同増訂版。

金沢庄三郎（1911）、『朝鮮書籍目録』。

金沢庄三郎（1933）、『濯足庵蔵書六十一種』、東京：金沢博士還暦祝賀会。

金沢庄三郎（1948）、『濯足庵蔵書七十七種―亜細亜研究に関する文献―』、東京：創文社。

亀井孝（1958）、「捷解新語小考」『一橋論叢』第39巻第1号。

神原甚造（1925）、「弘治五年活字版朝鮮本伊路波に就いて」『典籍之研究』第3号。

川瀬一馬（1943）、『日本書誌学之研究』（大日本雄弁会）、東京：講談社。

川瀬一馬（1974）、『増補新訂足利学校の研究』、東京：講談社。

金田一春彦・三省堂編修所編（1979）、『新明解古語辞典』（補注版）、東京：三省堂。

小川環樹（1947）、「『書史会要』に見える『いろは』の漢字対音に就いて」『国語国文』第16巻第5号、京都大学文学部国語学国文学研究室。

河野六郎（1952）、「『伊路波』の諺文標記に就いて―朝鮮語史の立場から―」『国語国文』第21巻第10号、京都大学文学部国語学国文学研究室。

鄭光（1995）、「南北言語学者たちの国語史研究における問題点」『国際高麗学会学術叢書』（国際高麗学会）第3号。

鄭光（1996a）、「日本対馬の宗家文庫所蔵の韓国語「物名」について」『李基文教授停年退任紀念論叢』、ソウル：新旧文化史。

鄭光（1996b）、「日本駒澤大学所蔵の『倭語類解』―落丁の補写と版本の脱字・脱画による誤記及び誤読を中心に―」、第21回国語学会冬研究会発表の要旨。

鄭光（1997）、「日本駒澤大学所蔵の『倭語類解』」『語文学論叢』（清凡陳泰夏教授啓七頌寿紀念）、ソウル：太学社。

鄭光（1998）、「旧蘇連の言語学と初期の北朝鮮の言語研究」『言語情報』2、高麗大学言語情報研究所。

鄭光・宋基中・尹世英（1992）、「高麗大学博物館所蔵の司訳院の冊板」『省谷論叢』第23集、省谷学術文化財団。

鄭光・尹世英（1998）、『司訳院の訳学書の冊板研究』、ソウル：高麗大学出版部。

鄭光・韓相権（1985）、「司訳院と司訳院の訳学書の変遷について」『徳成女子大学論文集』第14集、徳成女子大学。

曺佐鎬（1958）、「麗代の科挙制度」『歴史学報』第10輯、韓国歴史学会。

曺佐鎬（1965）、「科挙講経考」『趙明基紀念仏教史学論叢』、ソウル。

崔鉉培（1942）、『ハングルカル（正音学）』、ソウル：正音社。

韓㳍劤ほか4人（1986）、『訳注経国大典』（註釈篇）、ソウル：韓国精神文化研究院。

許雄（1981）、『言語学―その対象と方法』、泉文化社。

許鉢（1972）、「Leo Weisgerber」『Turm』第2集、高麗大学独語独文学会。

許鉢（1981）、『語畑の理論』、高麗大学出版部。

許鉢（1985）、「フンボルトの言語考察におけるエネルゲイア概念について」『ハングル』第189号、ハングル学会。

許鉢訳（1986）、『言語内容論』、高麗大学出版部。

（Gipper. H. 1965. "Whilhelm von Humboldt als Begruender Moderner Sprachforschung" Wirkendes Wort 15）

許鉢訳（1993）、『母国語と精神形成』、文芸出版社。

（Weisgerber. L. 1929. Muttersprache und Geistesbildung, Goettingen.）

鄭光（1984）、「捷解新語の成立時期に関する諸問題」『牧泉兪昌均博士還甲紀念論文集』、大邱：蛍雪出版社。

鄭光（1985）、「『捷解新語』の以呂波と『和漢名数』」『徳成語文学』第 2 集、徳成女子大学国文学科。

鄭光（1985a）、「訓民正音とハングル表記法—訳学書の発音転写におけるハングル表記法の研究のために—」『韓日比較文化研究』第 1 輯、徳成女子大学韓日比較文化研究所。

鄭光（1987a）、「朝鮮朝における訳科の清学初試の答案紙について」『韓国語学とアルタイ語学』（于亭朴恩用博士回甲紀念論叢）、河陽：晩星女子大学出版部。

鄭光（1987b）、「朝鮮朝における訳科の蒙学とその蒙学書—来甲午式年の訳科初試の蒙学試券を中心として—」『朝鮮学報』第 124 輯、日本朝鮮学会。

鄭光（1987c）、「朝鮮朝における訳科の漢学とその漢学書」『震壇学報』第 63 号、震壇学会。

鄭光（1987d）、「壬辰俘虜の薩摩陶工後裔の国語学習資料—京都大学所蔵の苗代川朝鮮語資料を中心に—」『国語国文学』97、ソウル：国語国文学会。

鄭光（1987e）、「倭語類解の成立とその問題点—国立図書館本と金沢旧蔵本との比較を通じて—」『徳成語文学』第 4 集、徳成女子大学国文学科。

鄭光（1988a）、『司訳院の倭学研究』、ソウル：太学社。

鄭光（1988b）、『諸本集成・倭語類解』（解説・国語索引・本文影印）、ソウル、太学社。

鄭光（1988c）、「訳科の倭学とその倭学書—朝鮮朝英祖丁卯式年試の訳科倭学玄啓根の試券を中心に—」『韓国学報』第 50 集、ソウル：一志社。

鄭光（1989）、「訳学書の刊板について」『周時経学報』4、周時経研究所。

鄭光（1990a）、「蒙学三書の重刊について—高麗大学所蔵の版木を中心に—」『大東文化研究』第 25 集、ソウル：成均館大学大東文化研究院。

鄭光（1990b）、「弘文閣影印『原刊活字本捷解新語』・『覆刻木版本捷解新語』・『重刊捷解新語』・『捷解新語文釈』の解題」、ソウル、弘文閣。

鄭光（1990c）、『薩摩苗代川伝来の朝鮮歌謡』新村出記念財団後援、中村印刷。

鄭光（1990d）、『朝鮮朝 訳科 試券研究』、成均館大学・大東文化研究院。

鄭光（1991）、「倭学書『伊路波』について」『国語学新研究』、ソウル大学大学院国語研究会編、ソウル、東亜出版社。

アン・チョンオ（1998）、「フンボルトの思想的特徴」『韓国語内容論（母国語とエネルゲイア）』第 5 号、韓国語内容学会。

イ・キュホ（1978）、『言葉の力』、第一出版社。

イ・ソンジュン（1991）、「現代言語学に及ぼしたヴィルヘルム・フォン・フンボルトの影響」『人文大論集』第 8・9 合集、高麗大学人文大。

イ・ソンジュン（1992）、「W. v. Humboldt の言語観に見られる歴史性の問題」『人文大論集』第 10 集、高麗大学人文大。

イ・ソンジュン（1993）、『言語内容理論―統語論を中心に―』、国学資料院。

イ・ソンジュン（1996）、「ヴィルヘルム・フォン・フンボルトの言語観に見られる言語の本質」『韓国語内容論』第 4 号、韓国語内容学会。

イ・ソンジュン（1999）、『フンボルトの言語哲学』、高麗大学出版部。

イム・ファンジェ訳（1984）、『言語学史』（G. Helbig. Geschichte der neueren Sprachwissenschaft）、顕文社。

俞昌均（1959）、「倭語類解釈音考―国語史の立場から―」『語文学』第 5 集。

俞昌均（1978）、『蒙古韻略と四声通解の研究』、ソウル：蛍雪出版社。

李康民（1991）、「『捷解新語』の成立とその表現」『国語国文』第 60 冊第 12 号、京都大学文学部国語学国文学研究室。

李基文（1961）、『国語史概説』、ソウル：民衆書館。（1972）同改訂版。

李基文（1964）、「蒙語老乞大研究」『震壇学報』第 25・26・27 合併号、震檀学会。

李基文（1967）、「蒙学書研究の基本問題」『震壇学報』第 31 号、震檀学会。

李基文（1972）、『改訂国語史概説』、ソウル：民衆書館。

李基文（1980）、『改訂国語史概説』、ソウル：塔出版社。

李崇寧（1965）、「崔世珍研究」、『亜細亜学報』第 1 輯、嶺南大学。

李東林（1984）、「諺文字母俗所謂『反切 27 字』策定根拠」『東大論文集』（梁柱東博士古稀紀念集）、大邱。

李洪烈（1967）、「雑科試取に関する一考察―燕山君以降における医・訳・籌学の場合―」『白山学報』第 3 号。

鄭光（1971）、「司訳院訳書の表記法研究」『国語研究』第 25 号、国語学研究会。

鄭光（1978a）、「司訳院訳書の外国語の転写について」『朝鮮学報』第 89 輯、日本朝鮮学会。

鄭光（1978b）、「類解書・訳学書について」『国語学』第 7 号、国語学会。

『文理大学報』第 5 冊 2 号、ソウル大学文理大学。

金致雨（1983）、『攷事撮要の冊板目録研究』、ソウル：図書出版民族文化。

閔丙河（1957）、「高麗時代の教育制度—国子監を中心に—」『歴史教育』第 2 輯。

閔泳珪（1964）、「老乞大弁疑」『人文科学』12 輯、延世大学人文科学研究所。

朴相国（1987）、『全国寺刹所蔵木板集』、文化財管理局、ソウル：世信出版社。

裵聖祐（1997）、「〈農機具〉名称に関する考察」『ウリ語文研究（韓国語文学の理
　　解）』11 集、ウリ語文学会。

裵聖祐（1997）、「〈刀〉名称に関する考察」『ウリ語文研究』10 集、ウリ語文学会。

裵聖祐（1999）、「〈自動車〉名称に関する考察」『ウリ語文研究』13 集、ウリ語文
　　学会。

裵聖祐（2000）、「〈車〉名称に関する考察」『21 世紀国語学の課題』、月印出版社。

裵聖祐（2000）、「〈軌道車〉名称に関する考察」『韓国語と母国語精神』（韓国語内容
　　学会）、国学資料院。

裵聖勳（1999）、「〈山〉名称に関する考察—位置を中心として」『ウリ語文研究—韓
　　国語への内容的考察』13 集、ウリ語文学会。

裵解銖（1992）、『国語内容研究（2）』、国学資料院。

裵解銖（1998）、『韓国語と動的言語理論-国語内容研究 4-』、高麗大学出版部。

裵解銖（1999）、「〈夜〉名称に対する考察」『ウリ語文研究—韓国語への内容的考
　　察』13 集、ウリ語文学会。

裵解銖（2000）、『国語内容研究（5）—その方案と現実』、国学資料院。

宋基中（1985〜7）、「経国大典に見られる訳学書の書名について（一）（二）」『国語
　　学』第 14〜16 集、国語学会。

宋敏（1968）、「『方言集釈』の日本語「ハ」行音の転写法と『倭語類解』の刊行時
　　期」ソウル：『李崇寧博士頌寿紀念論叢』。

宋俊浩（1981）、「科挙制度から見た中国と韓国」歴史学会編『科挙—歴史学大会主
　　題討論—』、ソウル：一潮閣。

柴政坤（2000）、「分節構造における諸問題」『韓国語と母国語精神』（韓国語内容学
　　会）、国学資料院。

愼益盛（1993）、『フンボルト』、ソウル大学出版部。

沈在箕・李基用・李廷玫（1984）、『意味論 序説』、集文堂。

安田章・鄭光（1991）、『改修捷解新語』、ソウル：太学社。

【参考文献】

韓国文献（著者カナタラ順）

姜信沆（1966）、「李朝時代の訳学政策に関する考察—司訳院・承文院の設置を中心に—」『大東文化研究』第2集、成均館大学大東文化研究院。

姜信沆（1978）、『李朝時代の訳学政策と訳学書』、ソウル：塔出版社。

姜信沆（1988）、「朝鮮時代における漢学関係訳学者たちの業績について」『韓国学の課題と展望』（第5回国際学術会世界韓国学大会論文集I）、ソウル：韓国精神文化研究院。

高麗大学博物館編（1989）、『高麗大学博物館創設55周年紀念博物館収蔵品目録』、ソウル：高麗大学出版部。

国立国語研究院（1999）、『標準国語大辞典』（上、中、下）、ポータルサイト。

国立中央図書館編（1972）、『古書目録第3』、ソウル、国立中央図書館。

国史編纂委員会編（1987）、『国史館開館紀念史料展示会目録及び解題』、ソウル：国史編纂委員会。

金敏洙（1981）、『国語意味論』、日照閣。

金敏洙（1986）、『周時経研究』（増補版）、タプル出版社。

金敏洙（1990）、『新国語学』、一潮閣。

金芳漢（1963）、「蒙学三書所載の蒙古語に関して」『文理大学報』第11冊1号、ソウル大学。

金芳漢（1967）、「韓国の蒙古語資料に関して」『亜細亜学報』第3輯。

金良洙（1983）、「朝鮮後期の訳官に関する研究」『東方学志』第39輯。

金良洙（1985）、「朝鮮後期の訳官家門の研究—金指南・金慶門等の牛峰金氏家系を中心に—」『白山学報』第32号。

金竜徳（1959）、「高麗光宗朝における科挙制度の問題」『中央大学論文集』第4号、中央大学。

金貞玉（1956）、「高麗時代の教育制度に関する一考察」『梨花女子大学七十周年紀念論文集』、ソウル：梨花女子大学。

金完鎮（1956）、「捷解新語における日本語の転写について—鼻母音を中心に—」

7.7 〈親戚〉名称に見られる諸観点

	妻の男兄弟		妻男（1語）
	妻の女兄弟		同壻②（1語）
	息子		婦（1語）
	娘		壻（1語）
配偶者の身分（5語）	両班		子、女息（2語）
	良民		庶孼（1語）
	賎民		庶孼、孼子（2語）
親等（9語）	2親等		兄、同生、姉、妹（4語）
	3親等		姪、姪女、甥（3語）
	4親等		従兄弟（1語）
	6親等		再従（1語）
血縁の有無（22語）	有		父、母、子、女息、庶孼、孼子、兄、同生、姉、妹、従兄弟、再従（12語）
	無		養父、養母、養子、兄嫂、弟嫂、妹夫、妯娌、同壻①、妻男、同壻②（10語）
正室/側室（2語）	正室		嫡室（1語）
	側室		妾（1語）
関係（3語）	兄弟の関係	女兄弟	甥（1語）
		兄弟	姪、姪女（2語）
相対性（3語）	男→男		兄（1語）
	男→女		姉、妹（2語）

〔表1〕の内容を語数の多い「観点」順にまとめると、〈垂直/水平構造〉（43語）、〈上下〉（29語）、〈世代〉（27語）、〈形成条件〉（23語）、〈血縁〉（22語）、〈直系/傍系〉（14語）、〈性別〉（13語）、〈配偶者〉（10語）、〈親等〉（9語）の順になる。このような結果と『倭語類解』という訳学書の特性を合わせて考えてみると、〈親戚〉という対象を〈垂直/水平構造〉、〈上下〉、〈世代〉、〈形成条件〉、〈血縁〉、〈直系/傍系〉、〈性別〉、〈配偶者〉、〈親等〉などの観点で眺めていたことを確認することができる。

	序列的関係		兄、同生、姉、妹、従兄弟、再従、兄嫂、弟嫂、妹夫、妯娌、同壻①、妻男、同壻②（13語）
上/下 （29語）	上		曾祖父、曾祖母、祖父、祖母、親、父、母、考妣、養父、養母、舅、姑、外舅、兄、姉（15語）
	下		子、女息、庶孽、孽子、養子、婦、婿、姪、姪女、甥、孫、曾孫、同生、妹（14語）
世代（27語）	1世代		親、父、母、考妣、養父、養母、舅、姑、外舅、叔父、叔母、子、女息、庶孽、孽子、養子、婦、婿、姪、姪女、甥（21語）
	2世代		祖父、祖母、孫（3語）
	3世代		曾祖父、曾祖母、曾孫（3語）
直系/傍系 （14語）	直系		親、父、母、考妣、養父、養母、舅、姑、外舅（9語）
	傍系		叔父、叔母、姪、姪女、甥（5語）
性別（13語）	男		曾祖父、祖父、舅、叔父、夫（5語）
	女		曾祖母、祖母、姑、叔母、姪女、妻、嫡室、妾（8語）
形成条件（23語）	先天的	親家系	親、父、母、考妣、養父、養母　子、女息、庶孽、孽子、養子、兄嫂、弟嫂、妹夫（14語）
	後天的	婚家系	舅、姑、妯娌、同壻①（4語）
		妻家系	外舅、妻男、同壻②（3語）
		婚姻	婦、婿（2語）
生死の可否（3語）	生		父、母（2語）
	死		考妣（1語）
配偶者（10語）	兄		兄嫂（1語）
	弟		弟嫂（1語）
	女兄弟		妹夫（1語）
	夫の兄弟		妯娌、同壻①（2語）

7.7 〈親戚〉名称に見られる諸観点

単語は全部で44語あり、原語彙素に当たる表現としては ［친（親)］が現れて
いる。これらの単語は〈垂直関係〉と〈水平関係〉によって分節される様相を
呈している。〈垂直構造〉に関わる名称は〈世代〉、〈上下〉、〈直系・傍系〉に
よって〈ハンオボイ〉、〈両親〉、〈両親の世数〉、〈息子・娘〉、〈息子・娘の世
数〉、〈孫〉に分節される。〈ハンオボイ〉名称は〈性別〉によって分節されて
おり、〈両親〉名称は〈形成条件〉と〈血縁の有無〉、〈生死の可否〉、〈性別〉
によって分節される。また、〈両親の世数〉名称は〈性別〉によって、〈息子・
娘〉名称は〈形成条件〉、〈直系/非直系〉、〈配偶者〉、〈配偶者の身分〉、〈性別〉
によって分節される。〈息子・娘の世数〉名称は〈親等〉、〈性別〉、〈姉・妹の
子〉によって、〈孫の世数〉名称は〈世代〉と〈上下〉によって分節される。
　一方、〈水平関係〉は〈対等的/序列的〉によって、〈配偶者〉と〈兄弟姉妹〉
と〈兄弟姉妹の世数〉に分節される。〈配偶者〉名称は〈性別〉と〈正室/側
室〉によって、〈兄弟姉妹〉名称は〈親等〉、〈上下〉、〈相対性〉によって、〈兄
弟姉妹の世数〉名称は〈形成条件〉、〈配偶者〉によって分節される様相を呈し
ている。
　〈親戚〉名称に関わる観点としては、〈垂直関係/水平関係（対等的/序列的)〉、
〈上/下〉、〈世代（1世代/2世代/2世代以上)〉、〈直系/傍系〉、〈性別（男/女)〉、
〈形成条件（親家系/婚家系/妻家系)〉、〈生死の可否〉、〈配偶者〉、〈配偶者の身
分（両班/良民/賤民)〉、〈親等（2親等/4親等/6親等)〉、〈血縁の有無〉、〈正室/
側室〉、〈相対性（男→男/男→女)〉が現れている。これらに関連する単語を合
わせてまとめてみると、次の通りである。

〔表1〕〈親戚〉名称に見られる諸観点

観点	特性1	特性2	関連単語
垂直/水平関係 (43語)	垂直関係		祖父、祖母、曾祖父、曾祖母、親、父、母、考妣、養父、養母、舅、姑、外舅、叔父、叔母、子、女息、庶孼、孼子、養子、婦、婿、姪、姪女、甥、孫、曾孫（27語)
	水平関係	対等的関係	夫、妻、嫡室、妾（4語)

122

(44) 처남（妻男）셰이난고유우도「人倫 13a」：{妻の男兄弟のうち、自分より年下の男を呼んだり指したりする時に使う言葉}

(45) 동서（同壻）②도우세이아이무고「人倫 13a」：{妻の女兄弟の夫のことを言う}

〈兄弟姉妹の世数〉に関わる名称のうち、(39)、(40)、(41)は〈親家系〉に、(42)・(43)は〈婚家系〉に、(44)・(45)は〈妻家系〉に属する。〈新家系〉は〈配偶者〉が誰かによって(39)、(40)、(41)に分節されており、〈妻家系〉は〈妻の兄弟〉と〈妻の女兄弟の配偶者〉によって(44)と(45)に分節される。このような分節の特徴を図式化すれば、次のようになる。

〔図 12〕〈兄弟姉妹の世数〉に関わる名称の分節構造

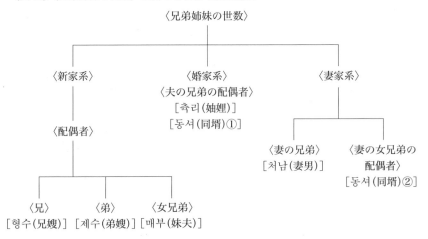

7.7 〈親戚〉名称に見られる諸観点

これまでの内容をまとめてみると、『倭語類解』に登場する〈親戚〉関連の

---

4 この単語は〈婚家系〉と〈妻家系〉、両方に関わっている。ここでは区別して扱うために「동서（同壻）①」、「동서（同壻）②」というふうに番号を付けておく。

7.6 〈水平関係〉に関わる名称

〔図11〕〈兄弟姉妹〉名称の分節構造

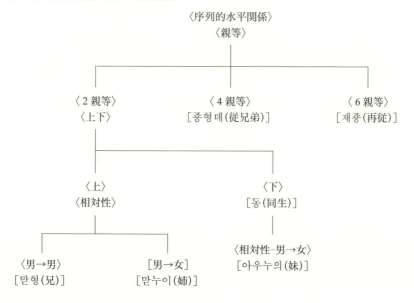

7.6.3 〈兄弟姉妹の世数〉に関わる名称

(39) 형수（兄嫂）게이소우아니요메「人倫12b」：{同じ親から生まれた兄弟や世数関係が同じである親戚の間で、年上の男の妻のことを言う時に使う言葉}

(40) 제수（弟嫂）데이소우오오도요메「人倫12b」：{同じ親から生まれた兄弟や世数関係が同じである親戚の間で、年下の男の妻のことを言う時に使う言葉}

(41) 매부（妹夫）이후이모우도온도「人倫12b」：{姉や妹の夫のことを言う時に使う言葉}

(42) 축리（妯娌）자구리아이요메「人倫13a」：{兄の妻と弟の妻の間でお互いを呼ぶ時に使う言葉}

(43) 동서（同壻）①⁴도우세이아이무고「人倫13a」：{夫の兄の妻や夫の弟の妻を呼んだり、指したりする時に使う言葉}

120

は世数関係が同じである親戚のうちの年上の男}

(34) 동생（同生）도우쇼우오나시하라「人倫 12b」:{同じ親から生まれた年下の男、または世数関係が同じである親戚のうちの年下の男}

(35) 누이 매（姉）시아네「人倫 12b」:{二人以上の女兄弟のうち、年上の女}

(36) 아우누의（妹）빠아매이모오도「人倫 12b」:{二人以上の女兄弟のうち、年下の女}

(37) 죵형뎨（從兄弟）쇼우계이데이이도고「人倫 13a」:{いとこの兄といとこの弟}

(38) 지죵（再從）사이쇼우사이쥬우데이「人倫 13a」:{6 親等になる関係}

〈兄弟姉妹〉に関わる名称は、〈親等〉によって〈2 親等〉の (33)、(34)、(35)、(36) と〈4 親等〉の (37)、(38) に分節される。〈2 親等〉に該当する単語は〈上下〉と〈相対性〉によって分かれるが、(35) は〈上〉と〈男→男〉という特性を、(36) は〈上〉と〈男→女〉という特性を、(37) は〈下〉の特性を、(38) は〈下〉と〈男→女〉の特性を見せている。このような分節構造の特徴を図にすると〔図 11〕のようになる。

7.6 〈水平関係〉に関わる名称

7.6.1 〈配偶者〉に関わる名称

(29) 지아비부（夫）후온도「人倫 12b」:｛夫｝
(30) 안해쳐（妻）셰이즈마「人倫 12b」:｛妻｝
(31) 뎍실（嫡室）데기시쯔혼사이「人倫 13a」:｛正室｝
(32) 쳡쳡（妾）쇼우데가계「人倫 13b」:｛妾｝

〈配偶者〉に関わる名称は、まず性別によって（29）と（30）、（31）、（32）に区分される。また〈当事者の身分−正室/側室〉によって、（31）と（32）に分類される。このような分節の特徴を図で示すと次の通りである。

〔図10〕〈配偶者〉名称の分節構造

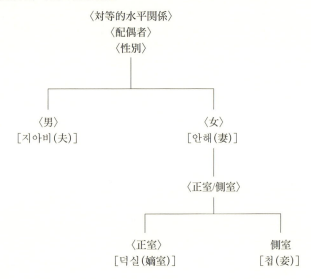

7.6.2 〈兄弟姉妹〉に関わる名称

(33) 형（兄）게이아니「人倫 12b」:｛同じ親から生まれた年上の男、また